管理3D：
中国档案学透视与延展

王广宇　著

世界图书出版公司

上海·西安·北京·广州

图书在版编目(CIP)数据

管理 3D：中国档案学透视与延展 /王广宇著.—
上海：上海世界图书出版公司,2015.10
ISBN 978 - 7 - 5192 - 0007 - 7

Ⅰ.①管… Ⅱ.①王… Ⅲ.①档案学—研究—中国
Ⅳ.①G279.2

中国版本图书馆 CIP 数据核字(2015)第 217829 号

管理 3D： 中国档案学透视与延展

著　者　王广宇

出 版 人　陆　琦
策 划 人　姜海涛
责任编辑　吴柯茜
装帧设计　车皓楠
责任校对　石佳达

出版发行　上海世界图书出版公司　　www.wpcsh.com.cn
地　　址　上海市广中路88号　　　　www.wpcsh.com
电　　话　021 - 36357930
邮政编码　200083
经　　销　各地新华书店
印　　刷　上海市印刷七厂有限公司　　如发现印装质量问题
开　　本　787×960　1/16　　　　　请与印刷厂联系　021 - 59110729
印　　张　17.5
字　　数　250 000
版　　次　2015 年 10 月第 1 版
印　　次　2015 年 10 月第 1 次印刷
书　　号　978 - 7 - 5192 - 0007 - 7 /G·466
定　　价　40.00 元

序

在管理学发展百余年的历史中,出现了灿若星辰的学科,形成了以"丛林"著称的学派。蔚为壮观的管理学丛林既像海市蜃楼那样虚无缥缈,又让一些后来者望而生畏。特别是人们在官方的文件中发现一门称作"档案"的学科也被归入管理学之后,大家甚至开始对其科学性产生了怀疑:究竟什么是管理学? 档案学为什么可以算作管理学? 要想解释这些问题,只有从管理学的历史和形态中去找答案。

通过阅读已有的文献,人们不难发现管理学基本上是按照两条路径发展的:一条是管理组织的研究,另一条是管理方法的研究。这就说明管理学实际上是以研究组织为基础,通过改进管理方法,来实现和提高组织效能的科学。自从人类发展成为群居动物之后,他们的"组织形态"和"活动方法"必然成为其生存的必修"课程"。可能就是因为管理学的这种"普世价值",使得目前地球上直接靠管理学吃饭的人少说也有数以千万计。然而,实事求是地讲,在管理学领域属于中国人"原创"的东西并不多,择其原因恐怕至少包括过于相信洋人和忽视自己两个方面。因此,在管理及其学科中找到我们的立足空间就显得十分重要。

大约十余年前,我提出了有关"管理维度"的构想。其基本思路是,如果将一个"管理现象"看作空间中的一个点,那么它必然同三个"维度"相关:其中,X轴是实现管理的方式和方法,如现场、会议和文件等等,它是管理功能实现的基本手段;Y轴是管理活动的内容,也就是管理实施的要素,主要是由计划、组织、协调、沟通、控制等具体管理职能所组成,它是管理功能实现的基本状态；Z 轴是实现管理的物质基础，它是管理功能实现的保障条件，无论是人、财、物还是机器设备原材料，都不过是"管理资源"——作用于管理内容并使其产生结果的东西。

这就是管理活动的三维空间，也可以称为"管理维度"。毋庸置疑，任何一项"管理"必须存在于这个三维空间之中——即有内容、耗资源和用方式。比如计划工作，是在占用一定技术资源条件下，采用会议的方式进行的等等。因此，不可能有独立于"管理维度"之外的管理现象存在。

行文至此，管理学的问题基本解决了。而档案学究竟与管理学存在什么关系则必须通过同样的推演方法完成：即（中国）档案学在"管理维度"中的解构——这就是王广宇博士的新贡献！正如他自己所言："本选题基于管理维度的视角考察和认识中国档案学研究，凸显档案学研究在管理中的作用与功能，一方面能引发对档案学研究和档案管理活动的重新认识和把握，从本源上促进实现包括档案信息在内的社会和机构管理资源的最优配置，为解决当前诸多社会管理问题提供新的思路和方法，具有较强的实践意义和社会价值；另一方面也拓展了档案学乃至管理学的研究视角，丰富其研究内容，为具有中国特色档案学和管理学研究探索一个原创性的突破口，有着重要的理论和学术价值，同时也不乏现实指导意义。"

需要说明的是，包括档案学在内的管理学科，不应当被仅仅视为一种规则的研究——任何规则都是权力博弈的结果。正像档案学所关注"来源原则"的指向一样，管理学的"展望"可能在于一种权力与规则的平衡。当然，管理学的未来希望一定是寄托在王广宇博士等新一代学者身上。

招鸿杰

壬辰年国庆

前　言

　　每一国家和地区的社会机构管理都或多或少受制于民族习俗与传统，具有悠久历史的中国式管理更是深深根植于自身的文化传统。即便在全球化、网络化的今天，管理问题越发趋于类同或近似，但仅满足于对外来管理理论的引进、借用，必然导致管理方式运作的"水土不服"和管理资源利用的"良莠不分"，因而有必要挖掘、发展和创新富有本土特色的管理学理念与模式。

　　所谓管理 3D① 就是从管理内容、管理资源和管理方式三个维度，立体考察管理活动的形成和规律，并通过构建一般管理活动的运作空间来对管理的原理与方法进行多视角、多维度地研究。这是针对西方管理学长期以来基于其传统线性思维，虽在管理程序上贡献不菲，但相对东方与生俱来的复杂思维环境总是难以适从而提出来的。

　　管理内容是指管理活动的对象及管理活动所要实现的职能和任务，对于某一特定的管理活动和行为而言，其管理内容既可以是具体对象标的，也可以是抽象的过程或职能；管理资源包括显性资源（如人力、物力、财力资源），半显性资源（如技术、规则和信息资源等）和隐性资源（如权力、人脉和

---

① 3D（英文"3 Dimensions"的缩写），本义是相对于平面（2D）而言的立体空间概念，指包括长、宽、高等三个维度，通常用 X、Y、Z 三个轴表示的空间。现今 3D 主要特指基于计算机和网络技术的数字化 3D/三维/立体技术，既可以是动词、名词，又可作形容词、状态副词。资料来源于维基百科"3D"，http://zh. wikipedia. org/wiki/3D；百度百科"3D"，http://baike. baidu. com/subview/4376/7093091. htm。

文化等），显性和半显性资源是管理活动中的"资质因素"，而隐性资源是其中的"动力因素"；管理方式是依据管理内容的特点和要求，对管理资源进行整合、配置的方法与途径。

中国档案学研究，在管理三个维度的研究上从来不乏有益的探索和阶段性成果，因为其重要的研究对象——文件与档案工作，作为社会管理活动的重要组成和基础性保障，为各时期各类型的管理者所利用和依赖。从管理内容、管理资源和管理方式三个维度对管理活动重新予以解构和勾勒，并将档案学研究置于其中，分维度予以考察，一方面旨在引发对档案学研究和档案管理活动的深度透析，凸显档案学研究在管理中的作用与功能，从本源上促进实现包括档案信息本身在内的社会和机构管理资源的最优配置，为解决当前诸多社会管理问题提供新的思路和方法；另一方面意在拓展档案学乃至管理学的研究视角，丰富其研究内容，为具有中国特色的档案学和管理学研究探索一个原创性的突破口。

本书在对国内外涉及管理学（管理活动）和基于管理视角的档案学两方面研究现状进行梳理的基础上，首先对管理维度、管理内容、管理资源、管理方式、文书、文件与档案、解构与建构等主要概念及范围予以界定；其次通过对东西方管理思想与管理研究的历史进行梳理，提出管理维度勾勒的作用与意义，并对管理活动从内容、资源和方式等三个维度进行解构，探讨了管理维度分析对于档案学研究的功能与启示，并提出了基于管理维度分析档案学研究的三个假设；再在辨析内容管理与管理内容之间的区别和联系，梳理管理内容维度的档案学研究起源与发展的基础上，对基于管理内容的档案学研究予以界定，分析其主要特征、作用与意义，探析了档案管理对象、档案管理程序和档案管理职能研究的构成等；然后在辨析资源管理与管理资源的区别与联系、梳理档案学研究回归管理资源的缘起与依据的基础上，提出面向管理资源的档案学研究本质上的双重性（既要研究档案信息自身作为资源的属性和规律，又要研究它对其他资源的信息保障功能）和资源维度的档案学研究的特点，探析了档案信息资源的一次管理、二次管理的概念与思路，以及管理资源信息保障相关研究的内涵和范围；接着厘清了归于管理方式的档案学研究的阶段和内容、倾向与特色、功用与意义，考察了管理活动中文件方式的比较优势与不足，从文件的生成、流转和督办三方面梳理了管理活动中文件方式的历程与发展，并从社会与机构管理的视域探讨文件方式的作用与功能；本书最后试图对管理维度空间里档案学研究的前景予以探讨和展望，让人们能看到基于管理维度的档案学研究的可能和可行，以通过抛砖引玉让研究得到进一步发展和深化。

目　　录

1 绪 论

1.1 研究背景

随着经济政治体制改革的不断深入,社会管理问题日益得到关注和重视。2004年,党的十六届四中全会通过了《中共中央关于加强党的执政能力建设的决定》,并明确提出,要"深入研究社会管理规律,完善社会管理体系和政策法规,整合社会管理资源",将此作为加强党的执政能力建设的基本要求①;2006年,党的十六届六中全会通过《中共中央关于构建社会主义和谐社会若干重大问题的决定》,再次要求"创新社会管理体制、整合社会管理资源、提高社会管理水平、健全社会管理格局",并将此作为构建社会主义和谐社会的重要内容②。

虽然经济全球化、信息网络化使得越来越多的管理问题呈现类似和趋同态势,但中国的社会管理仍深深根植于民族自身的文化和传统,极富东方大河文明特色,因而不能满足于对外来理论的引进和介绍,有必要多视角、多维度地对管理的原理与方法进行研究,特别是要大力发展和创新富有本土特色的管理学理念与模式。为此,胡鸿杰做出了有益的归纳和探索,他通过对管理活动机理层面的考察,提出任何管理活动都包括资源、方式和内容

---

① 新华网《中共中央关于加强党的执政能力建设的决定》,http://news. xinhuanet. com/newscenter/2004 - 09/26/content_2024240. htm。
② 新华网《中共中央关于构建社会主义和谐社会若干重大问题的决定》,http:// news. xinhuanet. com/politics/2006 - 10/18/content_5218639. htm。

三个主要维度,其中管理资源是管理功能实现的基础和基本保障条件,管理的方式和方法,如现场、会议和文件等,是管理功能实现的基本手段,而管理活动的内容主要是由计划、组织、协调、沟通、控制等具体管理职能所组成,是管理功能实现的基本状态。①

"公文档案,昔人所重,掌于有司,其职不替"②,作为社会管理活动的重要组成和基础性保障,文件与档案工作为各时期各类型的管理者所依赖和利用,然而长期以来基于其上的档案学研究却未能在管理学科体系中确立自己应有的地位和尊严。除了外部环境的制约和影响外,档案学科地位不高的内在因素有哪些? 又该如何认识档案学研究对象在管理活动各个维度的定位和功能呢? 这些都是当代档案学人亟待解决的重要课题。

1.2　国内外研究现状

为了把握和梳理归于维度分析的管理学与管理活动研究成果,以及基于管理视角的档案学研究现状,本书进行了大量的文献调查:通过对 OCLC 的 FirstSearch 图书联合编目、EBSCO 学术期刊、ProQuest 学位论文等相关数据库初步调查,获得 1976 年至 2013 年相关英文研究成果 20 篇(部);中国期刊全文数据库(CNKI)、中国科技期刊数据库(重庆维普)、人大复印报刊资料全文数据库得到相关文章 28 篇(1979 年至今);在 CNKI 系列论文数据库(含博士、硕士学位论文全文数据库和重要会议论文全文数据库)、中国人民大学学位论文数据库中获得相关论文 4 篇(1999 年至今);在书生、超星数字图书馆及国家图书馆、中国人民大学图书馆的藏书中获得相关著作 17 部,具体分析见下面两个小节。此外,由于本书也属于本体研究——即对研究的研究,所以书中各个章节的行文中也有大量的文献调查,数据来

---

① 胡鸿杰:《中国档案学的理念与模式》,北京:中国人民大学出版社,2005 年,第 26 - 27 页。

② 殷钟麒:《中国档案管理新论》,北京:中国人民大学历史档案系,1958 年,第 8 页。

源都是上面列出的数据库,不再一一说明。

1.2.1 管理学与管理活动研究现状

美国管理学家哈罗德·孔茨(Harold Koontz)提出①,自泰罗等人基于第一手经验而对管理行为进行深刻总结起,管理学说已萌发得过于滋蔓,成了各种管理理论和管理学派相互盘根错节的一片丛林,由于当时社会学家、物理学家、生物学家、人类学家、社会计量学家、数学家、政治学家、工商管理学家等在管理这个老问题上有新的发现,20 世纪 60 年代初期,西方的管理理论形成了 6 个主要学派②,到 20 世纪末更是增加到 11 个③。

纵观这些管理学主流学派,不难发现其中一最大共同点,大都是从管理者(特别是经理人)的职能地位和需求出发,对管理活动的相关要素和影响因素进行多方位的考察,这类研究视角在揭示和把握管理活动规律上的确成绩斐然,在管理资源配置和提升管理效率方面也不断进行着有益的尝试,但这种思维视角往往不由自主地将管理者(某个或某些)凌驾于管理对象和管理资源之上,使得管理活动各要素处于一种非均衡对等的状态,极易导致对部分资源的漠视和忽略,更无法引起对通用的、基础性管理手段和方式的足够重视。因而有必要摒弃这些思维定式,从一个相对更为客观的视角对管理活动的维度进行全面、系统的分析。

1. 管理维度

管理维度(本书即指管理活动的维度)是在对管理过程予以立体考察的基础上形成的对管理基本因子和本质构成进行分面剖析的范畴体系,维度

---

① 李东:《管理学——理论·方法·工具》,北京:科学出版社,2008 年,第 41 - 57 页。
② 这 6 个学派是指管理过程学派、经验学派、人类行为学派、社会系统学派、决策理论学派和数学学派。
③ 这 11 个学派是指管理过程学派、人际关系学派、群体行为学派、经验(或案例)学派、社会协作系统学派、社会技术系统学派、系统学派、决策理论学派、数学学派(或管理科学学派)、权变理论学派、经理角色学派。

描述是对各类管理活动的内核分析，是分解和区别管理要素类型的思路和方法，是构建管理模式的前提和基础，国内外学者对这方面的阐述较多。

琳达·伯恩(Lynda Bourne)和德里克·H·T·沃克(Derek H. T. Walker)提出有效的项目管理除了要有"硬"的技术技能和"软"的人际关系支持外，还有必要关注之外的第三维度，即如何利用权力网①。

休伯特·F·霍夫曼(Hubert F. Hofmann)、约翰尼斯·盖格(Johannes Geiger)提出动态质量管理需要关注两个维度：一是软件技术维度，一是组织维度②。

美国的亚历山大·克莱姆(Alexander Clemm)将网络管理维度分为网络管理过程和组织、网络管理功能、网络管理层次、网络管理生命周期、网络管理主题、网络管理互操作性等六个维度。③

荷兰的约翰·奥瑞克(Johan C. Aurik)等认为，在能力要素驱动型企业中存在着两个管理维度：一个是业务开发管理维度，指的是对一系列能力要素进行有效的整合去生产最好的产品；另一个是能力要素管理维度，指的是致力于将能力要素在市场中进行充分的价值放大。④

德国的戈特瓦尔德(Gottwald)提出，企业的可持续性价值管理包括四

---

① 原文为：Effective project managers are required to have both "hard" technical skills to help control the iron triangle of time, cost and functional scope as well as relationship management skills to work effectively with people and get the best out of them. This paper argues that project managers also need a third skill: we refer to it as tapping into the power lines.

　　Lynda Bourne, Derek H. T. Walker. *Advancing project management in learning organizations. The Learning Organization.* 2004, Vol. 11, No. 3, pp. 226 - 243.

② 原文为：dynamic quality management (DQM), which is based on a quality triangle. Describes a strategy of achieving software quality by using the software-technical dimension and the organizational dimension.

　　Hubert F. Hofmann, Johannes Geiger. *Quality management in action: a Swiss case study. Information Technology & People.* 1995, Vol. 8, No. 1, pp. 35 - 53.

③ [美] Alexander Clemm：《网络管理技术构架》，詹文军、刘玉鹏译，北京：人民邮电出版社，2008 年，第 84 页。

④ [荷] 约翰·奥瑞克等：《企业基因重组：释放公司的价值潜力》，高远洋等译，北京：电子工业出版社，2003 年，第 176 页。

个维度:一是质量管理维度,其目标是控制动态发展过程;二是人力资源管理维度,目标是实现跨门类工作、信息和知识交换;三是公司文化与伦理维度,目标是保证公司的社会可信性;四是环境与气候保护维度,目标是改善企业形象。①

李磊与王丛在对企业员工关系管理维度进行研究时,利用了丹麦心理学家塔格·S·克里斯滕森(Tage. S. Kristensen)和威廉·博格(Vilhelm Borg)编制的哥本哈根社会心理学问卷(Copenhagen Psychosocial Questionnaire, COPSOQ),设计了 ERM 维度表,主要包括人际关系、沟通、员工情况和工作等四方面。②

魏文斌提出,管理学范式除了"科学维"和"人本维"以外,还存在第三种维度即"文化维",而且文化主义范式具有更为重要的方法论意义。③

王辉在构建跨国公司技术联盟管理模型时,提出集成管理三维度:网络维度、知识维度、社会资本维度④。

沈颖玲在分析财务报告编报管理维度时,着重探讨了财务报告内容、编报媒体、列报形式、披露次数、披露时机五个维度的管理。⑤

郝雨风提出可持续客户经营管理是由成长维度、价值链维度、需求维度等三个维度构成,并认为这三个管理维度相互作用、互为促进,形成立体的可持续客户经营知识地图。⑥

秦铁辉指出在知识创造与传播过程及知识管理活动中,人和技术这两个因素同时构成知识管理的两个维度⑦,王润良等早在 2001 年也提出了类

---

① [德] 戈特瓦尔德:《中国农业与食品企业的可持续性管理》,张新华译,上海:上海人民出版社,2008 年,第 25 页。
② 李磊、王丛:《企业员工关系管理维度的研究》,《企业活力》2008 年第 2 期,第 80 - 81 页。
③ 魏文斌:《第三种管理维度——组织文化管理通论》,长春:吉林人民出版社,2006 年,第 3 页。
④ 王辉:《跨国公司技术联盟管理》,上海:立信会计出版社,2006 年,第 69 页。
⑤ 沈颖玲:《网络财务报告研究》,上海:立信会计出版社,2005 年,第 54 页。
⑥ 郝雨风:《卓越绩效的客户经营》,北京:中国经济出版社,2009 年,第 71 页。
⑦ 秦铁辉:《企业信息资源管理》,北京:北京大学出版社,2006 年,第 275 页。

似的观点①。张在昭则认为信息管理可以区分为以内容和以技术为方向的两大管理维度。②

王建国提出六维管理理论，将管理按权重大小，依次分为文化维、信息维、知识维、权变维、艺术维、执行维等六个维度，并确定其在管理中所司职责。③

2. 管理内容

20 世纪 30 年代，法国人法约尔（Fayol）的《工业管理与一般管理》④一书中提出管理的内容包括计划、组织、指挥、控制和协调。⑤ 这种观点得到普遍的关注和应用，为大多数管理学研究所引用和传播。如刘庆山等据此提出技术管理的内容是技术管理的基础性工作、施工过程的技术管理工作、技术开发管理工作、技术经济分析与评价等四个方面⑥；黄安永等认为城市土地管理内容包括基础管理、规划管理、开发管理、利用管理、产权管理、经营管理和效益管理等七个方面⑦。

管楚度等在《管理学原理新构》中认为按照管理的内容分，可将管理学分为两类：一类是职能管理学，研究的主要内容是计划、组织、指挥、协调、控制等，在研究中突出对管理过程的"横向"内容进行汇集阐述；另一类是过程管理学，主要研究内容是目标、计划、人事、成本、质量、进度、风险等，突出对管理过程中的"纵向"内容进行汇集阐述，该书认为职能型更具本质性，但

---

① 王润良、郭秀敏、郑晓齐：《知识管理的维度与策略》，《中国软科学》2001 年第 6 期，第 43 - 47 页。

② 张在昭：《信息管理与知识管理的维度与方法比较》，《情报杂志》2006 年第 4 期，第 34 - 35 页。

③ 王建国：《六维管理理论 PK 西方管理学——王氏六维管理简析》，《建设机械技术与管理》2006 年第 11 期，第 63 - 64 页。

④ ［法］法约尔：《工业管理与一般管理》，迟力耕、张璇译，北京：机械工业出版社，2007 年，第 44 - 112 页。

⑤ 杨纪琬：《社会主义会计理论建设》，北京：中国财政经济出版社，1988 年，第 56 页。

⑥ 刘庆山等：《建筑安装工程项目管理实施手册》，北京：中国电力出版社，2007 年，第 2 - 128 页。

⑦ 黄安永、叶天泉：《物业管理辞典》，南京：东南大学出版社，2004 年，第 87 页。

操作性和统一性较差。该书还提到,ISO9000 计划于 2015 年实现对质量、环境、安全、财务和风险"五位一体"的全面认证,并指出这也正是 ISO9000 质量标准的特点之一,是突出按过程进行展开的,目的是将管理过程中"风马牛不相及"的质量、环境、安全、财务和风险等内容整合于一体。①

3. 管理资源

管理资源对于科学管理具有基础性意义。路易斯(Lewis)等将管理定义为,"切实有效支配和协调资源,并努力达到组织目标的过程。"② 普伦基特(Plunkett)和阿特纳(Attner)把管理者定义为"对资源的使用进行分配和监督的人员",提出管理是"一个或多个管理者单独和集体通过行使相关职能(计划、组织、人员配备、领导和控制)和利用各种资源(信息、原材料、货币和人员)来制订并达到目标的活动"③。这些论述阐明了资源之于管理的基础性和重要性。

目前对"管理资源"(management resources)的理解有两种:

一种理解是将管理本身作为一种资源,如邓明等主编的《管理学辞典》,"把管理看成是与人、财、物三种资源并列的一种资源,称为管理资源"④;张福墀等著的《管理资源开发导论》也提出,该书的核心理论是"管理是资源",是比自然资源、技术资源等更高层次的资源⑤。这种理解是经济发达国家的舶来品,源于"生产的第四要素"理论,其目的在于强调管理在生产活动中的重要性,突显管理在经济增长与社会进步过程中所起的作用⑥。这种理解在管理不为人们重视的时代有着不凡的历史意义和价值,然而,对于当下和今后管理

---

① 管楚度、王光庆:《管理学原理新构》,长沙:湖南人民出版社,2007 年,第 8 页。

② Pamela S. Lewis, Stephen H. Goodman, Patricia M. Fandt, George R. Carnahan. *Management: Challenges in the 21st Century*. Oklahoma:Southwestern Pub Co.,1998.

③ W. Richard Plunkett, Raymond F. Attner. *Management: meeting and exceeding customer expectations*. Cincinnati:South-Western College Pub., 1997.

④ 邓明、向洪、张来培:《管理学辞典》,成都:西南交通大学出版社,1992 年,第291页。

⑤ 张福墀、杜江波:《管理资源开发导论》,北京:企业管理出版社,1993 年,第Ⅰ-Ⅱ页。

⑥ 何盛明:《财经大辞典》(下卷),北京:中国财政经济出版社,1990 年,第 1543 页。

持续升温,仅仅提出此番认识对于推动管理学科的发展与进步作用有限。

另一种更为通俗的理解是,将"管理资源"解读为管理活动所需的资源,可简单表述为"直接或间接作用于管理并使其运行、增值以至于产生'结果'的东西"①。这在国内外应用更为广泛,见诸各种学术文章,譬如,罗纳德(Ronald)在 20 世纪 80 年代提出"统计数据库是一种新的管理资源"②;英国的 D. 布彻(D. Butcher)和 M. 克拉克(M. Clarke)提出组织政治不应该仅仅是管理关系,而应是管理的基本原则之一,应该和营销、财务及人力资源一样受到高度重视③;劳汉生、许康等也持此观点,并对迄今西方管理科学的主要流派予以重新认识和梳理④;王敏敏则将管理资源分为显性资源和隐性资源两类⑤。陶志梅等认为广义的管理资源包括条件性资源和要素性资源,前者如环境资源、经济资源、社会资源,后者有硬资源和软资源⑥。基于这一理解的才属于管理学的研究范畴,深入进行管理资源分析,探讨管理所依赖的资源本身的内涵和价值,才真正有利于深化管理学的研究内容,拓展管理类学科的研究视域。

4. 管理方式

秦志华等将管理方式定义为实现管理目的的方法与途径,并指出由于管理对象和管理目的不同,在完成不同管理任务时,往往需要采取不同的管

---

① 胡鸿杰:《管理资源分析》,《档案学通讯》2009 年第 1 期,第 19 - 22 页。

② *Demographic Data Banks: A New Management Resource*. By: Ronald L. Vaughn. *Business Horizons*, Nov/Dec84, Vol. 27 Issue 6, p. 38, 5p.

③ D. Butcher, M. Clarke. *Organizational politics — the missing discipline of management?*. *Industrial and Commercial Training*. 1999, Vol. 31, No. 1: 9 - 13.
原文为: organizational politics, although widely recognized as endemic to managerial relationships, has been largely ignored when it should be regarded as a 'formal' management discipline.

④ 劳汉生、许康:《从管理资源的角度对西方管理科学化的重新认识》,《湖南大学学报》(社会科学版)1999 年第 4 期,第 53 - 58 页。

⑤ 王敏敏:《试论两种管理资源的区分及其意义》,《探求》2001 年第 3 期,第 36 - 37 页。

⑥ 陶志梅、王彦越:《公共资源管理的资源范畴拓展分析》,《山西高等学校社会科学学报》2006 年第 10 期,第 17 - 19 页。

理方式,不同管理方式的区别在于在管理活动中强调的是不同的管理环节,还提出目标管理、自动管理、参与管理、风险管理、无缺点管理等就是一些最常见的方式。①

迟福林等认为管理方式是基于一定的世界观和科学知识(包括自然科学和社会科学),为达到管理目标,提高管理效率所使用的一切定型化的思维手段的总和。他们还从不同侧面对管理方式的类型进行分类:按管理信息沟通的特点,分为权威性沟通、利益原则的沟通、真理性沟通;按决策类型将管理方式分为专制的方法、民主的方法和民主集中制的方法;按精确程度分类,分为定性的方法和定量的方法;按抽象程度分类分为经验的方法和理论的方法;按适用领域分为社会管理的方法、经济管理的方法、军队管理的方法等②。

林崇德等则认为,管理者运用他们的职权对管理对象施加影响的方式一般有三种基本类型:独裁型、放任型和民主型。③

曹元坤以其博士论文为基础所著的《管理方式变革论》一书,专门对管理方式进行了探讨,将管理方式界定为管理者在实施管理行为的过程中所实施和表现的管理观念、方法与管理的、定势化的统一体,而管理观念是其核心,用函数表示就是:管理方式=f(管理观念,管理方法,管理组织),并提出管理观念可分为外显态管理观念和内隐态管理观念,管理方法包括成文性和非成文性管理方法,而管理组织有正式和非正式之分。④

1.2.2 基于管理视角的档案学研究现状

关于档案学的学科定位问题,历来受到档案学人的重视和关注。傅荣贤

① 秦志华、李可心、陈先奎:《中国农村工作大辞典》,北京:警官教育出版社,1993年,第1036-1037页。
② 迟福林、张占斌:《邓小平著作学习大辞典》,太原:山西经济出版社,1992年,第1199-1200页。
③ 林崇德等:《中国成人教育百科全书 经济·管理》,海口:南海出版公司,1994年,第401-402页。
④ 曹元坤:《管理方式变革论》,北京:经济管理出版社,1999年,第1-5页。

在《归属与超越：档案学学科属性研究》一文中分别剖析了自然科学视野中的档案学、社会科学视野中的档案学和人文科学视野中的档案学，认为档案学的"自然科学化""社会科学化"和"人文科学化"诉求，也是一厢情愿的依附，并最终导致档案学本身缺乏学科独立性和创新性，需要对这种依附状态进行适度颠覆，提出要构建超越学科依附的、具有自主学科地位的档案学。①

我国较早探讨档案学元问题的程桂芬，在其《关于档案学问题》中提出，档案学是一门独立的科学，它根本不可能与图书馆学、博物馆学合而为一，但是它和历史科学的关系是十分密切的，因此又可视为一门历史科学的辅助科目。② 这代表早期档案学人的思考和观点。而冯惠玲于 20 世纪末指出档案学学科门类已由历史学科转变为管理学科，这一变化是由档案学研究重点的转移而引发的：把五六十年代的研究课题和现今加以比较，不难发现档案学的研究内容已大不相同。现代档案学在关注档案工作与史学研究关系的同时，加强了对其社会功能的全面研究；在关注机关档案微观管理的同时，加强了对档案事业宏观管理的研究；在关注档案管理方法的同时，加强了对管理理论、规范以及现代档案管理技术的研究，从而使档案学渐渐离开了历史学科的范畴，成为一门具有特定管理对象的管理学科。③

其实早在 20 世纪 90 年代初，吴宝康曾撰文指出档案学是一门管理性质的科学、一门应用科学，而不是什么"纯理论""纯思辨"的科学。这是由档案工作的实践及其发展历程所决定的，是档案事业建设和发展的客观需要所决定的，也是近现代中外各国档案学研究的情况及其内容所证实的④。对此王辉等也表示赞同⑤。

---

① 傅荣贤：《归属与超越：档案学学科属性研究》，《北京档案》2009 年第 2 期，第 17 - 19 页。
② 程桂芬：《关于档案学问题》，《中国档案》1957 年第 1 期，第 26 - 29 页。
③ 冯惠玲：《走向辉煌（之十）——档案学理论的发展与繁荣》，《中国档案》1999 年第 10 期，第 5 - 7 页。
④ 吴宝康：《明确认识档案学是一门管理性质的科学》，《中国档案》1990 年第 4 期，第 20 - 21 页。
⑤ 王辉：《档案学是管理性质的科学》，《河北水利》2006 年第 4 期，第 42 页。

尹雪梅在评价《中国档案学的理念与模式》一书时认为,胡鸿杰正是从管理学视野研究中国档案学的理念,探寻中国档案学的模式,进而阐述了中国档案学的发展轨迹、发展路径、发展方向,并论证中国档案学的价值和尊严;认为档案学是一门管理类学科,这些观点业已得到了学界的普遍认同,一方面,中国档案学具有与一般管理类学科相同的特征,如实践价值的取向等;另一方面,它又具有自身特有的价值取向、社会功能、发展规律;还提出"知识管理是中国档案学的未来之路"的观点。[①]

对此,胡鸿杰在分析中国档案学的"基干体"——《档案管理学》的结构与功能时指出,《档案管理学》的现有结构主要由三部分组成:第一部分是探讨档案的基本概念(理论),这部分的功能主要在于提出管理的对象(或称学科的研究对象),所解决就是"管什么"的问题;第二部分是关于档案管理的组织与人员,其主要功能是提出管理主体,所解决的实际上就是"谁来管"的问题;第三部分重点关注档案管理的过程,其功能是提出管理的程序和方法,所能够解决的实际上就是"如何管"的问题。胡老师还指出,若从管理类学科的角度来看,作为文件方式的延续,档案管理过程也是重新进行管理资源的组合。正是由于它对管理程序进行了系统分析,《档案管理学》也就具备了区别于管理类其他学科的特有功能[②]。余源也认为从档案学的现有结构来看,我国档案学的演进与发展具有自身管理的功能。[③]

管先海认为,知识管理时代档案学的理论基础应定位为档案信息知识管理理论,指出档案信息知识管理是一种以档案信息为基础、以档案信息知识创新为目标的实实在在的资源管理,其理论体系主要由档案信息知识生产管理、档案信息知识组织管理、档案信息知识传播管理、档案信息知识营

---

① 尹雪梅:《从管理学的视野读〈中国档案学的理念与模式〉》,《档案管理》2009年第5期,第67-68页。

② 方鲁:《论中国档案学的结构与功能——〈档案管理学〉评析》,《档案学通讯》2002年第5期,第15-19页。

③ 余源:《档案学的基本功能分析》,《湖南医科大学学报》(社会科学版)2009年第1期,第187-188页。

销管理、档案信息知识应用管理、档案信息知识消费管理以及档案信息人员智力资源管理七部分组成，其本质是一种创新管理，档案信息知识创新是档案信息知识管理理论的核心。①

郑文等提出档案学研究应建立在本原基础之上，档案学的本原即管理，这是档案学赖以形成和发展的直接和基本条件，也是诠释和解读档案学理论及其各种问题的关键所在。②

李珍等对内容管理及其在档案学领域的体现进行了论述，并探讨了内容管理在档案学领域的三条应用途径：深化档案管理体制改革、推动档案管理人员思维与能力的转变、加强档案数据仓库建设以及增强档案管理工作的调适功能。③

欧美档案学研究更关注应用和实践问题的解决，同时与图书情报学联系十分紧密，因而学科的独立性和基础理论研究相对不足，但也不乏本体的反思和理论的思辨。

如费尔南达·里贝罗(Fernanda Ribeiro)就提出，档案学在信息科学的框架下必须反思(rethought)和构建/重构(constructed /reconstructed)，否则我们将无法克服档案学突出的经验主义(empiricism)色彩和技术科学(technical discipline)的地位④。

2002 年，*Archival Science* 杂志曾开辟以"Archives, Records and Power"为主题的专栏讨论，琼·施瓦茨(Joan Schwartz)和特里·库克(Terry Cook)前后发表了两篇文章，第一篇为《档案、文件与权力：当代记忆生成》(*Archives, Records, and Power: The Making of Modern Memory*)⑤，发表在该杂志第 1 -

---

① 管先海：《对知识管理时代档案学理论基础的思考》，《档案时空》2007 年第 8 期，第 13 - 15 页。
② 郑文、关素芳：《"本原"视觉下的档案学》，《档案学通讯》2006 年第 5 期，第 21 - 23 页。
③ 李珍、张玉影：《内容管理及其在档案学领域的应用研究》，《浙江档案》2007 年第 5 期，第 22 - 25 页。
④ Fernanda Ribeiro. *Archival Science and Changes in the Paradigm. Archival science.* 2001. Vol. 1, Iss. 3; pp. 303 - 304.
⑤ Joan M. Schwartz and Terry Cook. *Archives, Records, and Power: The Making of Modern Memory. Archival Science 2*, no. 1 - 2 (2002): 1 - 19.

2 期上;第二篇是《档案、文件与权力:从(后现代)理论到(档案)实践》[*Archives, Records, and Power: From (Postmodern) Theory to (Archival) Performance*]①,发表在第 3 - 4 期上,分别从不同的视角探讨了档案与权力的关系。

康恩·韦斯特波特(Conn Westport)在其《一个时代的结束:历史视角下的现代文件档案管理》(*Closing an era: historical perspectives on modern archives and records management*)②一书中探讨了现代文件档案管理理念的发展和变革。

匹兹堡大学的理查德·J·考克斯(Richard J. Cox)探讨了 21 世纪的档案文件和知识管理,并对档案职业的未来进行了思索③,此后他还对当代政府文件(档案)管理面临的挑战进行了研究④。这些研究不仅涉及档案管理的内容,也考量了文件(档案)管理的环境和功能。

张关雄指出美国的档案学学科理论是一种比较科学严谨的层次性理论:它包括基础理论、一般理论、业务管理理论和宏观管理理论,是符合美国档案工作实际的一种现代档案学学科理论体系。⑤ 据此分析,美国的档案学亦属管理学门类。

---

① Terry Cook; Joan M. Schwartz. *Archives, Records, and Power: From (Postmodern) Theory to (Archival) Performance*. Archival Science 2, no. 3 - 4 (2002): 171 - 185.

② Conn Westport. *Closing an era: historical perspectives on modern archives and records management*. Archival New directions in information management, ; no. 35; Greenwood Press, 2000: 1 - 252.

③ Richard J. Cox. *Archives, Records, and Knowledge Management in the Twenty-First Century What Is the Future of the Records Professional?*. Records & Information Management Report 20, no. 4 (2004): 1 - 13.

④ Richard J. Cox. *Empty Temples: Challenges for Modern Government Archives and Records Management*. Records & Information Management Report 20, no. 8 (2006): 1 - 13.

⑤ 张关雄:《外国档案学学科理论述评》,《山西档案》1994 年第 2 期,第 44 - 45 页。

1.3　主要概念及范围界定

1.3.1　管理维度

维度,又称维数,英文一般翻译为 dimension(可理解为维度、方面①),拉丁语为 dimensio②。维度在数学中表示独立参数的数目;在物理学指独立时空坐标的数目③;而哲学等领域内,维度表示具有共同特征的一些事物所构成的特定区域④,此时的维度是指一种视角,而不是一个固定的数字,是一个判断、说明、评价和确定一个事物的多方位、多角度、多层次的条件和概念⑤。

所谓管理维度,是在对管理活动要素类型进行剖析的基础上,对管理活动空间范围和视角方位的具备程度、判断条件和评价标准的表示,即对管理活动赖以存在的内外条件予以描述、判定和评价的概念集合。对管理维度进行描绘与构架时,一般要从两个以上具有互斥性的视角予以划分和考察,本研究即认为管理活动必须包含于管理内容、管理资源和管理方式三个主要维度之中(如图 1-1)。

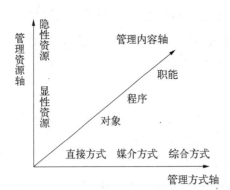

图 1-1　管理维度分析示意

① 何恩春:《高阶英汉双解词典》,北京:商务印书馆国际有限公司,2007 年,第146 页。
② 关月:《英汉双向管理词典》,上海:上海交通大学出版社,2006 年,第 987 页。
③ 信息来源维基百科"维度",http://zh. wikipedia. org/zh-cn/％E4％B8％89％E7％BB％B4％E7％A9％BA％E9％97％B4。
④ 徐少锦、温克勤:《伦理百科辞典》,北京:中国广播电视出版社,1999 年,第1091 页。
⑤ 信息来源爱词霸汉语词典"维度",http://hanyu. iciba. com/wiki/385730. shtml。

1.3.2 管理内容

内容(contents、substance),是事物所包含的实质性事物,即事物内部所含的实质或意义或物件里面所包容的东西,哲学上是指事物内在因素的总和,往往与"形式"相对。①

管理内容即管理活动的对象及管理活动所要实现的职能和任务。也就是说,对于某一特定的管理活动和行为,其管理内容既可以是具体的对象标的,也可以是抽象的过程,还可以是具有更深内涵的职能,特别是许多宏观的管理活动中,对程序和职能的管理更是其日常工作的主要内容。如档案管理活动中,档案工作者和档案信息自然都是管理内容,而对文件案卷的收集、整理等过程也是管理内容,此外档案管理机构的职能同样还是管理内容,只是考察的层面和范围不同而已。

归于管理内容的档案学研究包括对文件(档案)概念和现象的研究、对档案管理程序的研究、对档案管理职能的研究。

1.3.3 管理资源

资源在词典中的解释为:可利用的自然物质、生产资料或生活资料等的来源②。如前文分析,本书所述的管理资源即为管理活动所需的资源。

一般认为,所谓管理资源无非就是传统的"人力、物力、财力"资源,再加之近年来比较吸引眼球的"信息资源",而资源管理就是人力资源管理、物业管理、物流管理、财务管理、信息资源管理等,这些理解和认知比较通俗易懂,但同时也略为粗浅和表象,因为这些观点对管理资源缺乏深层次的思考

---

① 信息来源汉典"内容", http://www.zdic.net/cd/ci/4/ZdicE5Zdic86Zdic8517735.htm。
② 信息来源汉典"资源", http://www.zdic.net/cd/ci/10/ZdicE8ZdicB5Zdic84336959.htm。

与研究，只注意到了显性的基础性资源，忽略了规则、权力、人脉、文化等半显性或隐性的"特有资源"。

管理资源包括显性资源、半显性资源和隐性资源，前者有如人力资源、物力资源、财力资源，中者如技术、规则和信息资源等，后者诸如权力、人脉和文化等，显性和半显性资源是管理活动中的"资质因素"，而隐性资源是其中的"动力因素"，这些关键、重要的管理资源实际上都是管理的命脉。

管理资源还可分为基础性资源和"特有资源"两个层次[①]，前者有如人力资源、物力资源、财力资源和信息资源等，为管理活动提供外在保障，后者诸如规则、权力、人脉和文化等，为管理提供内在保障。管理活动中两类资源都是不可或缺的，如作为管理"特有资源"的"权力"是一种单方面的影响力，"单方面"是指权力的"非对称性"，这种"非对称性"的资源是"稀缺的或者具有潜在稀缺特征的资源"；规则包括"明规则"和"潜规则"，具体形态包括规章制度、道德法律、风俗习惯、社会结构等，规则的形成和行使是建立在特定的"权力诉求"之上的，而规则肩负着"权力诉求"载体的重任，离开规则管理活动无法进行，管理目标也就无法实现。

归于管理资源的档案学研究包括两方面：一是研究文件(档案)内容信息的开发与利用，作为管理活动重要的基础性资源之一，信息活动贯穿于各管理环节之中，其中的文件(档案)信息更具确定性和凭证性，能直接服务于管理的决策和组织，在管理活动中具有不可替代的作用；二是研究文件(档案)是如何实现对其他管理资源的保障，特别是在保障权力和文化等隐性资源中的功能和作用。

1.3.4 管理方式

方式通常是指说话做事所采取的方法和形式，也常解释为可用以规定

---

① 胡鸿杰：《管理资源分析》，《档案学通讯》2009 年第 1 期，第 19 - 22 页。

或认可的形式和方法①。因而管理方式既可指具体管理行为所采用的方式和办法(a way；a manner②)，也可以抽象地理解为管理活动的通用手段或模式(supervisor mode；management style③)。简而言之，管理方式是依据管理内容的特点和要求，对管理资源进行整合、配置的方法与途径。

依据不同的标准，对管理方式的类型有不同划分：根据管理过程中是否产生言语行为，可以分为言语型管理方式与非言语型管理方式，前者如面谈、会议等，后者如文件、肢体表达等；根据管理行为发生的场合，可分为直接型管理方式(如现场、会见等)与媒介型管理方式(如文件、电话等)；据管理行为正式与否，可分为正式管理方式(如文件、会议等)与非正式管理方式(如暗示、闲谈等)；根据对资源处理的程度，管理方式可分为一次管理和二次管理两个不同层次，前者直接对管理资源进行配置，这种方式执行力较强，操作也较为简便易行，故极为常见，但常常极易导致资源的短缺或浪费，后者是在对管理资源进行有效整合后，予以再次分配和处置，这种方式对管理的内外环境要求相对较高，需要协调和考虑的因素较多，因而响应速度不及前者，但能更为充分地发掘和利用资源，从而获得更为理想的管理效果。

归于管理方式的档案学研究主要包括：直接与媒介管理方式对比；管理活动中文件方式的特点与功能；管理活动中文件方式构成要素分析；管理活动中文件方式影响因素分析；文件方式的历史梳理与创新研究。

1.3.5 关于管理维度的辩证思考

1. 管理维度的绝对性和规律性

任何管理现象均可以表示为三维空间中的一个点，以此为基础的学科

---

① 信息来源汉典"方式"，http：//www.zdic.net/cd/ci/4/ZdicE6Zdic96ZdicB9315067.htm。
② 关月：《英汉双向管理词典》，上海：上海交通大学出版社，2006年，第776页。
③ 石渤：《英汉—汉英文献信息词典》，武汉：武汉大学出版社，1996年，第541页。

研究自然也应该探索和遵循管理维度空间规律，这是绝对的。也就是说，为履行和实现管理的内容，任何管理活动都必须运用一定的管理方式（手段）对管理资源进行配置、利用和保障，离开其中任一维度，管理活动行为就不能有效发生；同时，存在于管理维度之中的这些内容、资源和方式的生成与发展是具有一定规律性的。正是因为管理维度的绝对性和规律性，才使本课题研究成为可能和必要。

2. 管理维度的相对性和可变性

对不同层面的管理活动进行考察时，同一事物或行为可以存在于不同的管理维度之中，即某一具体的管理行为既可能是管理的对象或内容，也可以成为管理资源或方式，具有一定的相对性和可变性。如在分析行政程序的运作和控制时，行政管理行为即属于管理内容维度，而在运用行政手段进行人力资源管理时，行政管理行为则处于管理方式维度。由于管理维度的相对性和可变性，使得本研究更富有拓展性和开放性。

1.3.6 文书、文件与档案

对于"文件""文书"和"档案"的关系问题，历来有不同的认识。《中国百科大辞典》对"文书"和"文件"的定义为，社会实践活动中人们用以记载、公布、传递和凭证的一种书面记录。包括公务文书和私人文书。前者统称公文，一般称文件[①]；对"档案"的定义为国家机关、社会组织以及个人从事政治、军事、经济、科学、技术、文化、宗教等活动直接形成的对国家和社会有保存价值的各种文字、图表、声像等不同形式的历史记录[②]。陈兆祦认为"文件"是人们在社会活动中，为了相互联系、记载事物、处理事务、表达意志、交

---

① 中国百科大辞典编委会，袁世全、冯涛：《中国百科大辞典》，北京：华夏出版社，1990年，第437页。
② 同上，第434页。

流情况而制作的记录材料①。而刘建明将"文件"定义为文牍传播工具之一,是党政机关、社会团体和企事业单位在工作和公务活动中传播重要意见所形成的文字材料,也是党政机关用以传达贯彻党和国家的方针、政策,发布和下达指示、决定、决议和命令,以及请示和答复问题,指示和商洽工作,报告情况和交流经验的一种重要工具,又是解决问题、办理公务和领导工作的重要手段之一②。国家档案局颁布的《机关文件材料归档范围和文书档案保管期限规定》(2006)第二条对机关文件材料的界定是指机关在其工作活动过程中形成的各种门类和载体的历史记录③。

　　其中关于"文件"和"文书",有人认为"文件"小于"文书",如梁毓阶认为"文件——既包括各机关向外发出和收进的公文,也包括机关内部使用的文件,却不包括内部使用的其他书面材料,例如簿册、账本、表格之类,但它们仍属一种书面材料,毕竟也是一种文书"④;有人提出"文件"大于"文书",如窦晓光指出"文书是文字的材料,是书面方式的文件。文件的范围很广……文书必须是文字材料,它的概念范围较文件要小些,文书只是文件的一种"⑤;此外,还有提出"文件"与"文书"应为同义词,如陈作明持此观点,并在《文书学若干问题的推敲》⑥一文中进行了详细的剖析,潘连根也十分赞同他的结论⑦,陈兆祦在《再论档案的定义——兼论文件的定义和运动周期问题》一文中也认为"文件和文书没有什么差别"⑧。本书认为两者虽然

---

① 陈兆祦:《国务院〈关于加强国家档案工作的决定〉中提出的几个档案学理论问题——中国人民大学档案学院副院长陈兆祦副教授在山西省直和太原市直机关、企事业单位档案干部大会上的学术报告》,《山西档案》1986 年第 3 期,第 3 - 13 页。
② 刘建明:《宣传舆论学大辞典》,北京:经济日报出版社,1993 年,第 1316 页。
③ 国家档案局:《机关文件材料归档范围和文书档案保管期限规定》,《司法业务文选》2007 年第 12 期,第 38 - 40 页。
④ 梁毓阶:《文书学》,北京:档案出版社,1985 年,第 32 页。
⑤ 窦晓光:《文件管理》,北京:档案出版社,1991 年,第 34 页。
⑥ 陈作明:《文书学若干问题的推敲》,《档案学通讯》1996 年第 1 期,第 50 - 52 页。
⑦ 潘连根:《文件与档案研究》,合肥:安徽大学出版社,2007 年,第 30 - 37 页。
⑧ 陈兆祦:《再论档案的定义——兼论文件的定义和运动周期问题》,《档案学通讯》1987 年第 2 期,第 21 - 25 页。

存在理解上的差异，但从管理的维度思考，对此不必予以细致区别。

关于"文书"和"档案"，一般认为文书是档案的前身，是档案的基本来源；档案是文书的变体，是文书的主要归宿①。

"文书与档案同属一物"的思想在上世纪三四十年代中国档案学者的著作中就得到了论述。当时内政部次长甘乃光认为"文书与档案本不能分，档案原为归档之文书，文书即未归档之档案，二而实一者也"②。

何鲁成在《档案管理与整理》中指出："实则文书与档案原属一物，所谓文书，所谓档案，仅以表示同一物之不同过程。"③

陈国琛在《文书之简化与管理》中指出："'文书'与'档案'，本系同一物事，仅以办理过程关系，正在办理者为'文书'，已经办理完毕归入卷房者为'档案'。"④

傅振伦在《公文档案管理法》中指出："盖公文档案，本为一物。收到之公文，正在处理，尚未完结而未归档者，为公文；及办案结束归档储存者，方可称为档案也。"⑤

殷钟麒在《中国档案管理新论》中指出："文书为收进时之公文，档案为归档后之公文，文书与档案原属一物，所谓文书，所谓档案，仅以表示同一物之不同过程，收发与管案亦不过为同一物各阶段之不同处理，要皆为文书也。"⑥

龙兆佛在《档案管理法》中论及："档案问题是文书问题的一部分，两者之联系关系是很重要的，譬如文书程式和内容能够改良，对于档案管理定可以增加很多便利。"⑦

这些学者的论点具有共性，即都认为文书和档案实属同一事物，文书和

---

① 李会平、吕维宁：《文书档案通论》，兰州：兰州大学出版社，1997 年，第 303-304 页。
② 甘乃光：《文书档案连锁办法之试验》，《中央周刊》1934 年（总第 339 期），第 9 页。
③ 何鲁成：《档案管理与整理》，北京：中国档案出版社，1987 年，第 46 页。
④ 陈国琛：《文书之简化与管理》，北京：中国人民大学历史档案系，1958 年，第 9 页。
⑤ 傅振伦：《公文档案管理法》，北京：中国档案出版社，1988 年，第 5 页。
⑥ 殷钟麒：《中国档案管理新论》，北京：中国人民大学历史档案系，1958 年，第 4 页。
⑦ 龙兆佛：《档案管理法》，北京：中国人民大学历史档案系，1940 年，第 6 页。

档案只不过是同一事物的两个过程或阶段。

现当代档案学人对此也同样论述较多,如吴品才撰文从大文件观产生的背景入手,分析和揭示了中外广义文件概念的一致,并从"文档一体化管理"的呼唤和电子文件管理原则等方面,归纳总结出大文件观应是当代中国档案学的必然选择。①

张煜明、王茜的《档案定义应以文件为属概念》一文认为文件是档案定义的属概念②,陈兆祦对此表示支持③,早在《谈谈"文件论"》一文中他就提出"档案来源于文件,档案是由文件组成的"④,当然也有个别学者对此提出质疑⑤。

关于三者关系最权威、最有代表性的表述是陈兆祦等在《中国大百科全书》中提出的,文书亦称文件,是国家机关、社会组织、企事业单位或个人在社会活动中为处理事务、交流信息而使用的各种载体的文字、图表、声像等记录材料。它是人们社会交往的工具,也是档案的前身⑥。胡鸿杰在《化腐朽为神奇——中国档案学评析》一书中探讨文件与档案的关系时,也指出"文件的管理方式是人们从事管理活动最基本的方式之一;而档案实际上只是文件在特定状态下的表现形式,档案的一些基本属性不过是对文件属性的一种继承。随着管理活动方式和手段的日趋现代化,文件与'档案'的差别将会越来越小"⑦。本书即从管理的视角考量档案学,因而也持此观点,

---

① 吴品才:《大文件观:当代中国档案学的必然选择》,《档案管理》2008 年第 5 期,第 34 - 37 页。
② 张煜明、王茜:《档案定义应以文件为属概念》,《档案学通讯》2005 年第 2 期,第 25 - 27 页。
③ 陈兆祦:《文件能包含档案吗?——兼评〈档案定义应以文件为属概念〉》,《浙江档案》2007 年第 1 期,第 6 - 9 页。
④ 陈兆祦:《谈谈"文件论"》,《档案管理》2004 年第 3 期,第 8 - 11 页。
⑤ 刘东斌:《也谈"文件论"——与陈兆祦先生商榷》,《档案管理》2004 年第 5 期,第 9 - 11 页。
⑥ 《中国大百科全书:图书馆学、情报学、档案学》,北京:中国大百科全书出版社,1993 年,第 459 - 460 页。
⑦ 胡鸿杰:《化腐朽为神奇——中国档案学评析》,上海:上海世界图书出版公司,2010 年,第 10 - 13 页。

认为这三者都是档案学研究的主要对象和任务。

1.3.7　解构与建构

"解构"概念源于海德格尔《存在与时间》中的"deconstruction"一词，原意为分解、消解、拆解、揭示等。法国后现代思想家、解构主义者德里达在这个基础上补充了"消除""反积淀""问题化"等意思，他认为解构是指对有形而上学稳固性的结构及其中心进行消解，从而使结构和中心处于一种不断化解和置换的自由嬉戏的状态①。德里达是从对语言观念的分析入手，对西方形而上学传统思维方式的反思，他的反思在西方引起了强烈的震动，遂成为一种思潮②。由此解构主义成为现代西方哲学流派之一，又被称为后结构主义(Post Structuralism)，是结构主义发展的新阶段。解构主义认为结构不是固定的而是由差别组成的，由于差别的变化而引起结构的变化。因而没有固定的结构，结构是不断变化发展的③。

"建构"(construct)在词典中的解释是"建造、构筑"，多用于抽象事物，常含有比喻修辞意义④。"建构"本是发生认识论的基本概念之一，指认识图式或结构的形成、变化和发展的过程。该理论的代表皮亚杰认为，主体在认识周围事物时，一方面以自己原有的图式接纳并将之"同化"，使原有图式得到扩充与丰富；另一方面又在内部驱动和外界刺激的双重影响下，对自身原有图式予以调整和改造，即进行新的图式建构。⑤ 建构是基于主体与客体间的相互作用而实现的，而主体的活动是其中的主导和关键，在建构过程中，新知识、新结构不断得以诞生，同时个别分散的认识扩展为有序的知识

---

① 蒋大椿、陈启能：《史学理论大辞典》，合肥：安徽教育出版社，2000 年，第 1156 - 1157 页。
② 王治河：《后现代主义辞典》，北京：中央编译出版社，2005 年，第 394 - 397 页。
③ 程志民、江怡：《当代西方哲学新词典》，长春：吉林人民出版社，2004 年，第 112 页。
④ 于根元：《现代汉语新词语词典》，北京：中国青年出版社，1994 年，第 446 - 447 页。
⑤ 刘建明：《宣传舆论学大辞典》，北京：经济日报出版社，1993 年，第 547 页。

体系,而简单的结构则进化为复杂结构,在建构过程的演进中,人类的认知结构和知识水平不断得到提高。①

本书借用解构和建构的理念和方法,一方面意在对档案学现有研究现象和成果进行反思和剖析,另一方面则基于对管理维度分析的视角,揭示档案学科体系结构和发展规律,旨在为档案学研究对象和本体认知提供视域和方法的创新。

1.4 研究内容、观点和思路

1.4.1 研究内容

档案学研究的学科定位和地位是档案学重要的元问题,本书从档案学研究在管理维度空间定位的视角来论述和论证这两个问题,主要内容包括以下几个方面:

(1) 管理维度空间解构,明确和深化管理活动三维度的含义及其对于档案学研究的影响和假设;

(2) 在明晰内容管理和管理内容的区别与联系后,对基于管理内容的档案学研究起源、特征和功能等进行探讨,提出此类研究核心范围为管理对象、管理程序和管理职能等方面;

(3) 辨析资源管理与管理资源关系,对面向管理资源的档案学研究依据、本质和作用等进行梳理,明确此类研究的主要内容为档案信息资源管理和管理资源信息保障这两个主要方面;

(4) 概述了归于管理方式的档案学研究阶段、内容、特色和意义,并对管理活动中文件方式的功能作用、构成要素、比较优势与不足之处进行分析揭示;

(5) 在明确基于管理维度分析的档案学研究构建前提基础及原则要求后,从研究内容、研究方法和研究主体等方面展望档案学研究前景。

---

① 孙鼎国:《西方文化百科》,长春:吉林人民出版社,1991 年,第 115 页。

1.4.2 主要观点

本书主要提出以下观点：

管理维度是对管理活动空间范围和视角方位的具备程度、判断条件和评价标准的表示，任何管理活动都包括资源、方式和内容三个主要维度，其中管理资源是管理功能实现的基础和基本保障条件，管理的方式和方法是管理功能实现的基本手段，而管理活动的内容则是管理功能实现的基本状态。

管理内容包括管理活动对象、管理活动程序及管理活动所要实现的职能三个不同层次，定位于管理内容的研究是中国档案学的主流理念与理论基础，基于管理内容的档案学研究包括对文件(档案)概念和现象的研究、对档案管理程序的研究、对档案管理职能的研究。

管理资源包括显性资源、半显性资源和隐性资源，前者有如人力资源、物力资源、财力资源，中者如技术、规则和信息资源等，后者诸如权力、人脉和文化等，显性和半显性资源是管理活动中的"资质因素"，而隐性资源是其中的"动力因素"，这些关键、重要的管理资源实际上都是管理的命脉，不可或缺。管理资源是档案学研究的价值增长点，面向管理资源的档案学研究包括两方面：一是研究文件(档案)内容信息的开发与利用，二是研究如何实现对其他管理资源信息的保障，特别是在保障权力和文化等隐性资源中的功能和作用。

管理方式是依据管理内容的特点和要求，对管理资源进行整合、配置的方法与途径。根据管理行为发生的场合，可分为直接型管理方式与媒介型管理方式，其中文件方式是社会管理活动中最重要、最通用、最经济的管理方式，具有确定性、规范性、可控性等比较优势。归于管理方式的档案学研究主要包括：直接与媒介管理方式对比；管理活动中文件方式的特点、功能、构成要素和影响因素分析，文件方式的历史梳理与创新研究。

档案学研究对象和内容在管理活动中具有支撑性作用，基于管理维度的档案学研究包括传播导向的理论研究和问题导向的应用研究两个层面，前者如管理方法成果在档案和档案事业管理中的应用、档案管理方法成果对一般管理的作用和贡献等,后者如文件计量研究在管理中的应用、社会(机构)资源信息管理方式研究、管理资源信息二次开发与利用等。

基于管理资源的档案学研究方法主要包括文件信息分析方法、档案文献编纂方法等,归于管理方式的方法有文件计量分析方法、档案利用技术方法等,面向管理内容的方法有档案保护技术方法、档案信息组织方法等。其中文件计量分析方法,既包括对机构(或项目)文件增长规律进行统计分析,也包括对不同类型文件进行计量分析(如上/下行文计量分析,联合发文分析、重复发文分析、转发文分析等)。

档案学研究主体应该树立"大管理观"①,除必要的档案管理专业素养和基本信息技能外,还应具备相当的管理科学综合知识储备。

1.4.3 研究思路

本书首先通过对相关数据库和文献资料的搜集整理,综述了国内外研究现状,对主要概念予以界定;其次对管理维度空间理论予以理解深化,明确其对于档案学研究的作用和意义;再次分章节从管理内容、管理资源和管理方式对档案学研究的内涵、特点、现状和框架进行解构和剖析,并分别进行实例分析;最后构想和展望基于管理维度分析的中国档案学研究前景。

研究过程中充分征询专家及其他研究人员的建议和意见,并通过网络和传统问卷调查方式,对管理活动中资源二次开发、文件方式创新、文件计量学方法等进行研究探索。国内外基于管理理念的档案学研究成果和理论,也为本研究提供理论土壤,并提供许多可供借鉴的思路和方法,中国人民大学胡鸿杰教授的管理维度及管理资源分析等研究,为本研究提供直接的理论支持和方法指导,本研究主要采取"文献调研→理论构建→理论修正"(即从实践到理论,从一般到个别)的研究思路。具体技术路线图如图1-2所示。

---

① 这里所谓的"大管理观",是指在考察和研究某一管理学科或管理活动时,不能仅局限于管理的某一个维度(如内容维度),而应该放至更广阔的视域进行全面考量,特别是在其他维度的作用与功能。

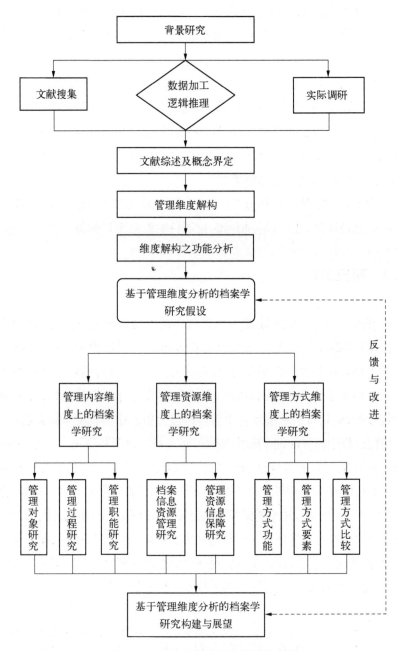

图 1-2　研究思路和框架结构示意图

2 管理维度分析之于档案学研究

　　管理维度是在对管理活动要素类型进行剖析的基础上，对管理活动空间范围和视角方位的具备程度、判断条件和评价标准的表示，是对管理活动赖以存在的内外条件予以描述、判定和评价的概念集合与范畴框架。因而，管理维度的分析与勾勒可谓研究探讨管理活动的出发点和立足点，也是具有指导性和方向性的工具方法。从管理内容、管理资源和管理方式三个维度对管理活动重新予以解构和勾勒，并将档案学研究置其中分维度进行考察，不仅对于验证档案学的管理学科属性、确定档案学研究在管理学科体系中的地位有着重要意义，也有助于整个管理学研究视域和方法的创新和拓展。

　　本章从分析管理维度的研究背景与意义入手，对管理思想与管理研究的历史进行梳理，了解国内外管理学经典研究的现状，考察管理维度勾勒的主要作用与意义，在对管理活动从内容、资源和方式等三个维度进行解构的基础上，探讨管理维度分析对于档案学研究的功能与启示，据此提出基于管理维度分析的档案学研究假设。

2.1　管理维度分析的背景与意义

　　人类社会产生伊始，出于生存和发展的需要，在人们的集体协同作业中，各类自发的或自觉的管理活动应运而生，与此同时管理思想也开始萌芽和发展；19 世纪末 20 世纪初，随着工业化大生产程度的显著提高和社会经济活动的日益繁荣，管理愈发得到重视，对管理活动的研究遂成体系并得以蓬勃发展，直至如今仍方兴未艾。而正是这些丰富的管理思想和丰硕的研究成果，为本书对管理维度的分析和探讨奠定了基础。

2.1.1　管理思想溯源与管理研究的历史梳理

虽然对管理活动的系统研究始于 20 世纪初期，但管理思想的起源却可上溯到几千年前，国外古代管理思想萌芽可见于古埃及、古巴比伦、古希腊和古罗马的史籍和宗教文献。目前世界上发现的关于管理思想的最早书面记载，是五千年前西亚美索不达米亚的苏美尔人留下的。苏美尔庙宇中的祭司通过其庞大的赋税制度，收集并管理着大量的世俗财物，如畜群、钱财和房地产等，随着这种寺庙经济规模的扩大，发展出了一种早期的"公司"概念，即由一个共同的管理机构来管理一批庙宇的经济活动，这种庙宇公司实行一种双头控制制度，即一位高级祭司负责宗教和礼仪活动，另一位高级祭司则负责非宗教的世俗活动，而他们在泥板上用文字记账和记录事件等，则成为世界上最早的处于萌芽状态的管理控制系统和库存账目记录。古巴比伦王国的汉谟拉比法典，涉及有关工资、交易、奖励、责任及会计等管理问题；《圣经》中也提到许多诸如管理咨询制度、例外原则、授权等萌芽状态的管理思想；雅典人的城邦制，包括它的议会、民众法院等，表明当时对管理职能的正确认识，古希腊人还提出了管理普通原则；此外，古罗马的戴克里克皇帝，实行了一种把集权和分权相互结合的连续授权制度，成功地对古罗马这个庞大帝国进行了多年的控制。这些管理思想虽然有的还处于萌芽状态，相对比较粗糙，但都成为以后管理思想发展的渊源。[①] 张文昌等人所著的《西方管理思想发展史》认为西方古代的管理思想博大精深，源远流长，体现了西方的精神与智慧，并以古希腊、古罗马为代表，分经济管理思想、社会管理思想、宗教管理思想等予以梳理。[②]

[①]　叶萍：《管理学基础》，北京：电子工业出版社，2007 年，第 36 - 46 页。

[②]　张文昌、于维英：《西方管理思想发展史》，济南：山东人民出版社，2007 年，第 171 - 226 页。

中国是一个具有五千年文明史的古国,在其发展的历程中同样有许多值得骄傲的管理实践以及至今仍闪耀着智慧光芒的管理思想。叶萍在《管理学基础》一书中提出,从中国管理思想的历史轨迹来看,中国古代管理思想产生于先秦时期,最早的管理思想在《尚书》《周易》中就有所反映,系统的管理思想在战国时期就开始出现和形成;这些思想揭示了人类管理具有一些必然性和根本性的因素,具有包容性、人本性、系统性、创新性、柔和性、服务性等特点,具有极强的生命力和永恒的价值。该书还将中国古代管理思想分为系统管理思想、信息管理思想、决策管理思想、用人管理思想、行为管理思想和艺术管理思想等予以一一分析。①

和其他现代社会科学研究一样,真正系统的管理研究是受到自然科学的启迪和影响的。一般认为,管理学科的创建是以泰勒的科学管理为标志。泰勒以提高劳动生产率为目标,通过工时和动作研究,制定出有科学依据的工人合理工作量和合理化的操作方法,将劳动和休息时间、工具和作业环境更好地协调起来。和泰勒同一时代的梅奥等人沿用科学试验的方法,在美国西屋电器公司霍桑工厂进行的工作条件、社会因素与生产效率关系的试验,得出社会和心理因素影响劳动生产率的结论,为行为科学研究奠定了基础。②自此,管理研究逐步形成了自己的范畴体系,步入了系统、规范的轨道,管理学与哲学、历史等其他古老的学科一样,融为科学研究大家庭一员。

2.1.2 国内外管理学经典研究的成果与不足

管理学作为一门科学,已经历了约一个世纪的演变,随着理论研究者和实践者的努力,其间各种思潮和流派竞相产生,对经济和社会管理产生了巨大推动和影响,也使管理学自身得到了完善和发展,呈现出空前的繁荣,近年来仍呈持续上升走势(如图2-1所示)。

---

① ② 李怀祖:《管理研究方法论》,西安:西安交通大学出版社,2000 年,第 15 - 18 页。

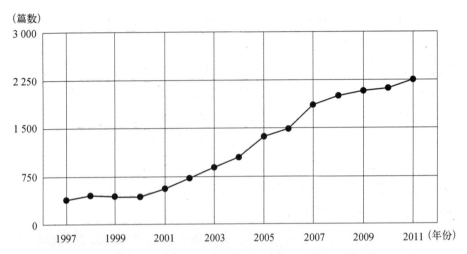

图 2 - 1 近年来 CNKI 数据库中管理学学术关注度趋势图(1997—2011 年)①

2.1.2.1 西方管理学研究历程与特征

哈罗德·孔茨曾写过两篇著名的论文《论管理理论的丛林》(1961年)和《再论管理理论的丛林》(1980 年)，对 1980 年前的管理学领域的理论、主张等作过一个精辟的归纳与分析。他认为到 1980 年为止，管理学至少已发展有十几个学派，典型的有古典学派、行为学派、社会系统学派、决策理论学派、系统管理学派、经验主义学派、权变理论学派、管理科学学派、组织行为学派、社会技术系统学派、经理角色学派和经营管理学派等。②

由于这些管理流派较多，许多学者又在此基础上依发展阶段和某些共性予以分类。如李晓光认为管理学形成与发展大致可以分为六个阶段，即古典管理理论、人际关系学说和行为科学理论、管理理论丛林、战略管理、全面质量管理和学习型组织理论等六阶段(如表 2 - 1 所示)。③

---

① 来源：http：//trend. cnki. net/TrendSearch/trendshow. htm? searchword ＝％u7BA1％u7406％u5B66。
② 苏义林、陈庆、刘畅：《管理学》，北京：中国轻工业出版社，2009 年，第 20 - 23 页。
③ 李晓光：《管理学基础》，北京：中国财政经济出版社，2007 年，第 19 - 22 页。

表 2-1 管理学形成与发展过程（六分法）

时间	理论	特点
19 世纪末以前	各种管理思想	—
20 世纪初—20 世纪 30 年代	古典管理理论	标准化、制度化
20 世纪 30 年代—20 世纪 50 年代	人际关系学说和行为科学理论	重视人的因素
20 世纪 50 年代—20 世纪 60 年代	管理理论丛林	全面、系统、精确
20 世纪 60 年代以后	战略管理	长远
20 世纪 70 年代末以后	全面质量管理	持续改进、参与
20 世纪 90 年代以后	学习型组织、卓越绩效评价准则	突破式改进、创新

车济炎等从其发展的历史及内容将西方管理学各学派的形成分为三个阶段：第一阶段，19 世纪末到 20 世纪初形成的"古典管理理论"，代表人物为美国的泰罗、法国的法约尔、德国的韦柏及美国的古利克和英国的厄威克，该派较系统地探讨了经济管理问题；第二个阶段是 20 世纪 20 年代开始的"人际关系—行为科学"理论，主要研究内容是人的本性和需要、行为的动机，尤其是在生产中的人际关系等；第三阶段主要是第二次世界大战后出现的当代西方管理理论的一些学派，如巴纳德的社会系统学派，以西蒙、卡内基为代表的决策理论学派，卡斯特、罗森茨韦克为代表的系统管理学派，德鲁克、戴尔等人为代表的经验主义学派，柏法的管理科学学派，以及 70 年代风行美国一时的权变理论学派。[①]

谢勇等从人性假设等方面对这些流派予以梳理，提出了"四分法"（如表 2-2），他认为泰勒的科学管理理论、法约尔的一般管理理论和韦伯的行政组织理论，开创了管理理论思想的先河，是为古典管理理论（19 世纪末至 20 世纪 30 年代），人性假设是"经济人"假设，管理方法是强调制度化、标准化、

---

① 车济炎、林德宏：《新知识词典》，南京：南京大学出版社，1987 年，第 409 页。

规模化,管理的目标是追求企业的效率化;人际关系理论(20 世纪 30 至 60 年代),将管理理论思想推向了一个新的发展阶段,以梅奥为代表,人性假设是"社会人"假设,管理方法是满足员工的社会和心理需要,让员工参与管理,管理的目标是追求企业的效率化;现代管理理论(20 世纪 60 至 80 年代),这个阶段呈现出管理理论思想的繁荣局面,进入了管理理论的"热带丛林"时期,管理科学的发展重点在于运用数量分析的方法来提高决策的精确性和管理的效率,其人性假设是"系统人"假设,管理方法是运用系统方法研究管理活动,管理的目标是追求效率与效益的统一;文化知识管理理论(20 世纪 80 年代至今),以威廉·大内和彼德·圣吉为代表,成为 20 世纪管理理论思想的里程碑,其人性假设是"文化人"假设,管理方法是倡导文化管理和知识管理,管理的目标是追求综合效益和企业的可持续发展。①

表 2-2　西方管理与理论体系(四分法)

	理　　论	人性假设	管　理　方　法	管　理　目　标
西方管理思想与理论	古典管理理论	经济人	制度化、标准化、规模化	企业效率化
	人际关系理论	社会人	满足员工的社会和心理需要;参与管理	企业效率化
	现代管理理论	系统人	系统方法	效率与效益的统一
	文化知识管理理论	文化人	文化管理	综合效益和可持续发展

魏文斌则从范式的角度总结了西方管理学范式的三种维度,即科学主义范式、人本主义范式和文化主义范式,并指出文化主义范式是管理学范式的又一次重大变革。②

正如苏勇指出的,即便西方管理学流派众多,视角不一,但在其流派

---

① 谢勇、邹江:《管理学》,武汉:华中科技大学出版社,2008 年,第 37-38 页。
② 魏文斌:《西方管理学范式的三种维度》,《国外社会科学》2007 年第 1 期,第 3-7 页。

的此起彼落中,我们仍然可以从中梳理出其发展的脉络,把握其演变的大致轨迹①。因而纵观西方管理学已有研究,无论是一一列举还是按阶段划分,都能发现这些理论在不同程度上对经济和社会管理产生了推动和影响,其取得的进步和成果是有目共睹的:

(1) 对管理活动中"人"的认识在不断的进步和深化。人是管理活动的主体,同时又是管理活动的客体,因而管理可视为人性驱使的一种社会活动,"人性"始终是西方管理思想的一个基本逻辑范畴②,并且这种认识在不断的进步和深化。这首先表现为,对人性的关注使得管理活动从"重物"转向"重人",古典管理学家视工人为"经济动物",认为只要满足人的物质需要,就能调动其积极性,因而他们主张对管理客体实行"物本管理",重物轻人,把人当工具来管理。随着人性假设的不断进化("经济人"—"社会人"—"自我实现的人"—"复杂人"—"道德人")③,人们最终认识到,管理研究与自然科学及其他社会科学研究不同,虽然都离不开"人",但作为自然科学研究对象的"人"是物质的人以及人的生理结构,作为经济学研究的是抽象的经济人(消费者或供应者),而作为管理学科研究对象(即管理关系各主体)则是个性人,是生活在现实中有各自价值观念、偏好和感情的人。④

(2) 善于借鉴和运用其他学科最新成果、方法和技术手段,注重管理创新。高文武指出,不同时期管理学理论的方法基础不同,古典理论和行为学派以经典物理学推崇的"分析"范式为主导;"管理理论丛林"时期的各个学派多以一般系统论作为方法论基础;而复杂性科学⑤为走出"管理理论丛林"提供了有力武器。所谓复杂性科学的核心理念在于认识到,系统及其组

① 苏勇:《东方管理评论(第1辑)》,上海:复旦大学出版社,2007年。
② 张明兴:《西方管理学人性假设的哲学思考》,《贵州财经学院学报》2006年第3期,第100-102页。
③ 陈小先:《西方管理学理论的流变、现状与发展趋势》,《发展研究》2010年第5期,第104-106页。
④ 刘军:《管理研究方法:原理与应用》,北京:中国人民大学出版社,2008年,第63-68页。
⑤ 复杂性科学的分支有耗散结构理论、突变理论、协同学、混沌学、超循环理论等。

成部分具有某种智能(即具有适应和学习能力)，能够通过与环境及别的个体间的相互作用，改变自身的结构和行为，以适应环境的变化。①

(3) 注重发挥法律和契约的作用，讲究在试验和逻辑分析的基础上进行严格的控制和严密的管理，强调引进和构建竞争机制。这些理念不仅深受西方海洋文明的影响，根植于西欧传统家族制度的个人主义和人际关系，还与近代工业大生产及科技迅猛发展的时代背景密不可分，"科学管理运动"之后的各管理流派或理论更是直接服务于现代市场经济②。在完全竞争市场环境下，能充分发挥管理活动主体的能动性，能较大地提高管理活动的效率。

(4) 从学科本体而言，这些理论流派的产生和发展，使管理学自身不断得到完善，并俨然成为当下科学体系中的一门"显学"。任何一门学科的发展，都要遵循认识活动的规律，从特殊到一般，再从一般到特殊。管理学的发展也是先从最早成熟的经济管理活动研究中总结出一般的管理学原理，并用以指导其他社会活动管理，使管理学的研究领域逐步扩大。而正是如此不断循环往复，视野不断得以开阔，水平不断得到提高，对管理的本质的认识也就会越来越全面、准确而深刻。③

上述优点已为世人所公认和推崇，其历史意义自然不言而喻，但西方管理学研究也存在着缺陷和不足：

(1) 在追求"理性"和"人性"中左右为难，未能找到最优平衡点。事实上，由于西方管理学固有重视理性的传统，造成的对人性的忽视没能从根本上得以改观。吴友富指出，尽管现代管理学研究予人的感觉是不断发展、日新月异，但其核心问题并未找到最优解，也就是说——管理学理论从以物为中心，到以组织为中心和以人为中心似乎越发进化，其实质仅仅是工具性的

① 高文武、丁耀：《试论西方管理学理论的演变》，《湖北社会科学》2002 年第 10 期，第 103 - 104 页。
② 王德清：《中外管理思想史》，重庆：重庆大学出版社，2005 年，第 426 页。
③ 陈小先：《西方管理学理论的流变、现状与发展趋势》，《发展研究》2010 年第 5 期，第 104 - 106 页。

进步,而"如何让管理更加科学"和"如何让管理更富人性色彩"这样的两难问题其实是在原地踏步,目前"开发"的各种管理方法与技术在同步解决人性的均衡发展与企业的财富增长这个棘手的问题上显然都是缺乏成效的①。

(2) 西方管理学研究对管理活动实际的模拟再现能力有待提升。这一方面是由理论抽象性和具体实操性的反比关系决定的,即归纳程度越高,其直接指导功能就越弱;另一方面是缘于这些理论本身的片面性和局限性。虽然西方管理学各流派理论大都来源于实验的结论或对实践的归纳,但总是预先有着某种学理层面的假设,这样容易过分注重其中某一(或某些)方面,而忽视其余种种。邓伟志在评价西方管理学缺陷时指出,(他们)在对管理中某一(或某些)要素通过分析后并总结出某些规律,但却把这些局部归纳而得的规律视为管理活动之普适法则,以偏概全,往往导致走极端的弊病,如科学管理理论的唯理性倾向,行为科学理论的唯人性论,管理科学学派过分强调制度化、规范化和专业化,因而再次走进了将人机器化的误区。②

(3) 对管理活动缺乏全方位的认知,涵盖的维度有限。现有研究大都涉及管理的主体、对象、环境等,也有管理方式和方法的研究,但大多仍过于抽象,如"计划""组织"等,实则属于管理内容层面。苏义林等指出,(西方管理学)这些流派尽管各有自己对管理的看法和理论主张,但从内容上来看不超出组织、管理方式以及经营三大方面:科学管理理论的研究成果本质上可以归结为一种管理方法,最终引申出相应的管理方式;行为科学学派有研究人际关系的,有研究需求与行为间关系的,也有探讨人的本性及相应管理问题的,还有研究非正式组织问题及双因素模式等;社会系统学派的研究成果不过是从经理人员的角度看组织如何有效运作;决策理论学派认为管

---

① 吴友富:《现代西方管理学的危机》,《招商周刊》2006 年第 25 期,第 13 -15 页。
② 邓伟志:《创新社会管理体制》,上海:上海社会科学院出版社,2008 年,第 95 - 97 页。

理就是决策,组织是围绕决策者所组成的系统;管理科学学派则注重借助计算机技术等方式方法进行组织管理。① 在管理维度认知中的最大不足是,对管理资源的研究缺乏一定的深度,虽然都知道资源在管理活动中的必要性和重要性,但关注的是人财物等显性的资源,而对权力等管理特有资源的理解和重视不够。

（4）大多西方管理学理论的地域文化适用性和兼容性不强,早期的研究完全忽视管理的地域和文化差异,后来虽然受系统科学的影响,认识到了这些因素的重要性,但还是将其置于"管理环境"的地位,缺乏从内在和本能的视角进行思考。脱离了本土传统文化的管理思想和理论将是无源之水、无本之木,其生命力和发展前景自然令人置疑②。苏东水以中西方文化差异为例,指出传统的中西方管理理论具有各自不同的优势和劣势:西方管理重分析、重理性、重科学、重法制,却不注重伦理道德的修养,不注重人与自然、人与社会、人与人关系的和谐,更不注重以情感人的管理教育;而中国管理却恰恰相反,它重综合、重感化、重和谐、重仁爱,却不太关注法制意识和科学精神。因此,若将西方管理理论不加变通和改进,而直接应用于中国等东方国度的管理活动之中,其结果和效果是可想而知的。③

2.1.2.2 东方管理学研究成果与不足

作为管理研究的一个重要组成部分,国人对东方传统管理思想的关注和研究由来已久,但 20 世纪 80 年代以前,研究者们主要注重对我国古代管理活动进行历史梳理或零散地介绍某些管理思想,缺乏整合的研究思路和形而上的研究理论,因而对管理实践很难产生切实影响。而 20 多年来,研究者不仅开始对东方管理价值予以重新发现和全新诠释,还明确提出了自己的理论体系,并致力于将其转化为实践模式与方法,以直

---

① 苏义林、陈庆、刘畅:《管理学》,北京:中国轻工业出版社,2009 年,第 20 - 23 页。
② 金润圭:《管理学》,上海:华东师范大学出版社,2008 年,第 64 页。
③ 苏东水:《21 世纪东西方管理融合与发展的趋势——当代中国东方管理科学的创新与实践》,《上海管理科学》2008 年第 5 期,第 4 - 10 页。

接指导管理实际,因而从目的、内容和形式等诸方面来说,都有了长足进步与发展。① 其中复旦大学苏东水、浙江工商大学胡祖光和中国社会科学院孙耀君是东方管理学的倡导者和创立者。

苏东水从 1976 年起就对中国传统管理文化产生兴趣,并于 1978 年发表了《"红楼梦"的经济管理思想》一文,其后开始致力于建立有中国传统文化特色的东方管理理论。1986 年苏东水在《文汇报》上发表《现代管理学中的古为今用》一文,同年在日本参加的现代化国际研讨会上,专门介绍了中国现代管理中古为今用的事例,1990 年再次在日本东京的国际学术交流会上发表"中国古代行为学派研究"的演讲。1992—2000 年间,苏东水连续五次出席"世界管理大会",还参加了全球最活跃的管理学术组织 IFSAM,着力宣讲"东方管理学"的构建理念与实践,力图将东方管理推向世界。1999年 6 月复旦大学成立了东方管理研究中心,160 余位专家学者、政府官员、企业家参加了成立大会,这是东方管理学发展史上的里程碑,标志着"东方管理学"的正式创立。2005 年,苏东水多年潜心研究的结晶《东方管理学》②正式出版,同年 11 月,主题为"东方管理科学的创新与发展"的"第七届世界管理论坛暨东方管理论坛"顺利召开。③ 苏东水认为东方管理文化学可包括治国学、治生学和治身学(或称人为学)三部分,关于东方管理文化的要素,他概括为"道、变、人、威、实、和、器、法、信、筹、谋、术、效、勤、圆"等 15 个方面。④

1994 年,时任杭州商学院院长的胡祖光就开始了东方管理研究,并获得了国家自然科学基金的资助。他的《管理金论——东方管理学》⑤,是我国第一部系统研究东方管理学的专著。其后他和朱明伟编著了《东方管理学导论》一书,从纳言、用人、治法、处事、教化、修身等 6 个方面分别阐述了

① 刘竑波:《"东方管理学"研究之回顾与综述》,《网络财富》2008 年第 5 期,第 39 - 43 页。
② 苏东水:《东方管理学》,上海:复旦大学出版社,2005 年。
③④ 颜世富:《东方管理学》,北京:中国国际广播出版社,2000 年。
⑤ 胡祖光:《管理金论——东方管理学》,北京:电子工业出版社,1994 年。

26 条东方管理学原理，试图提出一套全新而可供实践的理论①。此外，他们还编写了《东方管理学十三篇》，内容涵盖了用人、治法、纳言、决策、组织、激励、指挥、处世、考核、变革、修身、廉正、教化等 13 个方面，部分内容借鉴和吸纳了西方管理学的研究成果②。胡祖光的重要贡献，是指出了东方管理学在世界管理理论连续谱中的地位。

孙耀君的《东方管理名著提要》一书中的第一篇简要评析了《周易》《周礼》《老子》《论语》等中国古代管理名著中的管理思想，第二篇为毛泽东的《论十大关系》、邓小平的《解放思想，实事求是，团结一致向前看》等中国当代管理名篇，第三篇为增地庸治郎的《经营经济学》、占部都美的《现代管理论》等日本管理名著。③

颜世富认为当前业已形成了东方管理学、中国管理思想、华商管理研究自导式管理思想、无为管理思想、周易管理思想、混沌管理思想、柔性管理思想、7S 管理模式、道家管理思想、C 理论、11C 理论、论语加算盘式等一系列的东方管理思想丛林（如图 2 - 2 所示）。他的《东方管理学》一书在分析文化与管理的基础上，提出了东方管理学的研究原则和方法，并基于东方传统管理思想分别探讨了自我管理、战略管理、人事管理、制度管理等，特别是其中提出的太极管理模式和太极决策论，极富东方古典特色。④

马涛所著的《传统的创新——东方管理学引论》也试图对传统进行创新，从现代企业管理的视角，依据东方管理的特点与体系，对仁爱管理、和谐管理、行为管理、中道管理、无为管理、制度管理、谋略管理等若干方面进行了探讨和评析。⑤

黄如金的《和合管理》在序言中直接表明是对创新中国管理科学的探

---

① 胡祖光、朱明伟：《东方管理学导论：一套全新而可供实践的理论》，上海：上海三联书店，1998 年。
② 胡祖光、朱明伟：《东方管理学十三篇》，北京：中国经济出版社，2002 年。
③ 孙耀君：《东方管理名著提要》，南昌：江西人民出版社，1995 年。
④ 颜世富：《东方管理学》，北京：中国国际广播出版社，2000 年。
⑤ 马涛：《传统的创新——东方管理学引论》，石家庄：河北人民出版社，2001 年。

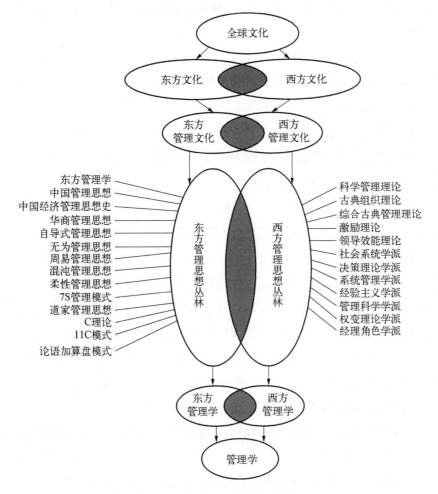

图 2 - 2　东西方管理思想丛林图示

索,该书提出了和合管理的研究对象与方法论,和合管理的价值观、思想内核和真谛,并对和合公共管理、和合战略管理、和合人本管理等进行探讨和分析。①

　　苏勇主编的论文集《东方管理评论》(第 1 辑)中,设置了东方管理学的

---

①　黄如金:《和合管理》,北京:经济管理出版社,2006 年。

兴起、东方管理理论及其应用、华商管理研究、跨文化管理、东方管理案例等五个栏目。①

苏宗伟编著的《东方管理学教程》主要内容包括东方管理学体系的构建、东方管理学的形成和发展、中国管理学、西方管理学、华商管理学、以人为本——人本管理等。②

综上所述，正如复旦大学东方管理学科带头人苏勇所指出的，东方管理学的发展不是一蹴而就的，而是在 30 余年的发展、探索、积淀的基础上形成的③，其间取得的主要成果如下：

（1）东方管理学研究扩大了管理学科的研究视野，丰富了管理研究的思维方式。彭贺认为，东方管理与西方管理是一种共同发展、相互补充的关系：东方管理既注重对管理哲学的探索，也强调对管理工具和方法的探索；既关注东方本土现实问题的解决，也跟踪研究全球管理发展趋势；既对传统的优秀管理文化予以继承和提炼，也注意对现当代管理思想和实践进行萃取和创新；既立足于企业和经济管理领域，也关注自我管理、家庭管理、国家管理等领域的研究。④ 可见，东方管理学研究的兴起和逐步壮大，以其独特的优势、博大精深的内涵，为深化和发展管理理论做出了贡献，是管理学科的自我发展和自我完善。

（2）使管理学研究更具因地制宜的指导价值，适用的实践领域和地域更为宽广。吴友富指出，东西方的价值观与思维方式的差别是无法弥合的，西方管理理论应用到中国的管理实践中会遇到一些难以克服的障碍，经常会发生"水土不服"。⑤ 而东方管理学研究契合中国等东方国家管理活动的文化基础，通过总结和提炼古代东方管理思想的精髓，在考察和研究日本、

---

① 苏勇：《东方管理评论》（第 1 辑），上海：复旦大学出版社，2007 年。
② 苏宗伟：《东方管理学教程》，上海：上海财经大学出版社，2009 年。
③ 彭贺、刘翰：《东方管理学的现状与展望——东方管理学学科建设研讨会综述》，《管理学报》2006 年第 5 期，第 629 - 630 页。
④ 彭贺、苏东水：《论东方管理的研究边界》，《学术月刊》2007 年第 2 期，第 75 - 79 页。
⑤ 吴友富：《现代西方管理学的危机》，《招商周刊》2006 年第 25 期，第 13 - 15 页。

韩国、新加坡等地方和我国台湾、香港等地区管理实践的过程中,再融合西方管理文化的精华和成果,形成了独具特色的东方管理理论,①从而能在有效引导和作用于我国现代管理活动实际的同时,对整个世界的管理实践做出积极的影响和贡献。

(3) 拓展和深化了西方管理学中对"人"的认识。一方面,与早期西方管理理论将人"物化"或"工具化"所不同,东方管理始终强调人是管理的主体和根本,把"人"放在管理的核心位置,其本质是把"人"作为管理活动的目的而非工具,认为管理过程中应追求人的全面自由发展,必要时甚至不惜牺牲效率和利润。② 可见,东方管理对人性的把握更为准确,对管理本质的认识更为深刻。另一方面,在同样关于"人"的话语中,东方管理学与西方管理学有着不同的内涵,前者注重人之"能群"本质特性与"和谐"的相互关系,强调人的本性和"以人为本";后者关注人之"自由"本质特性和"竞争"的相互关系,强调制度和规则③。有基于此,苏东水提出了"八论"(人本论、人德论、人为论、人缘论、人道论、人心论、人谋论、人才论)和一整套以"以人为本、以德为先、人为为人"为本质属性的东方管理理论框架和学科体系。④

但由于东方管理学研究尚处于起步阶段,还没有形成众多争鸣流派,也难免存在缺陷与不足:

(1) 相对西方管理学而言,东方管理学现有研究更多的是理论整合与推演,方法上的可复制性和可验证性不强,因而缺乏具有工具性和实操意义的成果。刘竑波就指出东方管理学的行为方式理论较为抽象,若不予以改造,实践效果较差。⑤吕福新也指出,东方管理主要体现为文化管理和理念领导,但这种传统往往停留在思想和观念层面,容易导致虚无和从上到下的

---

①④　彭贺、苏宗伟:《东方管理学的创建与发展:渊源、精髓与框架》,《管理学报》2006年第1期,第12-18页。
②⑤　刘竑波:《"东方管理学"研究之回顾与综述》,《网络财富》2008年第5期,第39-43页。
③　吕福新:《东方管理学的建树、创新和发展——对东方管理学研究的追溯、综述和管见》,《商业经济与管理》2003年第12期,第33-36页。

灌输、说教，所以东方管理学的行为方式理论必须予以改造和发展，要使无形的思想和理念反映并作用于有形的客观环境和条件，通过有形的制度、组织、经营和管理，产生有形的技术、产品和服务等。①

（2）学科体系有待进一步完善和发展。东方管理学毕竟是一门新兴学科，需要解决一系列学科建设的"元问题"。首先是研究对象的规定性问题，东方管理必须找到特定的、与西方不一样的研究对象，建立自己的学科体系，如芮明杰提出东方管理是否只是研究东方区域的人和组织、是否涵盖其他地区，许晓明则提出东方管理应当反映的是华夏文化的特征；其次是具有自身特色的方法论问题，目前东方管理研究还停留在"考古式"阶段，靠挖掘古代先哲的思想、梳理其基本的原则为主，采用的是文献整理、理论研究等手段。因而胡守钧认为今后要多发掘如"鞍钢宪法""大庆模式"等独具特色的东方案例研究，薛求知提出通过整理晋商、徽商等实践案例，并加以创新，从经济发展史的角度来研究中国管理问题。② 彭贺等也提出东方管理应以问题为中心，根据问题来选择研究方法，因而寻找东方管理独特的研究方法、综合运用主位和客位研究策略将是未来东方管理研究方法的重要方向。③

（3）在引进和借鉴西方管理学理论时，缺乏内化吸收和重新构架，导致传统东方管理思想和西方管理理论"两张皮"的现象。中国人民大学的蓝志勇指出，近年来向西方学习的过程中存在几个误区：一是"食洋不化"，没有对理论进行很好的消化，生搬硬套；二是"望文生义"，错误理解理论原意，在学习过程中改变其本意；三是"小马拉大车"，不综合考虑文化历史、学术渊源、制度关系等因素，以一本书或一个理论作为放之四海而皆准的真理；四是"黑虎掏心"学法，把西方经验中最关键的核心的内容拿掉了；五是"狗熊

---

① 吕福新：《东方管理学的建树、创新和发展——对东方管理学研究的追溯、综述和管见》，《商业经济与管理》2003 年第 12 期，第 33 - 36 页。
② 彭贺、刘韡：《东方管理学的现状与展望——东方管理学学科建设研讨会综述》，《管理学报》2006 年第 5 期，第 629 - 630 页。
③ 彭贺、苏东水：《论东方管理的研究边界》，《学术月刊》2007 年第 2 期，第 75 - 79 页。

掰玉米",一味追求新的理论,不求甚解。① 这些现象在我国管理学界的研究成果中并不鲜见。

(4) 与西方管理学研究一样,东方管理学对管理活动也缺乏立体的多维考察。东方管理学研究者虽然十分重视文化等因素的影响和作用,但同样是将其作为管理的外在要素,而不是将其作为不可或缺的内生资源,对权力和规则等管理的特有资源研究不到位;在对人性的认知中,强调人的全面发展是管理的目的,而未将人和人际关系视为资源性要素,导致管理活动的控制力和驱动力不足;此外,也没有涉及通用的管理方式,忽视了几千年沉淀于中国特色管理活动中的文书制度及其管理功能。

如前文分析,可以看出西方管理理论重视科学和理性,东方管理则强调思想道德等意识形态,这两个方面偏重其中任一而走向极端都是不可取的。在新经济环境下,只有充分发挥东西方管理理论各自的优势,取长补短,才能更好地实现管理的科学性和艺术性协调统一。② 更重要的是,有必要摆脱传统西方管理学理论体系桎梏,建立能基本涵盖东西方管理思想和理论的管理学科框架,而这也是本书对管理维度进行重新分析和勾勒的缘由所在。

2.1.3 管理维度勾勒的主要作用与意义

管理维度是在对管理活动要素类型进行剖析的基础上,对管理活动空间范围和视角方位的具备程度、判断条件和评价标准的表示,是对管理活动赖以存在的内外条件予以描述、判定和评价的概念集合。对管理维度进行描绘与构架时,一般要从两个以上具有互斥性的视角予以划分和考察,因而进行管理维度的勾勒,无论对于管理理论研究,还是管理活动实践的归纳和指导,都具有积极意义。

---

① 蓝志勇:《公共管理学科应是中国改革的先锋》,《中国人民大学校报》2010 年 3 月 29 日第 1339 期第 2 版。
② 苏东水:《21 世纪东西方管理融合与发展的趋势——当代中国东方管理科学的创新与实践》,《上海管理科学》2008 年第 5 期,第 4 - 10 页。

(1) 有助于引导管理学研究的视角创新。管理维度是在对管理过程予以立体考察的基础上，形成的对管理的基本因子和本质构成进行分面剖析的范畴体系。一个新的管理维度的勾勒，是建立在对管理活动的要素、环节和生存空间的重新认识和挖掘基础之上的，必然带来研究视角的重新发现和研究定位的改变修正，这无疑能拓展管理学的研究视野，推动管理学研究理念的创新，甚至引发管理学科体系的重构。

(2) 直接提供新的分析方法和理论框架。对管理维度的描述实质上是对各类管理活动的内核分析，为分解和区别管理要素类型提供了思路和方法，并确定各类要素在管理中所司职责。如王建国提出的六维管理理论，就要求将管理活动从文化、信息、知识、权变、艺术、执行等六个方面予以分类考察[①]。管理维度的重新审视和划分，正是管理模式重新构建的前提和基础，为其提供可资利用的方法和框架。

(3) 能增强管理理论的拓展性和开放性。维度的构架和描述，往往具有一定的弹性和可塑性，能应用于不同层面管理活动的考察和探讨，即同一管理活动，可以置于不同维度进行研究，这本身就使得管理理论更具开放性。如本书将管理活动分为内容、资源和方式三个维度，这种划分是具有相对性和可变性的，对不同层面的管理活动进行考察时，同一事物或行为可以存在于不同的管理维度之中，即某一具体的管理行为既可能是管理的对象或内容，也可以成为管理资源或方式。又如在分析文献的收集、整理、加工和服务时，信息管理行为属于管理内容维度，而在运用信息手段进行公共管理时，信息管理行为则处于管理方式维度。

(4) 能提升对管理实际的模拟再现能力。管理维度勾勒能引发对人类管理实践活动的全面整体考察，并非在预设某种假说的前提下对实验或局部实践的归纳总结，因此不会导致过分注重或强调其中管理活动的某一（或某些）方面而忽视其余种种。科学的管理维度构建是对管理活动的全方位

---

① 王建国：《六维管理理论 PK 西方管理学——王氏六维管理简析》，《建设机械技术与管理》2006 年第 11 期，第 63 - 64 页。

认知和描述,其维度能涵盖管理的主体、对象、方式、资源和环境等诸多要素,具有极大的包容性和拓展性,既具一定的理论抽象性,又有相当的实践指导性,从而大大提升管理理论对实际的模拟再现能力,这有利于管理学研究的全面理性回归。

可见,管理维度勾勒不仅给管理学研究带来视角创新和框架重构,具有方法论价值,其自身的可塑性和包容性也增强了管理理论对实践的模拟与指导功能。而鉴于国内管理学的原创性研究不足、"舶来"现象严重,对管理维度进行分析和描述的意义就更为重大,能在一定程度上为建设中国本土特色的管理学理论体系添砖加瓦、铺路搭桥。

2.2 管理活动三维解构与分析

管理维度的分析与勾勒,能为管理学及其分支学科的研究提供方法和框架,而为了摆脱西方管理学的固有模式和束缚,创建符合东方管理文化和中国国情的管理学理论框架,中国人民大学胡鸿杰教授通过对管理活动机理层面的考察、归纳和探索,提出任何管理活动都包括资源、方式和内容三个主要维度,认为其中的管理资源是管理功能实现的基础和基本保障条件,管理的方式和方法,如现场、会议和文件等,是管理功能实现的基本手段,而管理活动的内容主要是由计划、组织、协调、沟通、控制等具体管理职能所组成,是管理功能实现的基本状态①。本书就持此观点,即认为管理活动必须包含于管理内容、管理资源和管理方式三个主要维度之中,并分述如下。

2.2.1 管理内容轴

有人认为管理内容就是管理的对象,这是在对具体而微的管理活动的

---

① 胡鸿杰:《中国档案学的理念与模式》,北京:中国人民大学出版社,2005 年,第 26 - 27 页。

观察后得出的论断，因为在简单管理活动中，管理内容和管理对象在外延上大面积重叠。其实通过深入考察不难发现，不同层面的管理活动，其管理的核心内容不同，管理内容不仅包括"对象"这样的具体标的，也可以是抽象的程序，还可以是具有更丰富内容的职能，特别是许多宏观的管理活动中，对程序和职能的管理更是其日常工作的主要内容。如档案管理活动中，档案工作者和档案信息自然都是管理内容，而对文件案卷的收集、整理等程序也是管理内容，此外档案管理机构的职能同样是管理内容，只是考察的层面和范围不同而已。

2.2.1.1 对象

"对象"在汉典中的解释是：行动或思考时作为目标的事物(target 或 object)[①]。哲学概念上的"对象"是指与人发生某种关系的事物。广义的理解，"对象"既属于关系范畴，也属于事物范畴，是和人发生关系的事物，因而构成对象的事物不仅有自然物体和人造物体，还有劳动中形成的人和人之间的关系，以及以语言文字等形式表现的人的思想。在认识论上，人的认识活动和实践活动指向的对象称为客体。[②]

管理对象，管理活动中与管理主体发生关系的事物，是管理行为的标的，即管理客体。如把管理活动作为一个动态的系统过程，则管理对象要素包括实存形式及与实物相关联的"关系"或"属性"形式，前者如人(员)、财(资金)、物(物资)，后者如目标、组织、信息、技术、时间等[③]。

人是社会财富的创造者、物的掌管者、时间的规划者和信息的利用者，是管理对象中的核心和基础，即最关键、最重要的管理对象。人在管理中具有双重地位，既是管理者也是被管理者，即便是处于被管理者位置上的人员，又以管理者的角色去管理物。詹姆斯·穆尼(James Mooney)认为，管理就是指导别人、激励别人的方法和技术；劳伦斯·阿普莱(Laurence

---

① 信息来源汉典"对象"，http：//www. zdic. net/cd/ci/5/ZdicE5ZdicAFZdicB962095. htm。
② 高清海：《文史哲百科辞典》，长春：吉林大学出版社，1988 年，第 218 页。
③ 张双喜、白景坤：《管理学》，北京：北京理工大学出版社，2009 年，第 3 - 5 页。

Apley)认为,管理就是人事管理,可见人在管理中的重要地位。[①] 而高效能的管理,就是要使人尽其才。

"财"和"物"既是管理的物质基础,也是主要的管理对象。资金与物资的区别在于两者的表现形式上,前者是以货币体现,而后者则以多样化的实物形式体现。两者的共同点之一,是在管理活动中都属被动地位,需要管理者(或通过被管理者)将它们同其他要素紧密协调地利用起来,去实现机构管理目标。同时在一定的条件下"财"和"物"在形态上是可以相互转换的。此外,"物"还承载着"信息""技术"等管理对象,如没有纸张和磁盘等物理介质,"信息"和"技术"等无法实现长期存取和有效传播。

时间是指在管理活动中,分配在各步骤以及各环节相互衔接的周期的长短。任何管理活动都必须存在于一定时空之中,任何有效的管理都需要对时间进行精确的计算和控制,时间也就成为一个重要的管理对象。作为管理对象的时间,往往表现为速度和效率,即如何充分利用时间,并在有限的时间内,做更多的事。现代管理的一个重要特征就是强调时效性,一方面,不同的时间区域会产生不同的管理效果,另一方面,时间的节约也是管理效果的重要表现。[②]

目标是指管理活动或管理组织要实现的任务和指向。实际上,管理活动是以目标的确定为起点,又是以目标的实现为终点,即管理活动从一开始就是以如何实现其目标为导向的。可见,目标既是决定管理行为的先决条件,也是衡量该行为是否合理的标尺。正因为目标在管理活动中的地位如此显著,目标也自然成为管理的内容之一。作为管理对象的目标是管理组织宗旨或使命的具体化,是指管理主体根据自己的需求而提出的在一定时期内经过努力而达到的预期成果。基于这种认识,已经形成了管理学新的分支学科——目标管理,其研究者认为,管理实践各主体因职责分工不同,其工作难度和进度等很难保持一致,因而需要通过将组织整体目标和组织

---

① 　许丽红、王宝达:《化工企业管理》,北京:化学工业出版社,2009 年,第 5 页。
② 　邓明、向洪、张来培:《管理学辞典》,成都:西南交通大学出版社,1992 年,第289页。

成员个体目标进行协调和控制,以保障两者在既定时间中均得以有效实现,即对管理活动中不同层级的目标进行管理。①

组织是按照一定的目的、任务和系统加以结合而成的集体。而所谓管理组织,是指围绕特定的管理目标,依一定方式架构而成的相对稳定的人员集合,组织是管理活动赖以展开的基础。组织在管理活动中发挥着系统的特质和功能,即通过组织这一纽带,能将管理活动其他要素有机地联系起来,并使他们发挥各自单独所不能发挥的作用。组织管理就是要使人们明确组织中有何任务,由何人负责和执行,享有何种权责,组织结构关系如何等等,以避免由于职责不清造成的执行障碍,使组织协调有序运行,保证组织目标的实现。正因如此,组织自然也成为管理的对象和内容,组织管理学也成了管理学科体系中的主干课程。

信息是事物现象及其属性标识的集合,其哲学理解为抽象于物质的映射集合。信息论的创始人香农认为:"信息是能够用来消除不确定性的东西。"②可见,信息对于管理活动的意义是确定性的增加,具体是指能反映管理内容的、可以传递和加工处理的文字、数据或符号,如各类报告、资料、密码、指令、凭证等。信息在管理活动中是不可或缺的,实际上只有通过信息的不断交换和传递,才能将各个管理要素有机结合起来,并使管理的各项功能得以正常发挥。形象地说,组织是连接管理各要素的"硬"纽带,信息则是其"软"纽带。③ 随着社会信息化程度的提高,信息在包括管理在内的社会活动中地位愈发重要,信息本身成为管理的对象就十分自然,而信息管理研究的如火如荼也是大势所趋。

作为管理对象的技术有两方面含义,一是指社会生产等活动中的科学技术,如工艺和作业技能等;二是指组织管理技术,如管理方法和技巧等。其实,无论是投入管理活动中的科学技术还是予以实施的管理技术,都是使

---

① 曾友中、成志刚:《管理学原理》,湘潭:湘潭大学出版社,2009 年,第 113 - 115 页。

② 信息来源中国大百科全书(自动控制与系统工程卷)"信息",http://ecph.cnki.net/Allword.aspx? objid=82807&ename=ecph&infoclass=item。

③ 许丽红、王宝达:《化工企业管理》,北京:化学工业出版社,2009 年,第 5 页。

管理各"硬件"要素得以正常运作并产生预期效果的"软件"。既然管理活动中存在着这两种"软件"的投入,并且技术的方式和结构对管理的组织有着较大影响,就需要对其进行管理,技术的管理也就成为十分必要的工作,技术实际上已成为管理活动的对象和内容。[①]

对象作为管理内容,与下文将要论述的程序和职能等相比,具有一定的共性和特征:

(1) 存在的易感知性。与程序和职能的相对抽象不同,对象作为管理内容是比较具体的,能为管理主体所直接感知,特别是人和物等管理对象,其物理状态的存在是真实可见的,即便是目标、组织和信息等,也是管理者耳熟能详的管理要素,极易为人们认识到对其进行调节和控制的必要,对于可以将它们归为管理内容维度的争议不多,较易达成共识。

(2) 认知的多元性和差异性。对于主体而言,管理对象具有客观性和相对独立性的,主体的活动一定程度上也受其运动规律的制约。然而管理活动中,主体和对象的关系是一种能动的关系,管理主体往往把自己的观点和设想"投射"、寄托在对象上,这一方面导致对同一管理对象的认知,由于受制于各自的动机、兴趣、爱好、道德情操等,不同主体表现出一定的差异性和区别性;另一方面,同一主体于不同时期,在决定把什么作为管理对象,以及如何认识该对象等问题上,也会存在较大的差异性。[②]

(3) 评价的可量化程度高。由于管理对象是管理活动的客体和管理行为的标的,在管理活动进行过程中(或之后),自然会涉及管理效果的评价。同时由于管理对象的具体形象、可直接感知性,确立标准用以衡量其增值或管理行动的效益就较为容易,所以通过量化数据说明、描绘其性质和效果显得更为可行。

2.2.1.2 程序

程序可理解为行事的先后次序或工作步骤(order/sequence of events),也

---

① 张双喜、白景坤:《管理学》,北京:北京理工大学出版社,2009 年,第 3-5 页。
② 高清海:《文史哲百科辞典》,长春:吉林大学出版社,1988 年,第 218 页。

能用以表示处理业务的既定方法（procedure）①。管理程序（management／executive program）则指，在管理过程中依时间的先后顺序而展开的活动步骤②,是管理者实施管理行为的方针和预设流程。

可见,管理程序是将管理目标和任务分解、细化的结果,是对管理活动流程的设计和规划,是形式化的管理过程,反映了管理活动的规律性。如果管理程序合理得当,可以加快管理活动进程,提高管理效率,赢得更好的管理成效。正由于程序在管理活动中的重要地位,及其可预设可规划的属性,程序研究已经成为许多管理学主干和分支学科的重要内容,程序作为管理内容维度的重要组成也理应为人们所认识和理解。

作为管理内容,程序也具有自己独有的特征：

（1）存在的规律性和可控性。与对象和职能等管理内容相比,程序更具有可控性和规律性。管理程序可分为一般管理程序和例外管理程序两大类,前者是处于日常可控状态下的活动规划和步骤,往往是在长期管理实践中逐渐固定下来的;后者是在特定环境和特定时期采用的管理程序,需要管理者随机应变的管理素质和艺术。虽然管理活动是多种多样的,但它们的基本步骤和过程却相同,一般管理活动程序包括搜集与整理信息、提出问题和确定目标、拟订方案、方案的评价与选择、组织实施、对实施过程进行监督控制和激励、总结评价等③。即便例外管理程序也是有规律可循的,如马克·S·道弗曼（Mark. S. Dorfman）就提出风险管理由识别并衡量潜在风险、选择最有效方法控制损失风险并执行之、督察其结果等步骤组成④。

（2）认知的相对稳定性。管理程序一般来源于长期管理经验和实践的科学总结,对某一具体类型的管理活动,人们对其程序的理解和把握会形成

---

① 信息来源汉典"程序", http：//www. zdic. net/cd/ci/12/ZdicE7ZdicA8Zdic8B310125. htm。
② 黄汉江：《投资大辞典》,上海：上海社会科学院出版社,1990 年,第 1025 页。
③ 王彬：《中国成人教育百科全书　经济·管理》,海口：南海出版公司,1994 年,第 393－394 页。
④ ［美］马克·S·道弗曼：《风险管理与保险原理》,北京：清华大学出版社,2009 年,第 47－48 页。

固定的思维和行为模式,因而认知上具有较强的稳定性。即使由于新因素的出现,带来一定时期内程序的变更和改进,但在经历若干成功的尝试后,也会形成新的相对稳定的惯例。这就是人们在进行管理活动设计和构想时,总是不由自主去调用和参考类似管理活动程序安排的原因,这也是管理程序研究能在信息管理等学科中占有较大篇幅的原因之一。

(3) 评价体系的可预设性。由于管理程序本体存在的规律性和认知上的相对稳定性,使得对其效果和效益的评价能有较强的预见性,其评价体系是可预期和可预设的。简而言之,当评价一般管理程序,如果程序能按原有安排顺利推进,具有一定的灵活性和机动性,那么其效果是值得肯定的;而在评价例外管理程序时,若预案发挥了积极作用,或者是临时程序的变化能有效防范风险,甚至化危险为机遇,即可以断定该程序是成功的。

2.2.1.3 职能

职能(function),是指事物、机构本身具有的功能或应起的作用[1],也指人和事物以及机构所能发挥的作用与功能[2]。我国台湾的郑瀛川则提出职能是一组知识、技能、行为与态度的组合,能帮助提升个人的工作成效,进而带动企业对经济的影响力与竞争力[3]。

对管理职能的理解更为多元:从管理活动本体而言,是指管理所具备或显示的作用和功能;从管理主体来理解,管理职能可译成 managerial competency,是指特定职务或角色(如主管或经理人等)所需具备的工作相关特定职务能力[4];而从管理过程表现的一般程序分析,最通常的提法是管理具有计划、组织、领导、控制等功能,而这些功能共同构成一切管理活动的最基本职能。[5]

---

[1] 信息来源汉典"职能",http://www.zdic.net/cd/ci/11/ZdicE8Zdic81Zdic8C230495.htm。

[2] 郝迟、盛广智、李勉东:《汉语倒排词典》,哈尔滨:黑龙江人民出版社,1987 年,第538 页。

[3] 郑瀛川:《有效的选才与面谈技巧》,厦门:厦门大学出版社,2007 年,第74 页。

[4] 信息来源百度百科"职能",http://baike.baidu.com/view/1252462.htm。

[5] 张双喜、白景坤:《管理学》,北京:北京理工大学出版社,2009 年,第 5 - 7 页。

最早系统地研究管理职能的是法国管理学家法约尔,在其《工业管理与一般管理》一书中提出,企业所有活动都可分为技术职能、商业职能、金融职能、安全职能、财务职能和管理职能,其中管理职能负责制定企业的总经营计划,负责建立社会组织,协调和调和各方面的力量和行动。他指出管理就是实施计划、组织、指挥、协调和控制,并解释说,计划就是探索未来,制定行动的计划;组织就是建立企业的物质和社会的双重结构;指挥就是使其人员发挥作用;协调就是连接、联合、调和所有的活动及力量;控制就是注意是否一切都按已制定的规章和下达的命令进行。① 此后,人们对管理职能的探讨越来越深入:行为科学学派较多地重视管理活动中人的因素,于是人事和激励等职能开始从组织职能中划分出来;在控制论、信息论、系统论对管理产生较大影响时,不少学者把信息沟通作为独立的管理职能;美国管理学家孔茨和奥唐奈提出人员配备、指导与领导等职能;苏联的管理学家(如奥马罗夫、阿法纳西耶夫等)注重管理活动中的经济和财务,常常把监督和核算作为独立的管理职能。我国的管理学者们对管理职能的划分也有不同的看法,但公认一般社会管理固有的职能包括计划、组织、指导和控制。②

由于管理展现的作用或功能是多方面的,在管理活动专业化趋势下,一般依据管理过程的内在逻辑分为若干相对独立的管理职能,各管理职能又可划分出一系列更为具体的管理要素和工作步骤。可见,管理职能较为概括地表现着管理工作的基本内容,那么在相对宏观的管理活动中,微观具体的职能就是其重要的管理内容。如财务核算是机构管理的职能之一,但对于其内设财务部门,就是其主要管理内容。

职能作为管理内容,主要有如下特征:

(1)存在的普遍性和依附性。一方面是指不论哪一种管理,也不论哪

---

① [法] H. 法约尔:《工业管理与一般管理》,周安华等译,北京:中国社会科学出版社,1998 年,第 1 - 7 页。
② 林崇德、姜璐、王德胜:《中国成人教育百科全书　经济·管理》,海口:南海出版公司,1994 年,第 391 - 392 页。

一级管理人员,其管理职能都包含于他们所执行的管理工作当中,只是由于任务不同而侧重点不同而已。如高层管理者着重于决策和组织,而基层管理人员长于控制和指导,可见职能作为管理内容是普遍存在的。另一方面是指,管理职能只有在与投入管理活动中的各种要素有机结合,并通过管理行为的运作,最终实现组织目标才得以表现,换言之,管理活动必须针对一定的管理对象展开,管理职能也就只有在对对象实施管理行为的过程中才能发挥出来。[①] 可见,管理职能不能单独成为管理内容,必须依附于一定的管理对象或程序之上。

(2) 认知的能动性和灵活性。灵活性是指同一职能在不同的管理层级可能蕴含的管理内容和范围不同;能动性是指不同的管理主体或研究者对某一管理职能的理解不同,如刘永中等将人力资源管理职能概括为人力资源配置、培训与开发、工资福利、制度建设等四个方面。[②] 赵应文则认为应该涉及人力资源的规划、甄选、开发、调配、考评、激励和保护等七个方面。[③]

(3) 以定性评价为主。由于管理职能存在的依附性和认知的灵活性,使得对其进行定量分析的难度较大,评价指标的设置和确定实属不易,即使制定了看似合理的定量评价体系,数据的采集与甄选存在诸多不确定性,也无法真实反映和还原管理活动中职能发挥的整体效果。这时需要考虑综合管理活动的其他方面,以定性分析为主,辅之以量化说明,对管理职能予以综合衡量以评断其效益。

2.2.2 管理资源轴

资源是一个动态的概念,不同的生产力水平和认知条件下对其内涵与

---

① 张双喜、白景坤:《管理学》,北京:北京理工大学出版社,2009 年,第 5 - 7 页。
② 刘永中、金才兵:《英汉人力资源管理核心词汇手册》,广州:广东经济出版社,2005 年,第 258 页。
③ 赵应文:《人力资源管理概论》,北京:清华大学出版社,2009 年,第 13 - 14 页。

外延的理解不同,但其中不变的是,资源必须是与人类需求相关,并在人类活动中可资利用的事物,即可利用性是所有资源的本质特征①。

如第 1 章第 2.1 节分析,目前对"管理资源"的理解有两种:一种是将管理本身作为一种资源,另一种是认为管理资源即为管理活动所需的资源。前一种理解在管理不为人们重视的时代有着一定的历史意义和价值,而后一理解旨在探讨管理所依赖的资源本身的内涵和价值,有利于深化管理学的研究内容,拓展管理类学科的研究视域,才真正属于管理学的研究范畴,本书即持后一观点。

狭义的理解管理所需资源无非就是"人力、物力、财力",再加上近年来比较热门的"信息资源",这些理解和认知比较通俗、直观,但同时也失之于粗浅和表象,因为这些观点对管理资源缺乏深层次的思考与研究,只注意到了显性的基础性资源,而忽略了半显性或隐性的管理"特有资源"。胡鸿杰认为管理资源可分为基础性资源和"特有资源"两个层次,前者有如人力资源、物力资源、财力资源和信息资源等,为管理活动提供外在保障,后者诸如权力、规则和文化等,为管理提供内在保障。②

本书认为,管理资源包括显性资源、半显性资源和隐性资源,前者有如人力资源、物力资源、财力资源,中者如技术、规则和信息资源等,后者诸如权力、人脉和文化等,显性和半显性资源是管理活动中的"资质因素",而隐性资源是其中的"动力因素",这些关键、重要的管理资源实际上都是管理的命脉,不可或缺。

2.2.2.1 显性资源

所谓管理的显性资源,主要包括管理活动的人、财、物等资源,是因它们的存在形态都具体有形而言的,作为管理活动的基础性资源,一直以来为人们所关注和重视。

---

① 孟广均:《信息资源管理导论》,北京:科学出版社,2003 年,第 6 - 31 页。
② 胡鸿杰:《管理资源分析》,《档案学通讯》2009 年第 1 期,第 19 - 22 页。

1. 人力资源(human resources)

人力资源是指一定范围的人所具备劳动能力的总和,这种劳动能力,构成了其从事社会生产与经营活动的要素条件,通常也称"劳动资源"或"劳动力资源"。由于人是生物性和社会性的复合体,因而人力资源既受到人的自然生命特征限制(如身体疲劳、再生周期较长等),又与人的社会群体特征相联系,即人力资源是处于一定社会范围的,它的形成、配置和使用都要依赖社会或组织。作为资源的"人"拥有诸多特点:首先,是人力资源具有智能性,使其具有创造和使用工具等强大的功能,这是其能成为管理主体的先决条件;其次,是具有个体差异性,即不同的人力资源个体的知识背景、技能条件、爱好倾向、行为特征等方面均有差异,这也导致不同的管理活动需要进行不同的人力资源配置;再次,人力资源具有时效性,能作为资源的人一般被限定在其生命周期的特定时段,即能够从事管理活动人在青年、壮年、老年等不同时期,其能力和表现也会有所不同;最后,人力资源具有动力性(或称主体推动性),在管理过程中是组合和运作其他各种资源的主体,即人力资源是能够推动和促进各种资源实现配置的特殊资源,对于管理活动而言,物质等资源是"死"的、被动的,只有人力资源是"活"的、主动的,因此也是最重要、最宝贵的资源。①

2. 物力资源(material resources)

物是人类财富创造的源泉,是重要的基础性管理资源之一。但并非所有物质都是资源,物力资源是其中具有丰度和凝聚度的那一部分,即与管理活动相关,并能为管理者所利用的。广义的物力资源,即指完成管理活动所需的全部物质资料,既包括生活性资料(如管理者生存所需要的各种消费品),也包括生产性资料(如管理活动中所消耗的材料、能源、设备和工具等);而狭义的物力资源,仅指直接用于管理活动、为管理活动顺利进行提供保障的物质资料。物力资源一般是指经过劳动加工而成的、具有实物形态的、可在流通领域流转的物资,是管理活动得以进行的必要条

---

① 姚裕群:《人力资源管理》,北京:中国人民大学出版社,2007年,第2-10页。

件和支撑基础,同时还是信息等其他管理资源的承载体。物力资源的丰沛与否,决定了管理活动能否顺利推进,还能左右管理的方式和程序,正如马克思指出的:"不论生产的社会形式如何,劳动者和生产资料始终是生产的要素。"① 作为管理资源的物,是具有极强的时空局限性的,即一物资参与了某个管理活动,就无法同时为异地的其他管理活动服务,所以管理活动应该充分运用先进管理手段,极大优化管理程序,力争做到物尽其用。

3. 财力资源(financial resources /power)

财力是指拥有资财的实力或金钱的数量,通常意义上的财力资源就是指资金②,它同样是管理组织赖以生存,用以实现其目标的基础性资源。在商品经济环境下,资金就是管理组织中财产和物资的货币表现,无论何种管理组织,如果资金匮乏,其管理活动就难以运作,所以财力资源又被人们称为管理活动的"润滑剂"。财力和其他管理资源一样具有稀缺性,由于社会总体财富有限,所以作为其货币表示的资金也是有限的,资金的稀缺性问题是管理要解决的首要问题,尤其在市场经济条件下,资金是管理组织的立身之本,也是管理活动开展的必备要素。和物资资源不同的是,资金具有较强的流动性,资金的本质属性就是流动,只有在流动中资金才能实现价值转化和增值,所以管理者必须考虑运用有限的财力,去获取更多的经济和社会收益。③

4. 显性资源的主要特征

通过上面对人力、物力和财力资源的分析,可以看出显性资源具有如下共同特征:

---

① 《马克思恩格斯全集》(第 24 卷)第 44 页,覃家瑜:《现代企业物资管理》,北京: 冶金工业出版社,1992 年,第 2 - 7 页。

② 信息来源汉典"财力",http：//www. zdic. net/cd/ci/7/ZdicE8ZdicB4ZdicA241060. htm。

③ 贡华章:《企业集团财务管理: 中国石油财务管理与改革实践》,北京: 经济科学出版社,2009 年,第 173 - 181 页。

　　第一，可直接感知性。关于"人、财、物"等作为资源是最古老和最没有争议的说法，这是因为它们的存在形态是具体有形的实物，能为人们所直接感知，这是将其命名为显性管理资源的主要原因，也是它们长期以来为管理者所关注和重视的原因之一。

　　第二，完全排他性。正由于人力、物力和财力资源是以有形的实物形态存在，所以在时空上是确定的，当它们在参与某项管理活动时，就无法同时为其他管理活动所分享，从另一层意义上说，当这些资源为某个管理组织所拥有时，其他组织就无权自由使用，而这也正是造成人、财、物等资源稀缺性的主要表现。

　　第三，难以模仿和复制。每个管理组织拥有的人力、物力和财力等显性资源是不同的，即便拥有同样的数量，但由于人力资源的素质或物质资料的质量不同，对管理活动的设计和运行也会产生不同的影响；即使两个组织在财力的金额上相当，但资金所表示的财物内容还是存在巨大的差异性，况且资金的流动性和时效性也还存在一定的差异，可见显性资源是难以模仿和不可复制的。

2.2.2.2　半显性资源

　　所谓半显性资源，是指借助于一定的媒介或通过一定的技术手段，能为人们所感知和利用的资源。相对显性资源而言，半显性资源不具备直观可视性；而相对隐性资源而言，半显性资源又是外在的，不需要通过人们的情感认同和观念内化就能发挥其功用。管理活动中的半显性资源主要包括信息、规则和技术等。

　　1. 信息资源(information resources)

　　信息的定义很多，其中比较完整的表述是认为，信息是反映事物运动状态和方式，并以文本、数值或多媒体等形式存在的数据、事实或见解。[①] 信息虽然是普遍存在的，但并非全都是资源，只有满足一定条件的信息才能称之为信息资源。而对于信息资源的理解有两种：广义的理解认为信息资源

---

①　赖茂生：《信息资源管理教程》，北京：清华大学出版社，2006年，第1-4页。

是社会信息活动中积累起来的信息、信息生产者、信息技术等信息活动要素的集合；而狭义的仅指人类活动中经过加工处理的、有序化并大量积累的有用信息的集合，即只限于信息本身。① 狭义的概念在于强调信息与其他资源一样，有助于把握信息资源的核心和本质，有利于明确其在管理活动中的作用和功能。而武汉大学的马费成给出的定义是，信息资源是指人类社会信息活动中积累起来的以信息为核心的各类信息活动要素（信息技术、设备、设施、信息生产者等）的集合。② 虽然也属广义的理解，但又强调了信息要素的核心地位，值得借鉴和利用，本书即持这种观点。由于信息资源是人类所开发与组织的信息，是人类认知活动和智力劳动的产物，因而孟广均等提出信息资源具有智能性、有限性、不均衡性和整体性等特征：智能性是指人类的智能决定着特定时期或特定主体拥有信息资源的量与质；有限性是指信息资源只是信息中极为有限的一部分，相对于人类的信息需求永远是有限的；不均衡性是指由于人们的认识能力、知识储备和信息环境等方面的差异性，其所掌握的信息资源多寡不一；而整体性是指，信息资源作为整体才能发挥功效，如果人为地分割极易造成理解的偏差和资源的浪费③。

信息资源的内涵和特征决定了其在管理活动中的特殊作用：首先，其所蕴含的有用信息能够消除管理活动中的不确定性，有助于人们进行决策；其次，信息资源的智能性，使得其能在一定程度上降低管理活动对物质等其他资源的损耗和依赖，并能提高管理的效率和效益④；再次，信息资源的有限性和不均衡性，导致其在管理活动中是稀缺的，从而体现其成本和价值，这一则是由于信息资源的开发需要相应的成本投入，管理主体要拥有它就必须付出相应的代价，二则是因为一定技术和资源条件下的信息资源都有其固定总效用（使用价值），它在管理活动中的每次投入，资源使用者总可以得到总效用中的部分或全部，并获得一定的收益。⑤

---

①④　裴成发：《信息资源管理》，北京：科学出版社，2008 年，第 4 页。
②⑤　马费成：《信息资源管理》，武汉：武汉大学出版社，2001 年，第 1 - 28 页。
③　　孟广均：《信息资源管理导论》，北京：科学出版社，2003 年，第 6 - 31 页。

2. 规则资源(rule resources)

规则,在词典中的解释是"典式,法则,规律"(rule, regulation, law)①,一般指由群众共同制定和公认或由代表人统一制定并通过的,由群体里的所有成员一起遵守的条例和章程②,也有人把规则解释为"规范""整齐,合乎一定的方式"。狭义的规则仅指国家机关、社会团体、企事业单位对某一事项制定的规章和准则;广义的规则既包括宏观层面的政治制度、经济制度与文化制度,又包括微观层面的家规和公司制度等③。按其存在的方式和发挥功用的途径,规则又可分为"显规则"和"潜规则"。

"显规则"(或称"正式规则"),是有意识地创造的,用以约束人们的行为和选择的,由某种外在权威或组织来实施和控制的规章制度。大到法规、政策,小到单个合约和特定的说明,都可构成正式规则。"显规则"作为管理资源具有以下特点:确定性,即有明确的作用领域和界限,有很强的针对性;普适性,是指管理活动的所有参与者都是明示的和适用的,不因其职位、性别和年龄因素而有所差异;强制性,是指对违反管理规则的组织或个人会给予相应的处罚,且不以人的意志为转移;系统性,是指管理规则本身内容完整,一个管理组织内的各种规则之间相互兼容、互为补充。④

"潜规则"(或称"非正式规则""暗规则""隐规则"),是相对于正式规则而言的,指人们在长期交往中形成的,无须外在权威或组织干预的,由自发的社会互动来实施的约定和规范,包括价值观念、伦理规范和风俗习惯等。"潜规则"作为管理资源具有以下特点:存在的普遍性,是指它存在于社会生活各个领域当中,和正式规则的有限相比,潜规则对管理活动的影响是无所不在的,一则表现为能对正式规则进行变通或解释,二则是能对"显规则"的空白予以填充;运行的私下性,"潜规则"因与社会主流文

---

① 信息来源汉典"规则",http://www.zdic.net/cd/ci/8/ZdicE8ZdicA7Zdic84339117.htm。

② 信息来源百度百科"规则",http://baike.baidu.com/view/603255.htm。

③ 栗劲、李放:《中华实用法学大辞典》,长春:吉林大学出版社,1988年,第970页。

④ 胡瑞仲:《管理潜规则》,北京:经济管理出版社,2007年,第6-77页。

化价值有别,不能被公开的制度和舆论所接受,所以只能选择存在于管理活动主体的私下之间,往往是隐藏于正式规则之后发挥着自身的功能和作用;尺度的模糊性,相对于正式规则的明示性和规范性而言,潜规则没有具体的标准用以衡量管理行为的价值和意义,具有很大的随意性和灵活性。①

显规则与潜规则虽然在价值关系上看似对立排斥、此消彼长,呈现相持特征,但在生态关系上,两者实为明暗相应、相生相存,呈现相交特征,是一种共生的博弈关系。② 潜规则一方面制约着显规则发生作用,另一方面,在显规则"失灵"时,也是其必要的补充和补救。因而无论是离开"显规则"还是"潜规则"之类的管理资源,管理活动都会无法顺利进行,管理目标也就无法有效实现。

规则的主要外在表现形式是制度,按照布坎南的观点,制度就是"决策的规则",不同的决策规则会导致不同的决策结果,管理的效果不是在于选择如何决策,而是选择什么样的决策规则③。而以制度为代表的规则之所以能在管理活动中发挥资源的功能,首先是因为制度为管理目标的实现提供了更多选择和可能,更有利于管理主体利益的实现;其次在于制度提供了对管理未来稳定发展的预期,使管理主体利益受损的可能性降低或设置了底线;此外,制度以强制力为后盾设置刚性的行为边界,使管理活动各参与方在威压下被约束而选择遵守该规则,以保证管理活动按照预期和原计划予以推进。④

3. 技术资源(technique resources)

技术是人们在认识自然、改造自然的社会生产和科学实践过程中,所积

---

① 郑奕:《潜规则的内涵、特征和价值评析》,《江淮论坛》2009 年第 1 期,第 106 - 110 页。

② 邬蕾:《潜规则与显规则之间的关系分析》,《前沿》2008 年第 8 期,第 113 - 115 页。

③ J. M. Buchanan and H. G. Brennan, 1985, *The Reason of Rules*, Cambridge: Cambridge University Press.

④ 褚松燕:《论制度的有效性——人们何以遵守规则》,《天津社会科学》2010 年第 4 期,第 65 - 69 页。

累起来的经验、知识、方法和技能,是认识和利用自然及其规律的手段,是构成社会生产力的重要部分①。随着科学的进步、社会的发展,技术的概念也在扩大,不仅有物质生产的技术,而且出现了非物质生产的技术,如管理技术、思维技术等。一般将技术分为抽象形态的技术(指以文字图表形式表达的经验性、原理性的技术资料和知识)、物化形态的技术(是指在技术知识指导下所创造的一切物质手段,如工具、仪器等)和功能形态的技术(指对客观对象施加作用的方法)等三种形态。② 技术具有自然和社会两个方面的属性:其自然属性是指技术的形成和发展必须符合自然规律,同时,任何技术都要造成一定的自然结果,技术可以改变物质的运动形式或运动状态;其社会属性也体现为两方面,一则是技术包括那些以社会规律为基础而产生的计划、组织、指挥、调控等知识、技能等,二则是所有技术的产生与发展都受到社会需要的推动和制约。

随着科学的日新月异,技术开发和更新的速度加快,技术在管理活动中的地位和作用也越来越突出,于是人们把"技术"列入管理资源的要素之中③。技术资源在管理中的功能主要表现为:首先,技术是管理的基础,任何管理活动都建立在一定的技术支持之上的,技术的发展也为管理提供更为先进的手段和工具;其次,技术规律是管理必须遵循的客观依据之一,不同的物质技术基础,要求采取不同的管理方式;再次,技术对其他管理资源产生巨大的影响,技术是开展科学研究、发展科研事业的必要条件,技术的进步可以大幅度地降低能源、材料和工时等的消耗,能够极大地提高管理效率,降低管理成本。④

技术作为管理资源具有如下特征:第一,加速度增值的特征,当代科学

① 姜振寰、吴明泰、王海山等:《技术学辞典》,沈阳:辽宁科学技术出版社,1990年,第62-63页。

② 刘炳瑛:《马克思主义原理辞典》,杭州:浙江人民出版社,1988年,第337-338页。

③ 张福墀、杜江波:《管理资源开发导论》,北京:企业管理出版社,1993年,第8-12页。

④ 陈佳贵:《企业管理学大辞典》,北京:经济科学出版社,2000年,第510-512页。

技术和技术资源呈加速度增长的特征,奈斯比特的有关资料显示科学与技术信息目前以每年增加30％的速度增长,即每5年半增加一倍,而由于信息系统能量的增长和科学家数量的增加,这个增长率很快将跃至每年增长40％,这对于管理活动而言,既是机遇(能有效提升管理的效率),又是挑战(需要管理主体不断学习和适应新的技术);第二,非自主性与矛盾性的特征,非自主性是指就技术本身的发展方向而言,它具有非主动的属性,需要管理来推动和控制其向特定方向前进,而不是向其他方向发展,其矛盾性是指技术对管理和社会环境的作用,既可能产生积极意义,也可能产生消极影响[1],技术的非自主性和矛盾性其实是一个问题的两个方面;第三,生命周期性的特征,技术也是有其生命周期的,张福墀等将其分为四个阶段,即导入期、发展期、成熟期和衰退淘汰期(如图2-3所示),在其不同的发展时期,技术

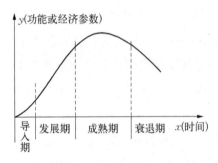

图2-3 技术生命周期曲线

的功用与开发有着不同的特点,从而对应着不同的管理方法和策略。[2]

4. 半显性管理资源主要特征

通过对信息、规则和技术资源的分析,可以看出半显性资源具有如下共性:

第一,依附性和整体性。依附性一方面是指,半显性资源都不是实体存在,具有载体依赖性,如信息必须存储在纸质或电子媒介上,规则必须通过文件等形式予以周知,技术往往依附于管理者或者操作者之上;另一方面是指,信息、规则和技术要发挥资源的功用,必须借助其他资源并与之有机地紧密结合,才能影响和作用于管理活动。整体性是

---

① 如1663年,伦敦工人就拆毁了威胁他们生活的新机器锯木厂;而奈斯比特也曾指出过,自从电脑第一次显示出它的能力以来,工人对它既感到恐惧又觉得神秘。

② 张福墀、杜江波：《管理资源开发导论》,北京：企业管理出版社,1993年,第69-80页。

指,信息等半显性资源在使用中是不可分的,不能像物质等显性资源那样任意地计量①,分割开来的信息、规则和技术等,其作用会大打折扣,甚至完全失效。

第二,易复制性与共享性。人财物等显性资源的利用表现为占有和消耗,各利用者在其使用上总是存在着明显的竞争关系,即"你多我就少"。但信息、规则和技术资源的利用则可以在法律和合同许可范围内实现充分共享,这是由半显性资源的易复制性决定的,如某管理应用软件权利人可以将其拷贝转让给甲,也可以在信息有效期内再次拷贝转让给乙,而甲、乙在利用上不存在损耗问题,可以完整地共享同一份信息资源。规则和技术的易复制和共享性也是显而易见的。

第三,时效性。其他资源也具有时效性,但信息等半显性资源时效性更强。一条及时的信息可能价值连城,使组织管理活动事半功倍或者转"危"为"机",而过时的规则就没有任何约束力,过时的信息和技术也同样分文不值。当然半显性资源具有时效性,并不意味着越早投入利用就越好,其他条件不成熟时过早地使用有可能适得其反,这就要求管理者要善于把握时机,适时利用,才能发挥其最大效益。

2.2.2.3　隐性资源

在管理活动中,还有一些资源性要素是不可忽视的,如权力、人脉和文化等,因它们存在形态的无形性以及发挥功效的内在性,所以称之为管理的隐性资源。

基于资源的视角考察和认识权力、人脉和文化,必然引起对这些隐性资源的重视和优化配置,为解决在基础性资源相对恶劣条件下的管理问题提供新的思路和方法,也能更合理地解释在看似相同条件下管理效果为何截然不同等问题,因为在一定历史时期内,相对于显性管理资源的极为稀缺和有限而言,隐性管理资源是一个变化较大的参数。因此,对隐性资源的研究具有积极的实践价值和广泛的应用前景,有助于机构或企业在竞争中制造

---

① 　马费成:《信息资源管理》,武汉:武汉大学出版社,2001 年,第 1 - 28 页。

或者消除资源位障碍①，发掘其管理上的优势，或者破解其管理上的瓶颈。

1. 权力(power)

权力在人类社会中无处不在、无时不有，深深地渗透于社会活动的每一个角落。英国当代思想家伯特兰·罗素是最早著书探讨权力的，他的《权力论》被认为是划时代的力作，他认为权力是有意努力的产物；美国当代著名政治学家罗伯特·达尔在《现代政治分析》一书中认为，权力是影响力；美国政治改革家詹姆斯·伯恩斯在其《领袖论》中提出，权力＝动机＋资源。而陆德山综合分析后给出的定义是：权力是人凭借某种后盾获得的在一定社会关系中支配对象的一种特殊力量，也就是说，权力是由人行使，有支配对象，在一定社会关系中起作用，具有强制力、支配力和影响力。② 朱启才将权力分为非正式权力和正式权力，他认为前者是指由人的天然因素(如品德、知识、口才、出身等)所形成的对其他"客体"的支配力和对某些资源的控制力，是一种"软"权力；而正式权力是指由法律所赋予的某一主体拥有对资源的控制力量，是具有强约束的硬权力。③《简明不列颠百科全书》对权力的定义是，一个人或许多人的行为使另一个人或其他许多人的行为发生改变的一种关系。④ 可见，权力不仅是一种能力，更是一种社会关系。

王照东在对权力观进行历史梳理后，认为可分为以下流派：能力说，认为权力是将自己的意志强加于他人的一种力量体现或能力，它的核心要素是能力或力量，强制性是其最显著的特征；关系说，主张政治权力是一个关系范畴，它表示的是政治权力主体同政治权力客体间的主动意志施加与被动意志接受的关系；影响力说，认为权力是主体通过各种手段和方式对客体产生的一种影响力，又分直接影响力论与间接影响力论；结构主义说，认为

---

① 所谓资源位障碍，是指先拥有某项资源的机构或企业所能维持与其他竞争者的差别，并可影响后来拥有者的成本和收益。

② 陆德山：《认识权力》，北京：中国经济出版社，2000 年，第 3 - 16 页。

③ 朱启才：《权力、制度与经济增长》，北京：经济科学出版社，2004 年，第 5 - 20 页。

④ 戴维新、戴芳：《公共权力制约与监督机制研究》，银川：宁夏人民出版社，2007 年，第 22 - 25 页。

权力是"非人格的社会'结构'的产物,而非单个行为者及其意志、目的或欲望的产物"。①

　　权力作为管理资源具有以下特点:第一,非对称性,胡鸿杰明确指出,作为管理"特有资源"的"权力"是一种单方面的影响力,"单方面"是指权力的"非对称性",这种"非对称性"的资源是"稀缺的或者具有潜在稀缺特征的资源"②;第二,强制性,这是权力的一种本质特征,尽管这种强制性并非处处在场、时时显现,但权力之所以为权力,正在于它对客体的干涉和约束是具有强制性的,否则就会失去了自己的威严和效能③;第三,内在性,虽然最初的权力形成总是以暴力为后盾的,但随着社会的进步和文明的发展,这种原始特征逐渐被掩盖起来,权力所依赖强制力量的作用就隐而不显,并往往借助其他资源和方式来证明其正确性和权威性,特别是通过教育、舆论和习俗等潜移默化为人们的内在观念,从而发挥自己的管理功能和资源优势,其"文明性"就越发突出,这就是越来越多人提出"权力来自群众的信任,必须得到群众的拥护才能得到权力"的原因④。此外,权力还有一种来源,就是管理者的个人魅力,如专家权力(指来自管理者专长、特殊技能或知识的一种影响力)和感召权力(这种权力基于对某个管理者所拥有的独特智谋或个人特质的一种认同和倾慕)等⑤,而这种管理资源就更具内在自觉性了。

　　2. 人脉(interpersonal relationship)

　　《现代汉语词典》将"人脉"解释为"人各方面的社会关系"⑥;也有解释

---

① 　王照东:《政治文明视野中的权力问题研究》,北京:中国社会科学出版社,2006年,第27-31页。

② 　胡鸿杰:《管理资源分析》,《档案学通讯》2009年第1期,第19-22页。

③ 　同①,第3-45页。

④ 　汪太理:《权力秘经:关于权力的哲学思考》,北京:当代中国出版社,2002年,第22-50页。

⑤ 　陈佳贵:《企业管理学大辞典》,北京:经济科学出版社,2000年,第199页。

⑥ 　杨志刚:《当今社会人脉异化的成因及矫治——基于儒家理想道德人格视角》,《学术交流》2010年第4期,第44-48页。

为"经由人际关系而形成的人际脉络"①；还有人认为，人脉即人际关系、人际网络，体现管理主体的人缘和社会关系②。有学者根据人脉的来源和形成，将人脉分为血缘人脉、地缘人脉、学缘人脉、事缘人脉、客缘人脉、随缘人脉等③；根据人脉资源在管理中所起作用的不同，可分为政府人脉资源、金融人脉资源、技术人脉资源、媒体人脉资源、客户人脉资源等；而根据其重要程度的不同，又可分为核心层人脉资源、紧密层人脉资源、松散备用层人脉资源。④

人脉的资源特性主要有：长期性，人脉资源的形成不是一蹴而就的，需要很多的精力和长期的积累；可维护性和可拓展性，既可以通过交流、合作、关心等方式进行维护，使之不断得以巩固的同时，还能有新的人脉关系发展；有限性和随机性，前者是指每个人能认识的人是有限的，能真正帮助自己的更为有限，所以人脉资源也是有限的，而这些人脉在管理活动中的作用是不确定的，带有随机性和偶然性；辐射性，即指当你的直接人脉关系不能起作用时，间接的人脉也许可以帮你；⑤不确定性，即人脉资源给管理带来的影响具有不确定性，在人脉研究上颇有建树的社会学家博恩·希斯，在提出著名的"1∶25 裂变定律"理论⑥后，经过继续研究和反思，认为在人脉学上存在着"二律背反"。就是说，人脉的扩张并不一定都带来正面效益，也有可能带来负面影响⑦。

人脉资源在管理中的功能主要有：首先，人脉能带来新的资源，如人脉能带来更多更准确的信息资源，而一张人脉网就是一个情报信息站⑧。其

---

① 何忠、东东蕾子：《人脉：职场"贵人"》，《国际人才交流》2006 年第 7 期，第 58 - 59 页。
② 闲云：《"善"积"人脉"》，《中共太原市委党校学报》2009 年第 1 期，第 78 - 79 页。
③ 杨志刚：《当今社会人脉异化的成因及矫治——基于儒家理想道德人格视角》，《学术交流》2010 年第 4 期，第 44 - 48 页。
④ 信息来源百度百科"人脉"，http：//baike. baidu. com/view/117. htm。
⑤ 《创业资源整合一：人脉资源》，《科技创业》2005 年第 2 期，第 26 - 27 页。
⑥ "1∶25 裂变定律"理论认为，你如果认识一个人，那么通过他，你就有可能再认识 25 个人。
⑦ 石文：《最有价值的人脉资源》，《中外文摘》2010 年第 11 期，第 42 页。
⑧ 常桦：《网：中国式人脉　成功＝70％人脉＋30％知识》，武汉：武汉大学出版社，2006 年，第 4 - 18 页。

次,人脉能带来意外的机会和收益,如比尔·盖茨能与当时世界第一强的IBM 电脑公司签到平生第一份合约,就是利用了母亲的人脉资源①;斯坦福研究中心的一份调查报告发现,一个人赚的钱,12.5％来自知识、87.5％来自关系(即人脉竞争力)②;赵纳等认为人脉能使原本独立、零散的人际关系相互联系、交织成巨大的关系网,为机构和个人提供隐性价值,在特定环境中,这种隐性价值创造的优势有时会超过知识和科技创造的价值③。第三,人脉有利于管理活动各主体之间的互动,如组织与社会、组织与员工以及管理组织之间的联系和交流,能有效地维系管理活动内外环境的稳定与和谐。正因为人脉资源在管理中能发挥润滑剂和推力器的功能,越来越为管理者(特别是 HRM 和 HRD 等人力资源管理者)所关注和重视,如 Aceona 公司就面向社会建立了独特的"推荐式高端人脉资源整合平台"(见图 2-4)。④

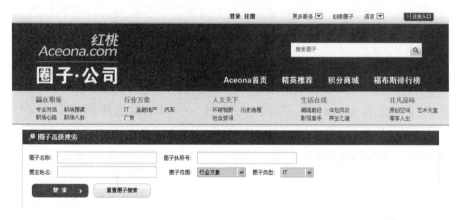

图 2-4　Aceona 公司面向社会的推荐式高端人脉资源整合平台⑤

---

① 张扬扬:《黄金人脉 80 招》,北京:中国纺织出版社,2009 年,第 2-7 页。
② 谢玉国:《浅谈企业"人脉"管理的理念与运作》,《经济师》2006 年第 3 期,第 150-151 页。
③ 赵纳、姜增国:《一种新的激励形式——人脉激励》,《商场现代化》2009 年第 2 期,第 297-298 页。
④ 《共筑职场精英人脉圈　引领人力资源新趋势——Aceona HR 精英汇　精英人才高效解决方案"猎寻系列产品"瞩目登场》,《人力资源管理》2010 年第 10 期,第 7 页。
⑤ 其主页为 http://www.aceona.com/。

这里需要注意的是在管理活动中，人脉资源与人力资源是既相区别又相联系的两类资源性要素，其区别是人脉资源是环绕于管理系统之外的，而人力资源一般是直接归属于组织；人脉资源在管理中的作用发挥是潜在的、随机的，而人力资源的功用是实在的和可预期的。两者的联系是人力资源能带来人脉，越丰富的人力资源，其人脉的范围也会越广，同时人脉资源也有助于管理人才的推荐和引进。

3. 文化(culture)

文化是由人类进化过程中衍生出来或创造出来的。广义的文化是指人类创造的一切物质财富和精神财富的总和，而狭义的则指语言、文学、艺术及一切意识形态在内的精神产品，也有认为不仅指社会的意识形态，还包括与之相适应的制度规范、行为方式和组织机构等。文化的要素包括精神要素(即精神文化，主要指哲学、艺术、宗教、伦理以及价值观等)、语言和符号(起沟通的作用，还是文化积淀和贮存的手段)、规范体系(是价值观念的具体化)、社会关系和社会组织、物质产品(是文化的有形部分，指经过人类改造的自然环境和由人创造出来的一切物品)[1]。文化具有民族性、多样性、相对性、积淀性、延续性和整体性等特点[2]，按其存在形态，大致可分为物质型文化、社会关系型文化、经典型文化和心理型文化四种类型，前两类属客体文化，后面两类则属主体文化。[3]

传统认为文化是管理活动的环境和外在影响因素，但事实上，越来越多的人意识到，正确地利用文化因素、控制文化导向，能深刻地作用于管理活动主体内在的信念和态度，进而影响管理的进程和效果，可见文化也是一种管理资源。"六维管理理论"的提出者王建国就认为，管理的六个维度中最核心的就是文化维，这个维度决定了"怎样做正确

[1] 杨心恒：《中国大百科全书：社会学卷》"文化"，http：//ecph. cnki. net/Allword. aspx? objid＝52371&ename＝ecph&infoclass＝item。

[2] 卫立浩：《管理学原理》，西安：陕西师范大学出版社，2009 年，第 243-244 页。

[3] 何新：《中外文化知识辞典》，哈尔滨：黑龙江人民出版社，1989 年，第 1-2 页。

的事"。①

能在管理活动中直接发挥资源功能的主要是组织文化。所谓组织文化,是指在长期的生产和管理实践中,由组织管理者所倡导,为广大员工接受和认同的,以组织价值观为核心的精神文化以及与其相适应的行为规范等表现形式。组织文化的内容包括组织哲学(指管理理念等)、组织精神、组织形象和组织规范。有人提出,组织文化是组织管理活动的原动力,代表了组织发展的价值取向,组织文化被赋予传递责任心和奉献心、增强管理团队的凝聚力和执行力、培育成员认同感和归属感的使命,是管理活动所需人才成长的土壤。②

文化资源(特别是组织文化),在管理中至少有以下几种基本功能:第一,导向功能,既能为管理决策提供正确的指导思想,也为管理执行提供健康的精神环境;第二,教育功能,不仅能影响管理组织内部成员思想和行为,还能承担一定的社会教育功能;第三,激励功能,良好的文化氛围能激起成员的责任感、自豪感和使命感,极大的推动管理活动进程、优化管理效果;③第四,传承功能,文化能积累沉淀社会和组织管理的经验成果,并以文学艺术、规章制度等形式予以传递和继承。

4. 隐性管理资源特征

从上文对权力、人脉和文化等的分析可知,隐性资源具有如下特征:

第一,内在隐蔽性。这主要表现在,权力、人脉和文化等资源不是具体的存在,不能直接影响管理活动,必须通过管理主体的内心认知和主动认同才能发挥其资源效用,不易为人察觉,这也是将它们定义为隐性资源的主要原因。此外,这些资源在管理活动中发挥功用的时间和方向也是不确定的,更易让人忽视和模糊了其资源效力。

第二,可继承性。隐性资源的形成不是一蹴而就的,同时也不是昙花一

① 王建国:《六维管理理论 PK 西方管理学——王氏六维管理简析》,《建设机械技术与管理》2006 年第 11 期,第 63 - 64 页。
② 谭琨智:《组织文化管理》,北京:北京大学出版社,2008 年,第 50 - 54 页。
③ 卫立浩:《管理学原理》,西安:陕西师范大学出版社,2009 年,第 246 - 247 页。

现、稍纵即逝的，而是一个连续不断的积累过程，这种积累来源于不断地继承管理组织原有的认知、观念、关系和习俗等，从而使其在一定时空范围内具有相对稳定的特质和状态。①

第三，可塑造性。隐性资源虽然要通过对主体施加影响，才能在管理活动发挥作用，但并非管理者先天遗传的本能，而是后天获得的，文化人类学家爱德华·泰勒（Edward Tylor）就说过，文化是能后天习得的、非遗传性的传递②。同时这种习得或学得的结果也并非一成不变的，而是一个连续不断的动态过程，后来的经验和需要能对传统隐性资源加以改造，注入新的内容和元素。

2.2.3　管理方式轴

方式，是指说话做事所采取的方法和形式，也常解释为可用以规定或认可的形式和方法③。因而管理方式可理解为管理方法与管理形式的统一体，既可指具体管理行为所采用的方式和办法（a way，a manner④），也可以抽象为管理活动的通用手段或模式（supervisor mode，management style⑤）。

基于实践所论及的管理方式一般是指具有直接可操作性的方法，而非哲学层面上具有普遍指导意义的方法⑥。更为抽象和学理上的理解，认为管理方式就是解决如何进行管理的问题，包括管理方法、管理手段、管理程序三个方面；而曹元坤在其《管理方式变革论》中提出，管理方式包含观念、方法及组织三要素，是其中的一项抑或几项的统一体⑦，这些都颇有借鉴

---

① 魏文斌：《第三种管理维度——组织文化管理通论》，长春：吉林人民出版社，2006年，第 34 - 40 页。

② 原文为："It was a complex whole that humans carried with them and passed on non-biologically."

③ 信息来源汉典"方式"，http：//www. zdic. net/cd/ci/4/ZdicE6Zdic96ZdicB9315067. htm。

④ 关月：《英汉双向管理词典》，上海：上海交通大学出版社，2006 年，第 776 页。

⑤ 石渤：《英汉—汉英文献信息词典》，武汉：武汉大学出版社，1996 年，第 541 页。

⑥ 哲学意义上的方法总体上可划分为哲学、科学、技术、经验四大类。

⑦ 曹元坤：《管理方式变革论》，北京：经济管理出版社，1999 年，第 1 - 5 页。

意义。

本书对管理方式的理解也力图兼顾管理实践与理论,并寻找具有最大程度的通用解读,既具一般性和扩展性,又具现实性和指导性。同时,本研究是基于胡鸿杰对管理维度的分析之上展开的,他提出管理方式即管理功能实现的基本手段,具体如现场、会议和文件等①,因而对管理方式的理解要以明确其在管理活动中的作用和定位为前提,据此本书认为,管理方式是依据管理内容的特点和要求,对管理资源进行整合、配置和保障的方法与途径。

依据不同的标准,对管理方式的类型有不同划分: 根据管理过程中是否产生言语行为,可以分为言语型管理方式与非言语型管理方式;根据管理行为发生的场合,可分为直接型管理方式与媒介型管理方式;据管理行为正式与否,可分为正式管理方式与非正式管理方式。此外,根据对资源的加工和处理程度,管理方式可分为一次管理和二次管理两个不同层次,前者指直接对管理资源进行配置,这种方式执行力较强,操作也较为简便易行,故极为常见,但常常极易导致资源的短缺或浪费,后者是在对管理资源进行有效整合后,予以再次分配和处置,这种方式对管理的内外环境要求相对较高,需要协调和考虑的因素较多,因而响应速度不及前者,但能更为充分地发掘和利用资源,从而获得更为理想的管理效果。下文将对言语型与非言语型管理方式、直接型与媒介型管理方式、正式与非正式管理方式作进一步探讨。

2.2.3.1　言语型管理方式与非言语型管理方式

语言,是由语音、词汇和语法三要素组成的符号系统,是人们在进行表达和交流思想的工具,是言语行为(活动)②的前提和基础。语言既是人类生产生活发展到一定阶段的产物,又是各类社会活动的重要工具和对象,③

---

① 胡鸿杰:《中国档案学的理念与模式》,北京: 中国人民大学出版社,2005 年,第 26 - 27 页。

② 言语是人们运用语言来表达思想、进行交际的一种行为活动(所以也称为"言语行为"或"言语活动"),是人类生活中最常见、最普通的社会现象,通俗地讲就是人们的"说话"和"作文"。

③ 李宇明等:《言语与言语学研究》,武汉: 崇文书局, 2005 年,第 2 - 25 页。

对于大多数管理方式而言，都会产生言语行为（如会议、文件等），但也有并不直接依赖、使用语言（如部分现场管理方式），因而根据管理过程中是否产生言语行为，可将管理方式分为言语型与非言语型。

1. 言语型管理方式

言语是人运用语言材料和语言规则通过口头或书面表达以及进行内部思考的活动①。言语方式又分为书面语言和口头言语两类，两者在词汇、句法、语义以及逻辑组织上都存在明显的差异。如口头言语中俚俗语、偶发词、有特定含义的词多，短语多，不完全句多；书面语言中则以大量的抽象名词为特征，词汇变化多样，重复词用得较少，用词往往比较正式，文言语词和成语典故多，长句多，完全句多，句法与语义结构更为精细。② 由于书面语言和口头言语之间的差异性，它们作为管理方式的功效也各具特色、各有千秋。

书面语言型管理方式的主要特点有：第一，外部存储性。外部存储是指借助纸张、磁盘等载体，将管理内容和目标等给予明确的语义表达和思维传播，能外部存储是书面语言的优势，一方面管理活动可以基于纸张等介质所承载的信息得以顺利展开，而不依赖特定管理者的大脑而存在和运作，这就说明其具有突破时空进行管理的优势，另一方面，外部存储性的视觉表征带来更大的明确性，能避免管理沟通和资源调配的随意改变，保证管理内容和程序的可预期性。第二，与思维异步性。相对于口头言语的边思考边表达而言，书面语言的生成往往滞后于思维的进程，一般而言人们要先构思将表达的内容，再将其转换成有组织的言语代码，最后只有在条件具备的时候，才能选择文字符号把意义表达出来并记录在介质上，这时候思维可能已经发展到一个新的阶段，甚至也可能已经稍纵即逝了，这给管理者的启示是对相关管理活动的记录应该及时有效。第三，表意准确性。书面语言型管理方式的最大优势就是表意准确，这一方面得益于书面语言生成时不依赖

---

① 林崇德、傅安球：《学龄前儿童心理发展与早期教育》，北京：北京出版社，1982 年，第 39 页。

② 林化君等：《追问与发现——语文学习心理论》，青岛：青岛海洋大学出版社，1998 年，第 217 页。

情景、对象等因素的支持,具有相对独立性,另一方面是由于在书面语言的形成阶段,往往没有时间的限制,构思可以更为充分,可以根据目的和要求,从容地提取更多更丰富的信息,精心加以取舍、整合与组织,这也大大提高了表意的准确性,①使管理主体意图表达更为规范可靠。

口头言语方式的特点:第一,与思维同步性,由于口头言语不需要注意拼写、标点及书写工具的使用等,这样便可以在正常速度下予以组织,较易跟上思想的步伐,这样一般不会致使思想在工作记忆中的丢失②;第二,直接沟通性,口头言语在快速表达方面占有相当的优势,有利于信息的及时传播和反馈,利用这类方式进行管理沟通,能保证管理指挥和协调的时效性;第三,情境依赖性,所谓情境性是口头言语的特殊品质,指处在同一情境的交谈双方,利用动作、声调、面部表情等线索,对交流与表达思想提供了暗示,或使用代词、副词、连接词等代用成分,使言语的个别成分被省略③。情境性的好处就是能使话语简洁明快,缺点是只能在言语的具体情境中才能被人理解,不利于管理幅度的扩大或层级的加深。

2. 非言语型管理方式

言语型管理方式,是指人们运用基于言语行为之上的方法和手段,对管理资源进行有效整合、配置和保障,而非言语型方式则是人们对非语言手段的具体运用。根据信息载体来分类的,非言语方式主要有:表情、动作、界域④、服饰、副语言⑤、时间、场景等。在管理沟通的过程当中,言语型和非言语型管理方式往往是如影随形,密不可分的。⑥

非言语方式在实际管理活动中起着非常重要的作用,有关研究表明,在

---

①② 李伯约、赛丹:《自然语言理解的心理学原理》,上海:学林出版社,2007 年,第 182－186 页。

③ 刘淼:《作文心理学》,北京:高等教育出版社,2001 年,第 116－132 页。

④ 界域也称空间语言、人际距离,指人对空间的需求,是人类的一种交际工具。人们在交往过程中,经常利用相对位置作为信号来表达一定的意思,利用界域交流思想感情。界域可以表示人际关系、社会地位、社会态度、情绪状态。

⑤ 副语言指伴随有声语言的非语词声音,如音高、音色、哭声、笑声、停顿等。

⑥ 李杰群、金树祥等:《非言语交际概论》,北京:北京大学出版社,2002 年,第 2－10 页。

人们实际沟通过程中，非言语信息量占人们所接受的总信息的 60％以上①。如空间安排与置座行为就是隐性管理资源的配置方式，人们总是有意识或无意识地选择座位，以确定各自在群体中的不同角色，米切尔·科达认为，安排你坐在哪个位置，说明你有多大权力。②

相对于言语型管理方式而言，非言语方式主要有以下几方面特征：第一，模糊性。与语言的系统性、规范性相比，各种非言语手段之间是没有任何组织规律的，因此，非言语方式不能明确表达复杂具体的思想，只能传递比较模糊的情意，所以它往往只能作为言语方式的辅助手段。第二，遗传性与通用性。与语言必须是通过后天获得不同，非语言往往是与生俱来的，如人类生来就有一种用四肢五官的情态互相沟通情感的本能，而正因如此，决定了人类非言语手段的相似性与通用性，语言不通时可以通过表情、手势等进行交流，甚至和动物也可以相互沟通。第三，真实性。即指非语言行为所传达出的信息往往比言语方式更加真实，当人们说违心的话时，神态却把真实的思想感情流露出来，如嘴里说不怕，可身体却在发抖。第四，立体性。这是相对言语行为的直线性而言的，口头言语要一个词一个词地说出来，书面语言要一个字一个字地写出来，而非言语方式则不同，说话的语气口吻、面部的表情、肢体的动作等都可以同时多层次、全方位的呈现。③

一般认为，非言语型管理方式不能独立充当管理的手段和方法，而是对言语型管理方式的必要补充，如马兰德罗等就提出，非言语行为在沟通中的功能主要有：补充言语信息、替代言语信息、强调言语信息、否定言语信息、重复言语信息、调节言语信息等④。

---

① 康青：《管理沟通中非言语信息的解析》，《华东理工大学学报(社会科学版)》2003 年第 3 期，第 46 - 50 页。
② [美] 马兰德罗、巴克：《非言语交流》，孟小平等译，北京：北京语言学院出版社，1991 年，第 181 - 185 页。
③ 李杰群、金树祥等：《非言语交际概论》，北京：北京大学出版社，2002 年，第 2 - 10 页。
④ 同②，第 12 - 21 页。

2.2.3.2 直接型管理方式与媒介型管理方式

媒介(medium),最广义的理解是指介绍或导致双方发生关系的人或事物①,在信息学科里是指包括纸、光、声波、电波等进行传播的一切符号载体②,传播学则指主要包括报纸、杂志、广播、电视等大众传播工具,可分为印刷媒介和电子媒介两大类③。

本书所述的媒介,是指管理方式表达和实现所赖以承载的物态介质,在管理活动中,媒介是管理活动中各主体(如管理者与管理者、管理者与管理对象等)之间信息交流与行为控制的工具,也是他们之间联系的一条纽带。

根据是否通过和借助媒介,可将管理方式分为直接型与媒介型两种,前者是指管理主体对资源进行现场控制和利用,以实现管理内容的方式,直接型管理方式有实地操作和会议会谈等;后者是指管理者并不亲临现场,而是以纸质、光电等为媒介来实现管理目标的方式,媒介型管理方式中最典型最通用的就是文件方式。

由于媒介存在的外在性和中介性,直接型与媒介型管理方式在管理效率和效果等方面各有优劣。直接型管理方式的优势在于: 第一,实时性。亲临现场予以直接管理,能更及时地掌握第一手信息,管理决策者的反馈信息和指令也能得到即时传达贯彻,相对媒介型管理方式更具时效性和实时性。第二,直观感性。由于管理者(特别是高层管理者)的当场指导和参与,能使被管理者产生特别的心理效应、发生心理共鸣,能实现双方乃至多方的互动,都有利于对管理宗旨和目标的理解。第三,机动灵活。由于能及时把握管理资源相关信息,并随时予以反馈,给管理的决策和执行带来极大的便利,具有较大的机动性和灵活性,有利于应对和解决管理中的危机与突发事件。

但直接型管理方式也存在作用广度和深度有限、可依据性和规范性不

---

① 信息来源汉典"媒介",http://www.zdic.net/cd/ci/5/ZdicE5ZdicAFZdicB962095.htm.

② 中国百科大辞典编委会;袁世全、冯涛:《中国百科大辞典》,北京: 华夏出版社,1990年,第411页。

③ 刘建明:《宣传舆论学大辞典》,北京: 经济日报出版社,1993年,第325页。

强等弱点,而这些正是媒介型管理方式的长处。与直接型管理方式相比,媒介型管理方式的特点主要有:第一,延时性。由于这类管理方式经由一定的媒介进行信息传递,无法实现即时的管理沟通和控制,特别是通过信函等传统途径,不仅迟滞时间较长,还有可能带来理解上的误差。第二,间接性。它是指管理主体并不直接参与管理活动,正因如此,媒介型管理方式能实现远程的控制,较易扩增管理的幅度和层级,影响范围较广,在面上的效果较好,但不易发生点上的强效应①。第三,系统依赖性。媒介型管理方式的运用,需要依赖一个预先约定或默认的规范体系,在此基础之上,管理活动各主体才能正常沟通和相互作用,完善有效的运作机制还能大大提升管理效率,而离开系统的支持,管理指令的上传下达、表述理解就会产生偏差,媒介型管理方式就难以达到预定的效果。

　　一般认为,直接型管理方式适用于微观的、具体的管理活动,而宏观的、跨层级的管理宜使用媒介型管理方式,直接方式与媒介方式相比,虽然在全局上处于辅助和从属地位,但也能在一定范围发挥较大的作用和影响,两者在许多方面都可以互相配合补充。

2.2.3.3　正式管理方式与非正式管理方式

　　正式管理方式是指,依据相关法律法规和机构的明文规定,按照确定渠道所进行的管理方法与手段,既适用于系统内管理活动的开展,也用于履行组织的对外职能②,这种方式是按一定组织结构所确定层次和程序来进行的,典型的有如文件方式、会议方式等;与之相对应的是非正式管理方式,即非法定的、正式渠道之外的管理活动方式,这类方式手段多样且无固定形式,如暗示③、私交、个人魅力等④,其实施时间及内容的方面,一般都是未经

---

① 陈培爱:《广告策划原理与实务》,北京:中央广播电视大学出版社,2000 年,第 155 - 160 页。

② 车文博:《心理咨询大百科全书》,杭州:浙江科学技术出版社,2001 年,第 226 页。

③ 梅拉比安所著《无声信息》(*Silent Messages*)最新版中将暗示分为接近暗示、激发暗示(引起情绪和行为反应)和力量暗示(属于交流中统治与服从关系的范围)等,暗示不一定只限于非言语行为,在言语活动中也同样富有暗示的方式。

④ [美]马兰德罗、巴克:《非言语交流》,孟小平等译,北京:北京语言学院出版社,1991 年,第 12 - 21 页。

计划和难以明确辨别的。①

　　正式管理方式的主要优点有：第一，稳定性。正式管理方式具有一定的连续性和稳定性，因其有组织和制度的保障，不会因个体管理者的调动而变化或消失，具有执行上的延续性②。第二，权威性。正式管理方式相对比较严肃，管理执行具有较强约束力，管理沟通所传递和接受信息的真实程度较高，既易于保密又较为可靠。第三，可控性。由于正式管理方式是按一定层次和程序有组织地进行，并非任意和自发形成的，且必须遵循一定的规则和程序，所以其过程是可控和可预期的。当然，正因为组织系统的层层控制，带来了程序刻板、响应速度慢等缺点。③

　　与之对应，非正式管理方式的主要特征有：第一，灵活性。由于非正式管理方式不拘形式，反应和执行速度相对较快，更为直接而富有针对性，能填补正式管理方式难以触及的领域和范围。第二，普遍性。非正式管理方式不受规定手续、形式和时间等的种种限制，相对较为随意而广泛，任何管理活动中都或多或少地存在着这类管理方式，管理者既不能完全依赖它，也不能忽视或轻视④。第三，偶然性，非正式管理方式能够发挥作用的基础是非制度化的人际关系，具有随意性和不确定性，这也就决定了其管理功能的实现是随机的和偶然的⑤。

　　管理的两类方式之间既呈相互依存的互补关系，也呈互相对立的约束关系⑥：非正式管理方式可以作为正式方式的有益补充，减轻正式管理的负荷，帮助和促使其提高效率⑦；但也存在难以控制、传递的信息不确切、容易

---

① 宋书文：《管理心理学词典》，兰州：甘肃人民出版社，1989年，第236页。
② 刘海藩：《现代领导百科全书：经济与管理卷》，北京：中共中央党校出版社，2008年，第383-387页。
③ 萧浩辉：《决策科学辞典》，北京：人民出版社，1995年，第221页。
④ 刘维林、朱海江、胡正明：《领导全书·第十二册　提升与完善卷》，北京：九州出版社，2001年，第356-359页。
⑤ 马国泉、张品兴、高聚成：《新时期新名词大辞典》，北京：中国广播电视出版社，1992年，第1141页。
⑥ 曹元坤：《管理方式变革论》，北京：经济管理出版社，1999年，第1-55页。
⑦ 孙钱章：《实用领导科学大辞典》，济南：山东人民出版社，1990年，第307页。

失真、增大组织离心力、模糊管理成效等缺点，对正式管理方式产生消极作用[1]。因此，管理者既要了解和充分利用正式管理方式，也要明确和重视非正式方式的优劣，注意两者的搭配和协调，从而有利于管理活动的顺利推进和管理目标的成功实现。

2.3 管理维度分析对于档案学研究的功能与启示

如上节所述，维度分析能引发对管理学研究视角、方法和理论框架的重新认识和探讨，增强管理学理论的拓展性和开放性，那么，管理维度分析对隶属其中的档案学研究自然也能产生诸多作用和启示，最重要的是，有助于确认和论证档案学的管理类学科属性，有利于提升档案学研究在管理学科群中的地位和影响，并能为有中国本土特色的档案学研究探索一个原创性的突破口，具体有着以下三方面功能。

2.3.1 多维度论证档案学的管理学科属性和定位

档案学的管理学科属性，并非一直以来就为人们所明确和关注，在中国档案学研究史上，就一度将其归属于历史学的辅助学科，对此胡鸿杰指出，（档案学）"为历史研究提供素材"乃至从整体上"为历史研究服务"，并不是中国档案学基本学科结构所体现的功能，而是其学科"衍生结构"（主要如《档案文献编纂学》）的一种价值取向[2]。

20 世纪 30 年代，以文书档案工作改革为主要内容的行政效率运动和明清档案整理热潮合力催生出近代中国档案学，产生了从 1931 年的《公牍

---

① 王杰、焦冰、李宏伟：《领导全书·第十三册 训练与考评卷》，北京：九州出版社，2001 年，第 506 - 512 页。

② 胡鸿杰：《论中国档案学的评价机制》，《档案学通讯》2004 年第 2 期，第 8 - 12 页。

通论》到 1949 年的《中国档案管理新论》的十三本档案学旧著①。见证着中国档案学形成的这十三本旧著，反映了近代中国档案学的产生、发展情况及其得失特点。② 而单从书名中基本含有的"管理"二字就可明确得知档案学的学科属性。

吴宝康曾撰文指出档案学是一门管理性质的科学，认为这是由档案工作实践与历史发展所决定的，是档案事业建设客观需要所决定的，也为中外档案学研究实际与内容所证明的。他还指出，明确档案学的管理学科性质对档案学的建设和发展具有方向性、战略性意义，是评估过去、展望未来的基点和准绳。③

更多学者是基于信息的视角，提出档案学是一门（信息）管理学科。④ 较早论及于此的是《行政学·行政信息管理·档案学》一文，该文作者认为档案文书部门在长期的行政信息处理工作中积累了较为成熟的工作制度、程序、方法和组织规范，而行政信息管理是行政学的重要组成，也是提高行政效率的重点前提，信息管理视角是档案学研究新的内容和生机。⑤

尹雪梅在分析胡鸿杰的《中国档案学的理念与模式》一书时，提出实践性是管理类学科的基本特点，有效性是管理学的基本目标，而知识管理是管理学发展的必然趋势，中国档案学与这三个核心思想是息息相关的，因而其管理学科性质已得到了学界的普遍认同。此外，还分析得出中国档案学不

①　这十三本档案学旧著分别为《公文管理法》（傅振伦）、《县政府档案管理法》（程长源）、《档案管理与整理》（何鲁成）、《文书之简化与管理》（陈国琛）、《公牍学史》（许同莘）、《档案管理法》（龙兆佛）、《县政府公文处理与档案管理》（梁上燕）、《中国档案管理新论》（殷钟麒）、《档案管理之理论与实际》（黄彝仲）、《公牍通论》（徐望之）、《档案科学管理法》（秦翰才）以及《公文处理法》（周连宽）、《档案管理法》（周连宽）。

②　李财富：《中国档案学史论》，合肥：安徽大学出版社，2005 年，第 29 页。

③　吴宝康：《明确认识档案学是一门管理性质的科学》，《中国档案》1990 年第 4 期，第 20 - 21 页。

④　欧阳华锋、石建斌：《档案学也是一门信息管理学科》，《兰台世界》2008 年第 12 期，第 12 - 13 页。

⑤　柯雨：《行政学·行政信息管理·档案学》，《档案学通讯》1985 年第 5 期，第 2 - 5 页。

仅具有一般管理类学科的特征,还有着自身特有的价值取向、社会功能和发展规律。①

　　以上都从某一侧面和单一维度对档案学的管理学科属性予以认知和论述,而通过管理维度分析,将档案学研究置身于管理活动的三维结构中,不仅可以更好发掘档案学研究在每个管理维度都有所建树,还可论证档案学研究在管理资源和管理方式两个维度上能够大有作为,有着其他管理类学科所不具备的优势。

2.3.2　明确档案学研究对管理实践的作用与意义

　　档案学既是一门管理性质的科学,也是一门应用学科,来源于实践,也必将回归实践。② 许多学者认为,现在的档案学研究似乎离档案工作实际越来越远,陈永生曾指出,档案学研究主要存在对档案工作现实问题的研究少、对现实问题的非现实化研究多、理论观点移植中的生搬硬套等问题③;而张晓在分析档案学研究中的理论脱离实践现象时,更是十分尖锐地指出,一则看到档案的地方看不到学科,二则看到学科的地方看不到档案。前者是指由于档案学是一门应用性较强的学科,研究人员如同处理实际问题那样对待档案学理论,常以随感形式作研究,长于罗列问题和现象,导致有学者指出这种状态的档案学是为“实用经验体系”;后者是指惯于跟风生产出大量的时兴之作,或从其他学科引进技术、公式或原理,与专业实际和工作实践缺乏必要的结合,理论根基匮乏,学科内在研究重点和方向不明,忽视档案专业自身的理论创新发展和知识积累,实践指导性不强。④

---

① 尹雪梅:《从管理学的视野读〈中国档案学的理念与模式〉》,《档案管理》2009 年第 5 期,第 67 - 68 页。
② 吴宝康:《明确认识档案学是一门管理性质的科学》,《中国档案》1990 年第 4 期,第 20 - 21 页。
③ 陈永生:《档案学研究中的“非实践理论”——理论脱离实践现象分析》,《湖北档案》1994 年第 3 期,第 17 - 19 页。
④ 张晓:《对档案学发展的思考》,《档案学通讯》2003 年第 1 期,第 9 - 12 页。

　　基于管理维度分析去认识和考察中国档案学研究,不仅能引发对档案管理活动的重新认识和把握,既有助于理解和深度挖掘档案信息资源,又能凸显其在管理的保障作用,有利于减少或避免管理资源重复建设,一定程度上改变对管理资源的浪费或漠视现象,从本源上促进管理资源的最优配置;更能凸显档案学研究在社会和机构管理各个维度中的作用与功能,如对管理活动中文件方式的全面分析和梳理,有助于管理方式的规范与创新,为解决当前诸多社会管理问题提供新的思路和方法,具有实践意义和现实价值。

2.3.3　拓展与创新档案学本身的研究空间和方法

　　经过 70 余年的发展,我国档案学研究业已取得比较大的成绩,但也存在着诸多不足。宗培岭将其存在的主要问题归纳为缺乏整体性、缺乏问题意识、缺乏学派、缺乏原创性等四个方面。① 对此潘玉民表示赞同,并尖锐地指出,我国档案学研究整体上开放不够,社会认可度不高,没有抽象出具有中国特色的档案学理论。此外,精品著作少,学术监督缺失,规范性不够,研究成果的低水平重复,标题、内容雷同的论文比比皆是②。这些都导致我国档案学理论研究在国际上基本没有话语权,完全陷于西方语境③。

　　在研究方法方面,虽然许多学者致力于构建档案学研究方法体系,潘连根也曾将这些成果归纳为"层次说""过程说"和"罗列说"④,但至今尚未形成公认的有专业特色的方法论,即便是中国档案学界泰斗吴宝康,其研究仍

---

① 宗培岭:《档案学理论与理论研究批评》,《新上海档案》2006 年第 2 期,第 3 - 8 页。

② 潘玉民:《学术批评语境下档案学理论研究的批评》,《档案管理》2008 年第 6 期,第 24 - 26 页。

③ 苏君华:《中国档案学核心期刊影响力分析——以 2000—2009 年所载论文为研究对象》,《档案学通讯》2010 年第 5 期,第 15 - 20 页。

④ 潘连根:《关于档案学方法论体系的思考》,《浙江档案》2007 年第 11 期,第 10 - 12 页。

主要是"坚持以马克思主义、毛泽东思想为指导,坚持理论联系实际,坚持批判性思维方式,坚持综合运用多学科研究方法"①,这些通用的社会科学研究方法和指导思想,当然应为档案学研究所利用和发扬,但专业特色的缺失使之不能成就档案学方法论体系。②

在管理维度分析的基础上,对档案学研究予以重新审视和梳理,不仅有助于拓展档案学的研究内容,创新其研究方法,还有利于认识和理解档案学研究在管理内容维度的基础性功能,发掘档案学研究在管理资源建设和保障上的特有优势,同时将文件方式定位为通用的基础性管理方式,还能有效提升档案学在管理科学体系中的地位和影响。

2.4 基于管理维度分析的档案学研究假设

明确了管理维度勾勒的作用与意义,特别是探讨了管理三维解构对于档案学研究的功能与启示之后,有必要对档案学研究分维度予以剖析和构架。基于上文对管理活动的三个主要维度的解构与辨析,本书特提出以下三个假设,并将在后面的章节对这些假设进行论证和分析。

2.4.1 假设之一：定位于管理内容是档案学研究的主流与基础

作为应用学科的档案学,其研究起源和基石都是档案管理工作实践,归属于管理内容的档案、档案事业均构成其最重要的研究对象,所以一直以来,中国档案学研究者都立足于此。如上文提及的档案学十三本旧著,代表了当时机关档案工作方面的实践和理论,除许同莘的《公牍学史》之外,其余

① 王协舟:《吴宝康先生档案学研究的方法论特色》,《档案学通讯》2008 年第 4 期,第 10 - 12 页。
② 王广宇、蔡娜:《我国档案学与档案专业教育发展研究述评》,《山西档案》2010 年第 4 期,第 14 - 18 页。

全部论及的是档案管理的内容和程序①,最近部分知名学者牵头拟制的《档案学经典理论书目》中,除了部分学科史和学科本体研究的著作之外,其余80％都可归于对管理内容的研究②;而秦慧在对 2000 年至 2009 年期间我国档案学研究中案例研究法应用进行统计分析时发现,档案管理是运用案例研究法最广泛的领域,涉及价值鉴定、收集、整理、保管、检索以及开发利用等各方面,约占全部论文的 51.6％,另外 33.8％是研究档案信息化、档案工作标准化和档案法律法规,这些全部都可以归于管理内容维度的研究③。可见,定位于管理内容是档案学研究的主流。此外,只有夯实管理内容维度的档案学研究,才能实现档案信息的有效组织和服务优化,才能更好地为机构、社会管理提供资源和方式保障,并为其他维度的档案学研究奠定坚实的基础。

　　基于管理内容的档案学研究主要包括档案管理对象研究(如文件/档案的定义、特征、类型、功能与价值等)、档案管理程序研究(如收集、整理、鉴定、保管、检索、编研与统计等)、档案管理职能研究(包括档案行政管理职能、档案信息机构职能、档案管理人员职能等)。

2.4.2　假设之二：面向管理资源是档案学研究未来价值增长点

　　资源是管理活动开展的前提和基础,管理内容能顺利完成、管理目标能得以实现,不仅必须拥有足够的人、财、物和信息等显性、半显性资源,还有赖于必要的权力、人脉、文化等隐性管理资源。而档案学研究在管理资源维度有着两方面功能:一是研究文件(档案)内容信息的开发与利

---

① 张会超、王星光:《中国近代档案学成就之荟萃——档案学十三本旧著述论》,《档案管理》2008 年第 6 期,第 68－70 页。

② 信息来源档案知网,《档案学经典理论书目》(史·论·方法)草案,http://www.dazw.cn/archiver/? tid-16163.html。

③ 秦慧:《2000—2009 年我国档案学研究中案例研究法应用统计分析》,《档案学通讯》2010 年第 5 期,第 32－35 页。

用,信息是管理活动重要的基础性资源之一,信息活动贯穿于各管理环节,而其中的文件(档案)信息更具确定性和凭证性,在管理活动中具有不可替代的作用和特有价值;二是研究文件(档案)是如何实现对其他管理资源的保障,特别是在保障权力、文化等隐性资源中的功能和作用。

　　信息技术的日新月异,机构和社会管理活动对资源需求层次和水平的日益提升,作为原生资源的档案信息越发为人们所重视,在管理活动中的认知度和利用率都有较大提高,这方面的研究自然也就成为热点和焦点。胡鸿杰指出,中国档案学实际上是一种关于管理资源重新配置与整合的理论模式,作为一门成就了数十年的管理类学科,其本身就是一种可资利用的资源,在理论上和实践上都有相当的发展空间,已经具备了"扩展"和发展的资格。① 可见,面向管理资源无疑意味着档案学研究的价值增长点。

　　归于管理资源的档案学研究具体包括:档案信息资源的一次管理,如文件(档案)信息的采集、描述、组织、存储、传播与利用等;档案信息资源的二次管理,指从内容上对文件(档案)信息进行编研,从形式上予以信息构建,从服务理念上对专题信息进行营销;管理资源信息保障研究,包括显性管理资源信息的保真与保全、半显性管理资源信息挖掘与控制、隐性管理资源信息的表达与复制等。

2.4.3　假设之三：归于管理方式的档案学研究具有核心竞争力

　　一门学科要为科学界所认可与尊重,首先需要能对其他学科产生一定辐射的学术理论和作品,中国档案学类图书大多只能归属于教材,较少有能称得上专著的,国外档案学著作也是寥寥可数,同样也没能产生跨学科影响,即便是被奉为西方档案学支柱理论的来源原则与文件生命周期理论,在

────────────

① 　胡鸿杰：《论中国档案学的学术尊严》,《档案学通讯》2005 年第 5 期,第 7 - 10 页。

外人看来依然显得十分贫乏与简单①。当代档案学研究充斥着大量的"移植"现象(或是所谓的跨学科研究),一方面被指出存在有盲目移植、缺乏坚定的实践基础,移植表象、缺乏理论特色,以及忽视移植的层次性等缺陷②;另一方面还存在"不对等合作",即只引进不输出,任越在论及此问题时指出了问题的症结所在,他认为"跨"与"被跨"学科应该有同等的基础条件,站在同一水平线或学术高度上进行合作,如在档案学的理论基础还比较薄弱,核心理论体系还没有完全成熟,理论深度和广度还有待提高之时,去博取与其他学科的合作,结果只能是要么被其他学科所"羞辱",要么被其他学科"收编"。③ 胡鸿杰指出,其实中国档案学并不缺乏影响整个管理学科的研究领域,至少在管理方式和管理资源这两个维度上都是大有作为的④。文件方式一直是档案学研究的特色和强项,在管理活动中有着无可比拟的优势和特有功能,发掘管理方式维度的档案学研究不仅能提升档案学在管理学科的地位和影响,还能摆脱中国档案学长期以来依赖"西学东渐"、缺乏原创性和本土特色的尴尬局面,最终形成学科研究的核心竞争力。

归于管理方式的档案学研究包括:管理活动中文件方式的历史梳理与创新研究,如文件制作、流转和督办等方式的发展与创新;管理活动中文件方式构成要素与环境分析,如内在要素和外在要素、内容性要素和功能性要素、现实性要素和渊源性要素、宏观影响因素和微观影响因素分析等;管理活动中文件方式的作用与功能,如资源配置功能、信息沟通功能、凭证保障功能和教育文化功能等。

---

① 王广宇:《中国档案学尊严的解读与实现》,《档案学通讯》2010 年第 1 期,第 11 - 14 页。
② 周蕾:《论档案学学科"移植"现象》,《兰台世界》2010 年第 12 期,第 2 - 3 页。
③ 任越:《论当代档案学跨学科研究的条件及其悖论》,《档案与建设》2010 年第 9 期,第 6 - 7、10 页。
④ 信息来源胡鸿杰的个人空间,《管理的维度》,http: //www. daxtx. cn/? uid-5-action-viewspace-itemid-2853。

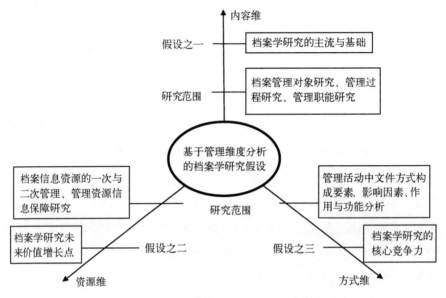

图 2-5　基于管理维度分析的档案学研究假设

2.5　本 章 小 结

从管理内容、管理资源和管理方式三个维度对管理活动重新予以解构和勾勒，并将档案学研究置于其中分维度予以考察，不仅对于验证档案学的管理学科属性、确定档案学研究在管理学科体系中的地位有着重要意义，也有利于整个管理学研究视域和方法的创新和拓展。

首先，本章对管理思想与管理研究的历史进行梳理，在分析西方管理学研究历程与特征和东方管理学研究成果与不足的基础上，明确了管理维度勾勒的作用与意义在于能引导管理学研究的视角创新、直接提供新的分析方法和理论框架、有利于增强管理理论的拓展性和开放性、能提升对管理实际的模拟再现能力等。

其次，对管理活动从内容、资源和方式等三个维度进行解构，认为管理内容轴由管理的对象、程序和职能等构成，管理资源轴由显性资源(如人力资源、物力资源、财力资源等)、半显性资源(如技术、规则和信息资源等)和隐性资源(如权力、人脉和文化等)构成,而依据不同的标准,管理方式可分为言语型与非言语型管理方式、直接型与媒介型管理方式、正式与非正式管理方式等。

再次,探讨了管理维度分析对于档案学研究的功能与启示,认为管理空间解构和维度勾勒有助于确认和论证档案学的管理类学科属性,能明确档案学研究对管理实践的作用与意义,有利于拓展与创新档案学本身的研究空间和方法,进而提升档案学研究在管理学科群中的地位和影响,并能为有中国本土特色的档案学研究探索一原创性的突破口。

最后,本章提出了基于管理维度分析档案学研究的三个假设,即定位于管理内容是档案学研究的主流与基础、面向管理资源是档案学研究未来价值增长点、归于管理方式的档案学研究具有核心竞争力,这些假设为后面几章的研究提供了思路和要求。

3 管理内容——档案学研究的前提与基础

作为应用型管理学科的档案学,其研究起源和基石都是档案管理实践活动,归属于管理内容的档案与档案工作均为其最重要的研究对象,因而一直以来中国档案学研究者都立足于此。此外,只有夯实管理内容维度的档案学研究,才能实现档案信息的有效组织和服务优化,才能更好地为机构、社会管理提供资源和方式保障,其他维度的档案学研究才会有更坚实的基础和发展的动力。

本章将在辨析内容管理与管理内容关系,梳理管理内容维度的档案学研究起源与发展,明确其研究特征与功能的基础上,分节探析档案管理对象研究[含文件(档案)的定义、特征、类型、功能与价值等]、档案管理程序研究(如收集、整理、鉴定、保管、检索、编研与统计等)、档案管理职能研究(包括档案行政管理职能、档案信息机构职能、档案管理人员职能等)的内涵和范围。

3.1 基于管理内容的档案学研究概述

3.1.1 内容管理与管理内容关系辨析

"内容管理"与"管理内容"在内涵和外延上的差异,主要缘于对"内容"和"管理"的不同解读。"内容管理"中的"内容"一词起源于出版传媒业,是一个比数据(data)、文档(document)和信息(information)更广的概念,是对各种结构化数据和非结构化文档的信息聚合,在某种程度上也包含了知识;"内容管理"中的"管理",则是指施加在"内容"之上的一系列诸如收集、鉴定、整理、定位、转发、存档等处理过程,以促使"内容"能够在正确的时间、以正确的形式传递到正确的地点和人①。因而有人将内容管理定义为:组织或个人借助信息技术,通过实现内容的创建、储存、分享、应用与更新,在业务与战略等方面产生价值的过程②。

本书所述"管理内容"中的"管理"则是一个广义的概念,泛指机构和社会的一切管理活动,而其中的"内容"即是这些管理活动的对象以及管理活动所要实现的职能和任务,也就是说,对于某一特定的管理活动和行为,其"内容"既可以是具体的对象标的,也可以是抽象的程序,还可以是具有更深内涵的职能。

"内容管理"与"管理内容"的区别主要在于研究角度不同:内容管理是相对信息技术而言,由于受到网络和信息技术迅猛发展的影响,部分研究人员和管理者过分关注和依赖信息技术的功用,而忽视内容层面的研究和管理,内容管理的提出即意在强调对信息内容的共享和挖掘,有利于信息资产的充分开发和利用;管理内容则是相对于管理的方式和资源而言,在管理活动中将其单独列出能引发对传统管理学研究的重新审视,有利于引起对资源和方式等其他维度的关注和重视,拓宽研究的视域和范围。此外,由于"管理内容"中两个词的内涵均小于前者,因而其外延与研究的范围都要远远大于内容管理。

"内容管理"与"管理内容"的联系和相通之处也是明显的,并且关系甚为紧密:一方面,内容管理本身就是特定机构和社会管理的内容之一,即前者包含于后者,是后者的有机组成,如图书情报机构最重要的管理内容就是对馆藏信息内容进行有效组织加工与提供利用;另一方面,内容管理能服务

---

① 李珍、张玉影:《内容管理及其在档案学领域的应用研究》,《浙江档案》2007年第5期,第22-25页。

② 茅蔚晔、梁晓云:《试论企业内容管理》,《上海综合经济》2004年第Z1期,第121-123页。

于管理内容,有效的内容管理为社会与机构管理活动提供大量有效的数据和信息,甚至直接产生价值和效益。同时,无论是关注"内容管理"还是"管理内容",对于档案学研究而言都不乏启示和运用:基于"内容管理"的研究顺应了档案管理从实体管理向信息管理转变的趋势,有助于引领档案管理者和研究人员的思维方式转变、推动档案数据仓库的建设、增强档案管理实践的调适功能①;而从管理内容维度去探讨档案学研究,有利于看到自身的长处和根本的同时,也认识到现有研究的挑战和机遇。

3.1.2 基于管理内容的档案学研究起源与发展

无论是西方还是中国的档案学研究,其萌芽和起步阶段都是根源于档案管理实践,最初的研究成果大多都是面向管理内容的。欧美档案学形成的直接动因是法国资产阶级大革命,源于档案事业独立地位的确立、档案集中统一管理原则的形成和普通公众利用档案权利的明确②,自此欧美许多档案学者对档案馆性质、地位以及档案的整理、鉴定、编目、利用和公布等内容作了广泛探讨③。中国档案学形成动因则是"行政效率运动"④,鉴于种种

---

① 李珍、张玉影:《内容管理及其在档案学领域的应用研究》,《浙江档案》2007 年第 5 期,第 22 - 25 页。

② 1790 年法国国民议会颁布的《国家档案馆条例》,确认了法国国家档案馆的名称与地位,意味着档案保管机关从机关的内部机构转变为独立的国家档案管理机关,这标志着档案事业开始成为国家的一项独立事业;1794 年法国颁布的《稽月七日档案法令》规定,中央国家档案馆除了收藏档案外,还必须对各地区档案馆实行指导和监督,这是集中统一管理思想的最初体现;在《国家档案条例》中规定该馆每周向公众开放 3 天,《稽月七日档案法令》又进一步规定了所有公民在有限制和有监督的条件下,具有在档案馆免费利用档案的权利,这是第一次在法律上确立公民利用档案权利。

③ 黄坤坊:《欧美档案学概要》,北京:档案出版社,1986 年,第 4 - 34 页。

④ 国民政府统治的 20 世纪 30 年代初期,由于国内阶级斗争异常激烈,国民党当局开始反思行政工作的效率问题,因而在借鉴西方行政效率理论的基础上,提出对国民政府的组织、人员、财务、施政程序和资料等各项行政业务进行改革,即所谓的"行政效率运动"。

原因,该运动后来以文书档案工作为提高行政效率的突破口和主要的改革对象。《行政效率》杂志上先后发表了60多篇档案工作相关文章,不少是专门讨论、总结档案管理的经验教训以及有关业务问题的。①

　　饶圆在《中国与欧美档案学生成背景的比较研究》一文中提出,形成初期的欧美档案学的研究对象是档案馆工作,如意大利波尼法西奥的《论档案馆》、德国木尔茨的《办公厅关于档案馆的权利》等;而中国档案学形成初期的研究对象是档案室工作,如周连宽的《县政府档案处理法》、程长源的《县政府档案管理法》和何鲁成的《档案管理与整理》,其描述的点收、登记、分类编目等环节都是以机关档案室为研究对象的。② 无论是西方的档案馆工作研究,还是我国的档案室工作研究,都显而易见属于管理内容的范畴,可见,档案学研究的起源都是基于管理内容维度的。

　　档案学在之后的成长与壮大过程中,仍然立足于档案与档案工作等管理内容。胡鸿杰曾指出,中国档案学的发展主要表现在两个方面:一是学科领域的完善,即指从单一的《档案管理学》发展成以《档案学概论》《档案文献编纂学》《科技档案管理学》《档案保护技术学》等为基本组成的学科群落;二是活动内容的拓展,是指从主要关注机关行政管理领域,延伸到生产管理、科技管理、人事管理和信息管理等众多领域③。这两个方面都表明,除了本体和学史研究外,档案学研究重心没有移离管理内容维度。而广泛被我国档案学者所接受和传播的西方经典档案学理论,如美国档案学者布鲁克提出的"文件生命周期理论",澳大利亚档案学者阿普沃德等人提出的文件连续体理论,在档案整理工作中不断探索出的全宗理论,也都出于对管理

---

① 胡鸿杰:《中国档案学的理念与模式》,北京:中国人民大学出版社,2005年,第45-55页。

② 饶圆:《中国与欧美档案学生成背景的比较研究》,《档案学研究》2007年第5期,第50-53页。

③ 胡鸿杰:《论中国档案学的学术尊严(续)》,《档案学通讯》2005年第6期,第8-11页。

内容研究的抽象和提升。①

当前档案学研究的重心和中心依然是管理内容。傅荣校等在对 2000年至 2009 年中国知网学术资源总库中的档案学论文中的关键词进行统计分析时发现，档案利用与信息化、数字档案馆、电子文件管理、档案法制建设等是档案学的研究重点，这些无疑都归属于档案管理内容②。周毅也指出，在相当长的时期内，档案学仍将学科的基本问题归结为档案管理、档案编研、档案保护、档案技术等基本问题，将学科的理论归结为档案形成理论、全宗理论(整理理论)、文件运动理论等，其显著特征都是以"档案"这一管理对象作为研究中心。③

3.1.3　基于管理内容的档案学研究界定与特征

据第 1 章第 3.2 节和第 2 章第 2.1 节的分析，管理内容包括管理活动的对象、流程以及所要实现的职能和任务，具体到档案管理实践，其管理内容既可以是具体的对象标的——文件(档案)，也可以是抽象层面的档案管理程序和档案管理职能。因而只要涉及这几个方面的档案学研究即可归属于管理内容维度，如文件(档案)的定义、特征、类型、功能与价值，档案的收集、整理、鉴定、保管、检索、编研与统计，档案行政机构、档案信息机构的管理职能等。

根据上述界定，不难得出基于管理内容的档案学研究的特征主要有：

(1) 任务导向。在管理内容维度的构成中，对象、程序和职能是其核心要件，而档案实践活动最重要的管理对象是文件(档案)，相关程序和职能都是围绕文件(档案)展开的，重视研究文件(档案)及相关流程和功能是与生俱来的，其出发点和立足点都是如何更好地实现文件(档案)管理的相关任

---

① 贺颖、祝庆轩：《基于科学知识图谱的档案学基础理论进展研究(1999—2008 年)》，《图书情报工作》2010 年第 2 期，第 144 - 148 页。

② 傅荣校、周雪：《十年来档案学研究成果简要评述》，《档案学通讯》2010 年第 2 期，第 4 - 7 页。

③ 周毅：《试论档案学研究路向的转型》，《档案学通讯》2009 年第 5 期，第 28 - 31 页。

务,特别是在档案史料和实体管理阶段①,对资源和用户的漠视,使得关注文件(档案)的组织与保管的偏好表现得淋漓尽致,这种任务导向也是对档案管理程序和职能研究的惯性使然。

(2) 体制依赖。所谓体制依赖,一是指基于管理内容的档案学研究,从萌芽到形成都是特定体制的产物,在其发展和壮大过程中,同样充斥着当时代社会管理体制的烙印;二是大量相关研究都显示了对管理体制的关注和偏好,而解决档案管理问题的方法也寄望于体制的建立和健全,这其实是同一问题的两个方面,正因为档案管理活动需要体制予以支撑,才会重视和探讨体制的改革和优化,而研究的深入又能完善体制的功能,进而保障档案管理活动的顺利进行。

(3) 安全优先。由于档案信息的特殊性,为确保其完整性、真实性和可靠性,基于管理内容的档案学研究对安全问题格外重视,加之原有相对封闭的档案管理体制造成的过度强调保密,使得档案管理者和研究人员长期以来紧绷着安全这根弦,一直在保管保密和开放利用之间犹豫徘徊,将用户、服务、效率和效益等的关注降为次要和辅助地位,而面对数字环境下电子文件管理带来的挑战所表现出的畏惧和茫然,更凸显了这一爱好和倾向。②

3.1.4 基于管理内容的档案学研究作用与功能

内容是管理活动开展的根本和任务所在,管理资源与方式都是围绕管理内容而展开的,内容维度的档案学研究不仅有助于对档案管理实践的提升和指导,也是其他维度档案学研究的前提和基础,可见基于管理内容的研究是档案学的核心基础,其具体的作用与功能如下:

第一,能直接服务与指导档案管理实践。内容维度的档案学研究与档

---

① 有人将档案管理发展过程划分为三个阶段: 档案史料管理阶段、档案实体管理阶段和档案信息资源管理阶段。(参见李珍、张玉影《内容管理及其在档案学领域的应用研究》,《浙江档案》2007 年第 5 期,第 22 - 25 页)

② 卞昭玲:《档案信息服务论》,《档案学通讯》2005 年第 4 期,第 39 - 40 页。

案管理实践息息相关，既来源于档案工作实践，又为档案管理实际服务。即从档案和档案工作的实际出发，继续深化对档案管理的对象、程序以及职能的研究，能动地反映档案管理的客观规律，在探讨档案的形成、性质和价值的基础上，发现档案与档案工作的规律，提出档案工作的科学理论、原则和方法，以指导和服务于实际档案工作，进而有效地提高档案与档案事业的科学管理水平。[①]

第二，是管理资源整合与保障的前提。如前分析，管理资源包括人、财、物和信息等基础性资源，也包括规则、权力、人脉和文化等特有资源。档案信息作为管理活动中必需的信息资源，越来越为人们所认识和认可，很少有人会质疑档案工作是信息这种资源的重要来源和保障，但往往不甚明了档案在其他资源上的作用和影响。其实档案工作一直在人财物等资源配置上发挥着巨大作用：一则，健全的档案工作能保证管理资源不被随意挪用和流失；再则，管理者在计划和决策时，一般都需要借鉴过往类似活动在人力、物力和财力方面的投入情况，档案工作者如能及时调出并予以适当汇编，就能保证资源配置的合理性和时效性。档案与档案工作还是权力、人脉等隐性管理资源的基本保障，如民主体制下，越来越多地需要利用档案来证明权力的来源及其合法性和权威性，再如谱牒等在维护人脉和民俗文化等方面的功用也不可小视。而档案与档案工作正是基于管理内容的档案学研究核心和重点，在引领档案工作革新和优化之时，促进了档案这种管理资源的整合与利用，也夯实了其他资源的保障基础。

第三，是管理方式的验证与探微。一般认为，档案工作是机构和社会管理活动的记录者和辅助者，而不太认可档案工作人员也是管理活动的直接参与者，这一方面是因为他们仅仅只关注管理活动的内容维度，过分狭义地理解管理的内涵，另一方面是不自觉地将档案工作的性质等同于档案的属性，认为档案管理活动总是事后的和迟滞的。其实，档案工作早已渗入文化

---

① 中国人民大学档案学院：《档案专业主要专业课程教学大纲》，北京：中国科学技术出版社，1991 年，第 37 - 40 页。

教育和服务民生等公共管理活动的方方面面,不再仅仅限于对社会历史记忆的保存和为管理提供决策参考信息,档案早已经成为直接化解社会矛盾的重要依据、维护和平衡各方利益的武器,法制社会中的档案还是管理权力来源的基本凭据,因此档案工作是伴随机构与社会管理活动的全部流程,本身就是一种管理手段,能在一定程度上提高管理的效率和效果。此外,档案管理与其他的社会管理在原理和本质上是相通的,他们的管理方式是可以互相借鉴和互为利用的,许多社会管理方式可以为档案管理活动所用,而档案管理的方式同样也可以予以"输出"和推广,最明显的佐证之一就是档案行政管理活动同样也需要通过文件方式予以推行。可见,内容维度的档案学研究可以作为管理方式研究的参照和印证。

3.2 档案管理对象研究

胡鸿杰在评析中国档案学主干课程时指出,我国正式出版的《档案学概论》基本都由档案、档案工作、档案事业和档案学四个部分构成,并将大量的篇幅放在前三部分,即对"对象性事物"的描述和阐述上[①]。这里所指的管理对象包括档案、档案工作和档案事业,是从宏观层面的档案管理来论述的,而微观的档案管理活动对象仅仅指文件和档案本身。囿于篇幅和结构,本部分持后一理解,将对档案工作和档案事业的探讨置于后面两个小节进行阐述。

3.2.1 文件(档案)的定义与分析

定义,是一种揭示概念内涵与外延的逻辑方法。为文件(档案)下定义,就是通过对客体事物进行理论抽象,揭示其本质属性和一般属性,以明确文

---

① 胡鸿杰:《论中国档案学的结构与功能——档案学概论评析》,《档案学通讯》2002 年第 6 期,第 11 - 15 页。

件(档案)的范围和特点。① 档案是档案学一切叙述的起点,因而关于档案定义问题的研究,几乎贯穿我国档案学和档案史研究的全过程。② 各国在研究档案术语体系时也多从档案定义开始的,而定义档案一般都是以文件的定义为基础③,也就是说档案的定义离不开对文件的关注和界定,文件(档案)的范畴分析自然也就成了内容维度档案学研究的起点和重点,罗永平在对 20 世纪 90 年代档案学研究热点进行分析时指出,在我国档案定义是探讨持续时间最久、发表观点最多、讨论最热烈的问题,20 世纪 90 年代档案定义争论的热点聚汇在定义中种差和属概念的选定与档案属性之上。④ 本书对近 30 年来探讨"档案定义"的期刊论文统计时发现,相关研究一直绵亘不断,并呈持续发展的趋势,在 20 世纪 80 年代初和 90 年代还呈现了若干研究热潮(如图 3 - 1 所示)。

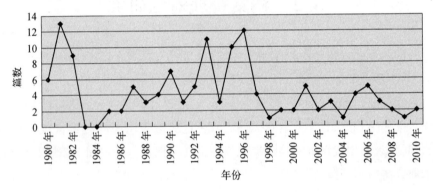

图 3 - 1　中国期刊全文数据库收录"档案定义"相关论文统计(1980—2010 年)

张辑哲将对档案定义的研究分为直观判定型和抽象揭示型,认为前者

---

① 刘耿生:《档案开发与利用教程》,北京:中国人民大学出版社,2010 年,第 30 - 39 页。
② 王景高:《档案研究 30 年(之二)——关于档案定义的研究》,《中国档案》2009 年第 3 期,第 53 - 56 页。
③ 韩玉梅、张恩庆、黄坤坊:《外国档案管理教学大纲》,北京:档案出版社,1987 年,第 7 页。
④ 罗永平:《九十年代档案学研究的十大热点透视》,《兰台世界》1998 年第 10 期,第 4 - 5 页。

有利于人们直截了当地在现实中去辨认外观意义上的档案,后者的优势则在于它追求深刻、"出手不凡",力图将档案独一无二的"本质"揭示出来。他认为现实中凡具有定义所界定的那种"历史记录""原始记录""信息"性质的东西均是档案,而不论其具体的存在形态及转化、形成过程如何,具体表述为"档案是社会成员(组织与个人)在其已往社会实践中直接形成的含义明确的原始记录"。①

王英玮提出,在研究档案定义时要注意一般性的定义和法规性定义的区别:前者是认识档案的内在本质及主要的外部形式特征的思想手段,也是探索档案管理的科学方法、总结科学理论的理论基础;后者则是旨在规定国家或地区管理档案的范围,并以保证具有国家和社会意义(或价值)的档案不受损害。②

韩宝华认为给档案下定义的基本点在于揭示档案的本质属性,包括其一般本质属性及特殊本质属性,并提出是以文献作为档案定义的属概念,才找准了档案的一般本质属性,从而也为准确揭示档案的特殊本质属性创造了良好条件。③

邹吉辉在其《百年"档案"定义论略》一文中,分别探讨了古典档案学、现代档案学、后现代档案学时期档案定义的特点及其影响,概括出定义档案的基本规律和启示,并将19世纪末至20世纪末的百年间中外档案定义分为法规型、辞书型、教材型、专著型、论文型等五种基本类型。④

张煜明在梳理关于档案定义的研究时,列出的定义类型有记录说、材料说、信息说、文献说、写照和文化遗产说、载体说和文件说。他本人对"文件说"表示赞同,并认为,将文件作为档案定义的属概念,体现了档案的词源与

---

① 张辑哲:《档案定义匡谬与透视》,《中国档案》1993年第1期,第33-34页。
② 王英玮:《关于档案定义及档案本质问题研究的思考》,《档案管理》1996年第4期,第13-15页。
③ 韩宝华:《再论档案定义与档案的本质属性——兼与王荣声等同志商榷》,《档案与建设》1996年第8期,第18-21页。
④ 邹吉辉:《百年"档案"定义论略》,《复印报刊资料:档案学》2001年第6期,第22-25页。

起源，揭示了档案的内涵和本质属性，有助于反映和指导档案管理工作的客观实际，因而也为国际档案组织、多数国家的档案机构与档案学者①认可和使用。②

胡鸿杰在分析现代学者对档案的界定时，认为大体可以归纳为：档案是一种"文件"或"文件材料"、档案是一种"文献"、档案是一种"记录"或"历史记录"、档案是一种"信息"等几种观点，并指出档案作为一种客观存在，是靠自身的某种属性来满足人们需要的物质，这种属性与需要之间的关系，存在于人们的社会生活之中，因而在定义档案时，应该用已知事物来阐释未知事物，而不是把一种已知的事物用未知或并不十分明确的某种含义去复杂化，此外，界定事物的基本目的在于认识这种事物的基本属性，进而揭示其基本属性的渊源，而档案的属性是在与人们的社会联系中产生的。从管理过程上看，档案是由社会活动中的直接产物——"文件"转化而来的。③

丁海斌则认为应该根据不同时代背景对档案进行定义，他本人对档案的定义表达就有两种，一为"档案是人类活动的原始性符号遗存"，适用于传统时代，在于其内涵具有非现行性（遗）和存留性（存），可以将其与文件分开；二为"档案是人类活动的原始性符号记录"，适用于数字时代，在于其内涵可以包含文档一体性和电子文件计算机系统特有的自动记录性。④ 后来，他又撰文根据定义的规则和下定义的方法对目前档案定义的属概念进

---

① 如国际档案理事"文件与档案管理规划"中指出"档案是由于它们的永久价值而必须保存起来的某个机构或组织的所有非现行文件"；美国档案学者谢伦伯格在其《现代档案——原则与技术》一书中规定，档案是"经鉴定值得永久保存以供查考和研究之用，业已藏入或业已选出准备藏入某一档案机构的任何公私机构的文件"；英国档案学者迈克尔·库克在《档案信息管理》一书中说"档案是经鉴定，因其长远价值而被保存的文件"；德国档案学者布伦内克在《档案学》一书中认为，档案是"在某一自然人或法人的法律性或事务性活动中产生，并作为以往活动之查考资料和证据在特定场所永久保存的文件和文件的总和"。

② 张煜明：《档案定义辨析》，《图书情报知识》2002 年第 2 期，第 33 - 34 页。

③ 胡鸿杰：《中国档案学的理念与模式》，北京：中国人民大学出版社，2005 年，第 12 - 17 页。

④ 丁海斌：《档案学三题小议——档案定义、起源与档案学科属性》，《档案学通讯》2008 年第 2 期，第 20 - 23 页。

行分析,并在对信息进行划分的基础上探寻包涵档案的最小属概念,进而认为档案的定义可以简洁地表述为：人们有意识保存起来的人类活动的原始性符号记录。[①]

文件(档案)定义的相关研究,不仅对于档案学科和档案学研究具有本体的和基础性意义,是一个与档案学的逐步成熟相关联、逐步完备起来的过程,对于档案管理实践中的一系列有关问题,也极具有指导意义[②],研究档案概念及其定义,从根本上说是档案管理实践的需要,绝非凭空提出来的要求。对于文件(档案)定义研究的未来,正如冯惠玲所述,"完备的档案定义不是作为某学科的先导,而是伴随着学科体系的最终确立而确立的"。[③] 随着档案管理活动的变化和档案学理论的发展,档案研究定义也必将不断得以发展和完善。[④]

3.2.2 文件(档案)的属性与特征

属性是指某类事物的性质及其与他事物的关系,档案的属性就是指档案在社会中所表现出来的固有特征。正确认识档案属性和特征有利于厘清档案与相关事物的关系,有利于维护档案的本质要求和真实面貌,有利于认识和指导档案管理活动实践,因而是内容维度档案学研究的重要主题。

属性又可分为本质属性和一般属性(也有学者称之为派生属性)。前者是事物固有的,决定事物性质、面貌和发展的根本性质,它是区别一事物不同于它事物的核心所在,而后者则是从不同角度、不同侧面反映出事物的性

---

① 丁海斌、李娟:《从信息划分与定义规则出发再谈档案定义》,《档案》2011 年第 6 期,第 6 - 9 页。
② 刘耿生:《档案开发与利用教程》,北京:中国人民大学出版社,2010 年,第 30 - 39 页。
③ 冯惠玲:《浅议档案学基础理论》,王淑全:《档案学论集》,北京:中国人民大学出版社,1989 年,第 17 - 31 页。
④ 王景高:《档案研究 30 年(之二)——关于档案定义的研究》,《中国档案》2009 年第 3 期,第 53 - 56 页。

质和特点,往往具有多方面的界定。① 准确把握它们之间的区别,是探讨档案管理相关范畴的前提。陈智为就指出,事物的质与属性是多方面的,因此人们认识某一事物的质,应该客观地把握事物各方面属性的总和,而且要抓住与实践紧密相关的本质属性。他认为档案的本质属性可以归纳为原始性、实践性和凭据性。② 韩宝华也指出,只有切实而深刻地搞清档案的本质属性,才能理解古今中外人们的档案意识,才能科学地解释经得起实践检验的各种具体的档案管理体制与方法,才能按照档案自身的运动规律做好档案工作。他提出原始记录性是档案的本质属性,而信息储备源是档案的基本特征。③ 据统计,1980 年至 2010 年期间发表在期刊上的档案属性研究论文共有 150 余篇,而论述档案本质属性就有 56 篇,可见对档案属性的研究热情一直在持续,对本质属性尤为关注。

大多学者认为,原始记录性是档案的本质属性,而知识性和信息性是档案的一般属性④。王茂跃将档案本质属性的相关研究分为以下几个观点:原始记录性,以吴宝康为代表;客观记录的归档保存性,如查启森等;信息性,如刘建平等;非现行性,如傅荣校等。⑤

朱玉媛在梳理对档案本质属性的相关研究后,归结为四种说法:"原始记录说",以档案的形成过程与内容等为根据,原始记录性是档案的本质属性;"结构说",以档案实体排列结构的特殊性为根据,提出结构性是档案的本质属性⑥;"备以查考说",认为不论档案的具体内容和存在形式如何,其

---

① 黄霄羽:《关于档案的本质属性和档案定义的再思考》,《山东档案》1994 年第 1 期,第 22 - 24 页。

② 陈智为:《关于档案本质属性的探讨》,《档案时空》1984 年第 3 期,第 22 - 23 页。

③ 韩宝华:《论档案定义与档案的本质属性》,《山西档案》1995 年第 5 期,第 10 - 13 页。

④ 中国机械工业教育协会组:《档案管理学》,北京:机械工业出版社,2003 年,第 14 - 18 页。

⑤ 王茂跃:《档案本质属性研究简评》,《北京档案》1998 年第 12 期,第 18 - 19 页。

⑥ 李福君、张庆一、李可意:《档案本质属性的研究》,《档案学研究》1999 年第 1 期,第 15 - 17 页。

存在本身就蕴含着能作为证据或依据,因此备以查考性是档案的本质属性①;"三属性交集说",认为历史性、实践性和物质属性三者交集才是档案的本质属性,而其中单独一性都不构成档案的本质属性。她本人认为"原始记录性"作为档案的本质属性应给以充分肯定并予以深化研究②。

伍振华等认为目前档案本质属性的研究主要有"原始的历史记录性说""历史再现性说""有机联系结构说""直接历史记录事后有用性说"和"可追溯性说"等五种观点。他在分析了这些争鸣中的重大分歧后,总结指出档案的自然属性只是档案本质属性赖以存在的基础,而不是档案本质属性本身,并认为正是以"备以查考性"为内核的档案的社会属性,使档案与其他文献区分开来。③

王景高在其《档案研究 30 年(之三)——关于档案本质属性的研究》一文中将档案本质属性的观点归纳为原始记录性、归档保存性、备以查考性、记忆工具性、非现行性、三属性交集说与结构性说等六种,并分析了各种观点的优势与不足,如"备以查考性"的观点具有拓宽了档案的外延、突出了查考价值、强调了形成者或收管者的主观能动因素等特点;而用"记忆"理解档案可以增强公众保护档案的自觉意识和责任感、拉近档案与公众的关系、有助于拓宽档案资料收集工作的视野。④

张仕君分析当前档案本质属性研究存在的主要问题有,命题逻辑不够严密、排他性不强,部分观点未把握住档案的特殊性、显得不够科学等。研究上的误区主要有,认识上的简单化和片面化,导致我们探讨档案的本质属性始终局限在档案自身,而不敢去考虑外部力量对档案本质的作用;片面认为档案的本质属性不能是多种属性的交集,把分类标准的设定同事物本质

---

① 伍振华:《档案的本质属性是什么》,《四川档案》1992 年第 6 期,第 13 - 14 页。

② 朱玉媛:《我看档案的本质属性——兼与李福君、伍振华、王玉声等商榷》,《档案学研究》2001 年第 4 期,第 57 - 60 页。

③ 伍振华、赵晓辉:《关于档案本质属性几个论点的浅析》,《图书情报知识》2005 年第 5 期,第 49 - 52 页。

④ 王景高:《档案研究 30 年(之三)——关于档案本质属性的研究》,《中国档案》2009 年第 4 期,第 52 - 55 页。

属性混为一谈。①

对档案的一般属性和特征的研究成果更为丰富,如刘新安等对档案的真实属性进行探讨,认为档案的这一属性具有整体和个体两个不同的层次,并利用了归纳、系统、文献比较等不同认识方法给予论证②;王云庆等认为,档案作为信息的属性是中介性、原始性和真实性,而作为知识的属性有原型性、孤本性、继承性等③;朱传忠等认为档案的特点有普遍性、广泛性、多样性、价值性和滞后性等,属性则为原始记录性、信息性、知识性和实用性④。

对档案属性和特征的研究,不仅是一个学科的基础性问题,也是档案管理实践的要求。通过深入研讨和认识此类问题,一方面,可以明确档案的本质及作用,澄清档案学研究的根本问题,有利于内容维度档案学研究的发展和深化;另一方面,与时俱进地充分认识档案属性,有助于发挥档案工作主体的主观能动性,进而更好地进行档案建设和服务,使之在社会进程中发挥应有作用,同时也有利于处理好档案管理活动同其他工作的关系、与历史社会发展的关系⑤。

3.2.3 文件(档案)的功能与价值

文件(档案)的功能与价值,同样也是理解档案和档案管理活动的前提,作为内容维度档案学的重要研究对象,一直以来为档案管理实践者和研究者所关注。由于档案的作用多样、价值表现丰富,人们对此看法和认识各异,正如黄彝仲在其《档案管理之理论与实际》(1947 年)一书中所

---

① 张仕君:《档案本质属性研究之研究》,《四川档案》2002 年第 2 期,第 1 - 5 页。
② 刘世明、刘新安:《档案真实属性的研究》,《档案学研究》2002 年第 4 期,第 3 - 5、10 页。
③ 史玉峤、王云庆、苗壮:《现代档案管理学》,青岛:青岛出版社,2002 年,第 10 - 15 页。
④ 朱传忠、叶明:《秘书理论与实务》,杭州:浙江大学出版社,2005 年,第 206 -208 页。
⑤ 徐向玲:《档案属性及其发展的思考》,《兰台世界》2005 年第 11 期,第 10 - 11 页。

说:"档案之功用,多因观点与立场不同,持论见解互有差异,各以其自己之主观,强调其作用。历史家视档案为史料,可供编纂史籍之根据与参考。收藏家视老档案为古物。行政家视档案为治事之工具。"① 但正因为如此,才使得相关研究更具前途和生命力,近30年来,中文期刊的相关论文就多达670余篇。

(1) 档案价值研究。正确理解和把握档案价值,对于完善档案学理论体系和科学地鉴定档案的价值,具有重要的理论和实践意义。目前对档案价值的研究主要包括对价值内涵的研究,对价值形态的研究,对价值规律的研究和对价值鉴定的研究等方面,而由于对价值的鉴定属于管理的程序和过程,本书将其放入本章第3节中探讨。

关于档案价值内涵的研究。郝晓峰提出,档案价值包括自身价值、转化价值和使用价值。其自身价值来源于档案劳动的特征,是转化价值的基础,而转化价值是自身价值的倍数②。任宝兴将档案价值观归纳为劳动价值说(认为档案价值是凝结在档案中的人类一系列劳动)、效用价值说(认为档案价值就是档案的有用性)、关系价值说(认为档案价值"就是档案的属性与人们社会需要的统一",其实质是一种关系范畴)和社会价值说③。张贵华将国内外档案学界关于档案价值定义的研究归纳为三类:客体价值论(或作"内在价值说",认为档案价值是档案本身所内在的和固有的),主体价值论(认为档案价值是由利用者的主观意志决定的,德国的齐麦尔曼就提出"人们对文件的需求越大文件的价值就越大"的观点)和关系价值论(认为档案价值是客体对主体的意义所在)。他认为档案价值根源于档案客体,却取决于主体,并产生于主体的实践认识活动,是主体与客体间的一种特定关系。④ 王英玮在评价这些档案价值研究时指出,"主客体关系价值论"缺乏

---

① 中国机械工业教育协会组:《档案管理学》,北京:机械工业出版社,2003年,第18-23页。
② 郝晓峰:《档案价值的探讨》,《档案学通讯》1986年第5期,第35-40页。
③ 任宝兴:《档案价值规律研究》,《档案学研究》2003年第6期,第11-15页。
④ 张贵华:《档案价值定义述论》,《档案学研究》2003年第1期,第10-13页。

必要理论依据，不能担当问题探索的指导理论，"使用价值论"的实质是瓦格纳的"一种价值论(即使用价值)"，只有马克思主义的劳动价值论对档案价值问题研究具有深刻的现实意义。①

关于档案价值形态和档案价值规律的研究。所谓档案价值形态，就是指档案价值的具体表现形式，是对各种档案价值具体的抽象和概括。档案价值与档案价值形态之间是抽象和具体、一般与个别的关系②；而由于档案价值是客观存在的，档案价值的实现自然也有一定的规律可循，研究和掌握档案价值形态和实现档案价值的规律性，是为了在尊重这些客观存在和规律的基础上，更合理更有效地发挥档案作用。

吴宝康指出，档案价值规律主要有价值扩展律、档案机密程度递减律和档案科学作用递增律③。

冯惠玲等认为从不同的角度剖析和划分，档案价值具有不同的表现形式：根据档案价值实现领域和效果的不同，可分为凭证价值和情报价值；根据档案价值实现时间的不同，可分为现实价值和长远价值；而根据价值主体的不同，可分为第一价值和第二价值④。而档案价值实现的规律主要有扩展律、时效律和条件律等⑤。

刘永认为档案的基本价值，包括凭证价值与参考价值；档案的基本作用，包括维护国家、集体和个人权益的法律书证及在政治斗争、行政管理、生产建设、科学研究、宣传教育等方面的各种作用。而档案发挥作用的规律，包括档案作用的时效律和扩展律、机密性递减律和社会性递增律、行政作用

---

① 王英玮：《必须重新界定档案学中的"档案价值"——兼与有关同志商榷》，《档案学研究》1993 年第 1 期，第 23 - 27、52 页。

② 张贵华：《论档案价值形态》，《档案学研究》2003 年第 3 期。

③ 吴宝康：《档案学概论》，北京：中国人民大学出版社，1988 年，第 62 - 67 页。

④ 文件的双重价值学说是由美国著名档案学家谢伦伯格提出来的，他认为，文件的第一价值是文件对其形成机关的价值，它是文件的原始价值，包括行政管理价值、法律价值、财务价值和执行价值；文件的第二价值是文件对其他机关和个人利用者的价值，又称从属价值或档案价值，包括证据价值和情报价值。

⑤ 冯惠玲、张辑哲：《档案学概论》，北京：中国人民大学出版社，2001 年，第 48 -54 页。

弱化律和科学作用强化律、档案价值共享律及档案价值条件律。①

　　晏志才认为档案的价值表现形态有知识价值、凭证价值、史料价值和艺术鉴赏价值;其价值运动规律有档案价值转换定律(即知识价值随着时间的推移而衰减,并逐渐变成史料价值)和凭证价值守恒定律(即档案凭证价值不会随时间发生变化)。②

　　任宝兴认为,依据档案价值的形成发展过程,可分为保存价值与利用价值;根据档案价值的作用性质,可分为凭证价值与情报价值;从空间划分,可分为对形成单位的原始价值与对其他单位和公众的社会价值;从时间划分,又可分为现实利用价值与历史研究价值;从作用范围和领域划分,还可分为行政价值、经济价值、科学价值、文化价值、军事价值和法律价值等。他认为档案价值实现规律有主导律、扩散律、价值扩充律和衰减律。③

　　中国人民大学的张斌是档案价值研究的集大成者,他的著作《档案价值论》对档案价值的现象、本质及其运动规律进行了全面的探讨。全书由档案价值本体论、档案价值认识论和档案价值实现论三部分组成:其中本体论研究了档案价值本身的存在、根源、性质和形态及其方式等方面的问题;认识论包括档案价值认识的含义和内容、认识的系统结构和形式、认识方法和鉴定等;实现论包括档案价值实现的含义和实现规律(如时间对档案价值实现的双向影响规律、社会性递增规律、环境或条件规律)。④

　　(2) 档案功能研究。对档案价值的研究离不开对档案功能的关注,两者关系密切:前者是档案这一特定事物在与外部的关系中表现出来的能力、功效或作用,而后者是指档案对利用者需要的满足,是人的需要对档案

①　刘水:《档案学概论》,郑州:河南人民出版社,2006 年,第 27 - 41 页。
②　晏志才:《试论档案的价值形态及价值规律》,《档案学通讯》1995 年第 3 期,第 17 - 18 页。
③　任宝兴:《档案价值规律研究》,《档案学研究》2003 年第 6 期,第 11 - 15 页。
④　张斌:《档案价值论》,《档案学通讯》2003 年第 3 期,第 43 - 46 页。

属性的肯定关系，可以说功能决定着档案的价值，而价值实现又使档案功能得以发挥和显现。两者的区别是，价值具有较高的抽象性，具有比较稳定的特征，而功能则相对比较具体，可以根据环境与需求的变化呈现出多种形式。① 因而，对档案功能的研究更为丰富多样。

吴桂莲认为档案的功能和价值主要有：证实功能和社会价值，指导功能和业务价值，物化功能和经济价值②。孔祥云则认为档案具有收集和存贮功能、社会历史记忆功能、资政决策功能、授业与教育功能、学术研究功能、休闲功能等③。王萍指出，档案内涵的真实性决定档案的自身价值，并由此产生三个方面的社会功用：是获取信息的主要来源、是编史修志的必要基础、是各项工作的重要依据，具体表现为检测、评价、交流、教育、咨询、决策和凭证等功能④。黄红在《关于拓展档案功能的几点思考》一文中提出，档案的功能在日常存放的状态下是潜在的，只有通过档案利用实践才会显现出来，因而要通过档案利用实践去发现和认识档案功能。该文还分析了拓展档案功能的条件，并提出了应通过加大档案工作宣传力度、优化档案结构、以现代化手段促进档案功能的发挥、转变档案人员的观念等措施来拓展档案功能。⑤

档案来源的广泛性和内容的丰富性，决定了档案功能和价值形态的复杂性和多样性，研究档案价值和功能，有利于发现和掌握其特征和规律，进而提高档案工作的科学管理水平，因而内容维度的这一研究对象具有继续拓展和深入的可能和必要。⑥

---

① 胡继英：《试谈档案的价值、功能、作用的区别与联系》，《山西档案》1995 年第 1 期，第 16－17 页。
② 吴桂莲：《浅论档案的功能和价值》，《黄石高等专科学校学报》1995 年第 1 期，第 47－49 页。
③ 孔祥云：《新时期档案功能探析及开发应用管理体会》，《科技档案》2004 年第 3 期，第 30－31 页。
④ 王萍：《论档案的价值与功能》，《天津商学院学报》1998 年第 1 期，第 78－79 页。
⑤ 黄红：《关于拓展档案功能的几点思考》，《档案与建设》2005 年第 8 期，第 55－56 页。
⑥ 任宝兴：《档案价值规律研究》，《档案学研究》2003 年第 6 期，第 11－15 页。

3.3 档案管理程序研究

管楚度等认为按照管理的内容分,可将管理学分为两类:一类是职能管理学,另一类是过程管理学,认为职能管理研究更具本质性,过程管理研究则在操作性和统一性上略胜一筹①。由于档案学属于应用型管理学科,对操作和规范重视是与生俱来的,因而对管理程序的研究一直是内容维度的档案学研究的重点和强项。档案管理程序研究一般包括档案的收集、整理、鉴定、保管、检索、编研、统计和提供利用。

3.3.1 档案的收集与整理

1. 档案收集研究

档案收集是档案管理过程的首要环节,标志着文件性质的变化和档案自身运动的一个阶段。档案收集工作的质量,直接影响档案的整理、鉴定、保管及统计工作的质量和效率,进而影响档案的社会服务质量和效益。

研究档案收集,有利于促进对入口阶段档案管理的方法变革和理念创新,是其他管理环节研究的条件和基础,并与这些后续研究紧密衔接、有机互动,对档案收集的研究极具实践指导意义,能促进和夯实档案资源的积累,为档案的保管、整理乃至提供利用奠定基础,是档案信息资源开发的前提和必须②。

档案收集研究的主要内容是档案收集的基础和原理,具体包括对档案收集工作的内容、意义和要求的研究,文件的归档研究,收集的步骤、阶段和方法研究等。③

---

① 管楚度、王光庆:《管理学原理新构》,长沙:湖南人民出版社,2007年,第8页。
② 肖秋惠:《档案管理概论》,武汉:武汉大学出版社,2009年,第45-54页。
③ 沈丽华:《档案鉴定与收集——莫斯在华讲学部分内容综述之六》,《档案学通讯》1995年第5期,第39、66-68页。

由于档案的收集是实操性非常强的管理活动环节，所以相关研究的理论抽象性相对较弱，在近 30 年来（1980—2010 年）的 1802 篇相关期刊论文中，有 1639 篇是对档案收集实践工作中的问题分析和对策研究，占 90% 之强，且其中绝大部分是针对专门档案或专业档案的研究。如杨玉昆分析了新形势下档案收集难的原因主要有收集的附加要求使人不易接受、收集方式的单一难于收集到珍贵档案、收集工作遭遇物质利益驱动、缺少强有力的执法、档案部门对档案收集对象心中无数等，并针对这些问题提出了对策①。

此外，对档案收集的研究还存在内容管理维度档案学研究的"通病"——任务导向，忽视与社会和用户需求研究相结合，由此薛匡勇在其《档案收集工作理念探索》一文中提出，要以科学发展观为指导，以社会档案信息需求为牵引，树立以人为本、协调发展、全面发展和可持续发展的档案收集理念，以充分发挥档案工作在社会主义现代化建设中的服务保障作用②。

2. 档案整理研究

档案的整理工作，就是将处于凌乱状态的和需要进一步条理化的档案有序化的过程。在档案管理活动诸环节中，收集是起点，利用是目的，而整理则是承上启下的关键。科学系统的档案整理不仅有助于档案的鉴定、是妥善保管的前提、为档案统计工作打好基础、是档案提供利用的必要条件，还能在一定程度上促进档案的收集工作。③

档案整理研究是档案管理理论的核心，有利于优化档案整理工作，加强文件档案之间的联系，充分体现档案的性质和特点，进而激活和发掘档案的利用价值，促进档案信息资源的开发，提高档案整理的科学化和标准化水平。在直接影响着整理实践的同时，档案整理的研究对档案管理其他环节

---

① 杨玉昆：《档案收集难原因新探》，《档案学研究》2003 年第 5 期，第 29 - 31 页。
② 薛匡勇：《档案收集工作理念探索》，《北京档案》2009 年第 12 期，第 10 - 12 页。
③ 赵铭忠：《档案整理方法》，北京：档案出版社，1983 年，第 5 - 7 页。

理论和技术的发展也有着不可忽视的作用,能促进对档案管理全过程研究的良性发展和总体优化。①

对档案整理研究主要包括档案整理理念、内容与方法等方面,具体如档案整理工作的原则和意义研究,全宗的界定和应用研究,立卷、分类、组合、排列、编目的程序和方法研究等。

我国在档案整理方面的研究,经历了从引进和介绍欧美档案整理理论,到分析、探索自身档案整理实践与理论发展所面临课题的研究历程,其中最具抽象性和理论价值的是全宗理论(来源原则)。② 但傅荣校提出,当前档案整理理论应该由全宗和汇集两大原则构成,并提出两者的根本区别在于:前者来源于同一立档单位,根据历史联系为主线进行组织,具有可确定性,因而在档案室阶段就可以基本完成;而后者则来自于多个立档单位,要视所获档案数量、成分和状况来确定某一特征来进行组织,具有不确定性,一般只有在档案馆才能予以处理加工。③

徐欣将 1949 年以来我国档案整理实践与理论的演变过程分为三个阶段,即传统的纸质档案手工整理阶段、档案实体整理和档案信息整理并存阶段、"档案实体整理"和"档案信息整理"二元实践阶段等。④ 而梁娜等指出,随着实践活动与对象的发展变化,传统的档案整理研究的理论局限性越来越明显,主要表现在整理原则的适用范围窄,注重实践性分类、轻视思维性分类法,立卷管理不科学等方面,⑤无法应对数字时代电子文件的挑战,因而对档案整理的研究仍然是今后的难点和要点。

---

① 陈兆祦、和宝荣、王英玮:《档案管理学基础》,北京:中国人民大学出版社,2005 年,第 94 - 180 页。
② 冯惠玲:《论档案整理理论的演变与发展》,《档案学通讯》1986 年第 5 期,第 62 页。
③ 傅荣校:《重建档案整理理论体系的设想》,《中国档案》1992 年第 10 期,第 38 - 40 页。
④ 徐欣:《档案整理实践与理论的演变》,《中国档案》2007 年第 12 期,第 26 - 28 页。
⑤ 梁娜、徐晓炜:《试论档案整理理论的"破与立"》,《浙江档案》2000 年第 4 期,第 17 - 18 页。

3.3.2 档案的鉴定与保管

1. 档案鉴定研究

档案鉴定就是鉴别和判定档案的价值,挑选出有价值的档案交给档案机构保存,剔除无保存价值的档案予以销毁,它直接决定着档案的存毁,是档案管理工作中最重要也是难度最大的一项工作。[①] 档案鉴定意义重大,通过鉴定工作,去其糟粕,留其精华,把档案分清主次,对珍贵档案予以重点保护,一则便于实现档案的安全保管;二则便于查找利用,使档案发挥其应有的作用;三则便于应付突发事变,不至于"玉石俱焚"[②];四则有利于充分利用档案库房和保管条件。[③]

档案鉴定理论的研究,有利于指导档案的分层次、分类别进行管理,使档案管理其他环节有高低主次和轻重缓急的区别,有利于保障档案资源的完整、安全和质量,有利于调动档案工作者的能动性和积极性。同时,虽然鉴定被单独列为一个档案工作环节,其实是贯穿于档案管理活动全过程的,在收集、整理、保管、检索、利用、编研等诸环节中都充分考虑档案的价值与保管期限,因而鉴定理论研究在整个内容维度的档案学研究上都有着举足轻重的作用。

档案鉴定研究的内容具体包括档案鉴定意义和地位的认识、鉴定原则和机制探讨、鉴定标准和方法探索以及保管期限表和鉴定组织等方面的研究。[④]

---

① 冯惠玲、张辑哲:《档案学概论》(第二版),北京:中国人民大学出版社,2006 年,第 272 - 282 页。

② 《21 世纪办公室主任实用全书》编委会:《21 世纪办公室主任实用全书》,北京:国家行政学院出版社,2005 年,第 379 页。

③ 曾湘宜:《文书与档案管理基础》,成都:西南财经大学出版社,2007 年,第 148 - 149 页。

④ 胡玉琴:《中美档案鉴定工作理论与实践比较研究》,《城建档案》2006 年第 7 期,第 26 - 28 页。

由于档案鉴定实践的重要,研究成果颇为丰富,同时由于涉及档案价值的评判,因而相关研究的理论层次较其他环节有所提升。冯惠玲主编的《档案学概论》中罗列的现有主要档案鉴定理论就有:年龄鉴定论,代表人物是德国的迈斯奈尔;行政官员决定论,代表人物是英国的詹金逊;职能鉴定论,代表人物是波兰的卡林斯基;文件双重价值论,代表人物是美国的谢伦伯格;利用决定论,代表人物是菲斯本、布里奇弗德和芬奇;宏观鉴定论(社会分析与职能鉴定论、文献战略、宏观鉴定战略),代表人物是德国的布姆斯、美国的塞穆尔斯和加拿大的库克。[①]

于力则将欧美等国档案鉴定实践与研究分为五个发展阶段:法国大革命至第一次世界大战前的萌芽期,逐渐形成档案鉴定的标准;两次世界大战期间的起步阶段;二战后到20世纪50年代末的逐步完善时期;60年代初至70年代末,档案鉴定"利用决定论"应运而生;80年代初至90年代,"社会分析和职能鉴定论"得以全面发展。[②]

虽然戴光喜指出我国的档案鉴定理论与实践中还存在诸多问题,如简单粗犷的鉴定办法长期未改,薰莸同存、浪费严重,与档案管理其他环节相比,鉴定理论研究差距甚大[③]。但事实上,我国档案鉴定研究经历近一个世纪以来的发展也是成果斐然,邓绍兴梳理了近当代档案鉴定实践和理论的成果时,指出民国时期我国档案鉴定理论步入了初步探索时期,主要表现为"鉴定"词源的出现,提出了档案鉴定的必要性,对档案存毁标准、划分保管期限、鉴定工作组织和方法的探讨。而现代档案鉴定理论,初步形成系统的概念与原理体系,表现为鉴定工作占有特殊地位,档案鉴定含义、内容、原则和标准的基本确定,纳入法制轨道并建立了科学的制度和组织相关研究覆

---

① 冯惠玲、张辑哲:《档案学概论》(第二版),北京:中国人民大学出版社,2006年,第272-282页。

② 于力:《中外档案鉴定理论与实践的历史比较》,《档案学通讯》1997年第4期,第73-76页。

③ 戴光喜:《档案鉴定理论与实践中的问题和对策》,《档案学研究》1998年第4期,第7-9页。

盖了国家全部档案①。

值得一提的是，由中国人民大学王传宇牵头，《档案学通讯》从 2001 年第 1 期至 2002 年第 3 期，连续刊发了 9 篇主题为"关于档案价值鉴定的理论与实践"的系列论文，探讨了关于档案鉴定 9 个方面的研究，具体包括问题与形势，历史回顾，价值鉴定与全面、辩证分析，制约因素分析，对电子文件鉴定问题的思考，框架与机制，鉴定活动论，更新观念健全法制，档案保管期限表研究等，内容丰富，论述深刻，颇具系统性和影响力。

至于档案鉴定研究的发展与趋势，陈忠海提出档案鉴定理论需要实现两个转变，一是从国家档案观向社会档案观的转变，二是从不确定、不统一的鉴定原则和标准向切实可行的鉴定标准体系的转变②；傅荣校则提出档案鉴定理论的发展呈现与来源原则的结合、史学影响的消退、职能鉴定论的回归、鉴定标准的实用化、效益标准的日显作用等五个方面的规律③。无论研究者的视角如何，也无论研究的最后走向为何，这些成果都是不无裨益。正如南希·皮斯在谈及档案鉴定研究的未来中所述，如同过去一样，一些档案工作者将寻求客观鉴定标准，而另一些档案工作者则完全相信以经验为基础进行鉴定。不管怎样，意见的继续偏离不应该被看成麻烦，它是必然的，也是有益的。之所以必然，是因为档案工作者必在各种政治和机构环境下开展自己的工作；之所以有益，是因为不断发展的对话有助于提高洞察力，增进各地档案工作者的了解。④

2. 档案保管研究

档案保管，广义的理解泛指为延长档案寿命、为便于档案管理而采取一切措施和手段；而狭义上则特指对档案在动态和静态环境中的一般安全防

---

① 邓绍兴：《档案鉴定理论初探》，《档案与建设》1999 年第 3 期，第 10 - 12 页。

② 陈忠海：《档案鉴定理论应实现两个转变》，《档案管理》2001 年第 4 期，第 17 - 19 页。

③ 傅荣校：《档案鉴定理论发展规律论》，《档案学通讯》2003 年第 6 期，第 7 - 11 页。

④ 南希·E·皮斯、李华、薛匡勇：《五十年来档案鉴定工作的理论与实践》，《北京档案》1988 年第 2 期，第 22 - 25 页。

护和日常的库房管理。档案保管旨在维护档案的完整性、安全性、系统性①。档案保管为档案管理活动的进行提供了物质对象和基本前提,档案保管质量的高下,直接影响着档案管理的水平,在一定的条件下甚至具有决定性作用。②

　　研究档案保管具有理论和实践双重意义。在理论上,有助于发现和掌握档案保管活动的客观规律,加强与其他环节研究的互动和联系,有利于提高档案保管与保护的科学水平,完善档案学理论和科学体系,丰富档案学的研究内容;实践上,能指导和提升档案保管工作的水平和效率,科学贮藏档案资源,方便档案信息的利用,有利于防止和消除档案损毁的隐患因素,有效延长档案寿命,保存社会历史财富。③

　　档案保管研究的内容主要有档案保管的意义和任务研究、档案流动过程中的安全防护研究、档案储存中的保护技术研究。具体包括档案保管机构的研究,档案保管史的研究,为延长档案寿命的保护技术研究,档案保管的物质条件、库房管理研究等。

　　档案保管史方面的研究有:傅振伦在《中国历代档案保管制度述略》一文中,对历代文书档案管理机构的沿革和历代文书档案保管的具体措施进行研究④;所桂萍探讨了宋代在保管技术上的发展和创新,认为宋代从中央到地方制定了严密的档案保管制度,当时的档案保管技术是我国封建社会档案保护技术发展史上的一个高峰⑤。

　　档案保管任务和手段方面的研究有:耿春来认为档案保管工作的基本任务是维护档案的完整与安全,具体包括防治档案的损坏、延长档案的寿

① 王向明:《档案管理学原理》,上海:上海大学出版社,2009 年,第 164 - 165 页。
② 陈兆祦、和宝荣:《档案管理学基础》,北京:中国人民大学出版社,2005 年,第 219 - 220 页。
③ 罗杰:《档案学基础》,成都:成都科技大学出版社,1996 年,第 129 - 132 页。
④ 傅振伦:《中国历代档案保管制度述略》,《历史档案》1990 年第 3 期,第 126 - 130、133 页。
⑤ 所桂萍:《试论宋代档案保管技术与方法的创新》,《郑州大学学报》(哲学社会科学版)2005 年第 3 期,第 149 - 152 页。

命、维护档案的安全①；许春霞认为库房管理是档案保管的基础工作，主要认为包括档案存放位置与排列顺序管理、库房温湿度的调节与卫生保洁、档案进出库房的控制、库房的安全保卫②；张德元提出异地备份保管是解决档案安全保管的重要手段，档案管理部门应当根据地质特征，选择保管条件较完备的地区对馆藏档案进行异地备份保管，以最大限度地实现档案的安全保管和备份。③

　　档案保管机构的研究有：蔡海飞认为私有档案保管机构应包括私有档案馆和档案中介机构两种类型④；邓宝艳认为应该有部门档案馆、联合档案室、档案寄存中心模式、一体化信息管理中心、文件中心模式和中外合作的档案管理等多元化的档案保管模式⑤。

　　研究档案保管必然离不开对档案保护的研究，有人提出它们之间有所区别，认为档案保管侧重于"（料）理"和"防"，档案保护则强调"防"和"治（理）"⑥。但一般认为档案保护是档案保管的重要内容，为档案保管提供手段和方法。周耀林认为 20 世纪中期以来，我国档案保护理论研究取得了不少成绩，在学科体系的革新、学科基点的演进、保护方针的完善、欧美保护理论的引进等方面取得了进展，推动了档案保护理论的研究；金波认为档案保护技术学应分为基础理论、纸质档案保护技术、新型载体档案保护技术三个部分⑦；仇壮丽则在档案保护史的研究上颇有建树，其博士论文梳理了我国档案载体和记录材料发展史、档案库房建筑发展史、档案保护技术与方法发展史和档案保护制度发展史，并从地理、政治、经济、文化以及档案工作的其

---

① 耿春来：《档案保管工作的基本任务》，《北京档案》2002 年第 2 期，第 55 页。
② 许春霞：《试述档案保管工作》，《云南档案》2008 年第 7 期，第 8－9 页。
③ 张德元：《从汶川地震看档案的异地备份保管》，《北京档案》2008 年第 6 期，第 32－33 页。
④ 蔡海飞、马从敏：《论我国私有档案的保管机构》，《兰台世界》2007 年第 3 期，第 10 页。
⑤ 邓宝艳：《谈我国档案保管模式的多元化》，《兰台世界》2006 年第 23 期，第 33 页。
⑥ 李明贤：《档案管理、保管、保护析》，《上海档案》1988 年第 5 期，第 11 页。
⑦ 金波：《论档案保护技术学的结构与功能》，《档案学通讯》2003 年第 2 期，第 33－37 页。

他环节与档案保护的关系探讨了档案保护的规律①②。

对于档案保管与保护的研究未来,在中国档案学会第五次档案保护技术研讨会上,与会人员认为新型材料的大量涌现给相关研究提出了挑战和机遇,要进一步提高对档案保护技术重要性的认识和研究工作,积极开展科学研究和交流③;赵淑梅则提出应将研究范围定位在档案形成之时直至整个生命周期的动态过程中,引入新概念,突破旧概念的局限性,对人员的工作性质予以重新定位,加强对技术手段的研究,引入信息技术研究方法④。

3.3.3 档案的检索与编研

1. 档案检索研究

档案检索就是把档案内容和形式特征的各种线索,存贮于各种检索工具之中,并根据某一(或几种)特征,在特定集合中识别、选择与获取相关档案数据或文献的过程。档案检索工作的内容,一方面要对档案的内容和形式进行分析、选择和记录,并按照一定原理编排出各种检索工具;另一方面是根据需要,通过检索工具,帮助利用者了解和查找所需要的档案信息。档案检索是提供档案利用服务的先期工作,是有效提高档案管理水平的重要手段。⑤

档案检索研究有利于优化档案检索的方式方法,推动档案检索工具和技术的改进,扩大加强档案信息的周知和情报交流,促进档案资源的利用和共享,提高档案管理和服务水平,进而提升档案工作乃至档案学科的影

---

① 仇壮丽:《中国档案保护史论》,《档案学通讯》2005 年第 3 期,第 42 - 45 页。
② 周耀林:《我国档案保护理论研究的探讨》,《档案学通讯》2007 年第 3 期,第 75 - 78 页。
③ 谭莉莉:《中国档案学会第五次档案保护技术研讨会综述》,《档案学通讯》2005 年第 5 期,第 87 页。
④ 赵淑梅:《困惑与出路——对档案保护技术学理论与实践体系的重新认识》,《档案学通讯》2004 年第 4 期,第 79 - 82 页。
⑤ 罗杰:《档案学基础》,成都:成都科技大学出版社,1996 年,第 149 - 151 页。

响力。

　　档案检索研究的主要内容有档案检索原理与技术研究,具体包括档案检索的内容和意义研究,档案检索工具的职能、种类、编制原则与方法研究,档案检索的途径与形式研究,档案检索语言研究,档案的著录与标引研究等。

　　康蟊等对 1998—2007 年十年间档案检索研究论文进行文献调研,计量分析了我国档案检索研究在年度、作者、主题、机构及期刊等方面的情况,认为呈现研究主体多元化、合作趋势进一步加强的态势,而在绝对数量上与档案学其他领域的研究还存在着一定的差距,相关研究较为活跃的机构主要为高校和公共档案馆,并列出了部分理论性和指导性较强的专著,如张琪玉主编的《档案信息检索》和冯惠玲主编的《档案文献检索》①。

　　相关研究中,对检索工具和技术的关注是热点和重点,如窦怡丹探讨了档案检索工具的作用、职能、种类和发展趋势②;而李翠绵对档案检索利用技术进行研究,探讨了文本(文书)档案、图片档案、音频档案、视频档案的查询手段,以及提高查全率和查准率的具体举措③。

　　由于档案检索在原理与方法上大量借鉴和吸收了情报、图书检索的研究成果④,因而康蟊等认为,我国档案检索研究存在学科生态因子⑤劣化、学科生态位重叠和学科适合度偏低等问题,具体表现为学科队伍结构失调、学科理论水平不够、学科体系十分单薄、学科创新动力缺失、学科整合能力欠佳,并提出档案检索学科要想获得更大发展,必须着眼于学科生态位的优化,同时应全方位审视、调整与其他学科的生态位关系。⑥

---

① 康蟊、周铭:《1998—2007 年档案检索研究论文的文献计量学分析》,《档案》2009 年第 3 期,第 13 - 15 页。
② 窦怡丹:《试论档案检索工具》,《开封教育学院学报》1998 年第 3 期,第 71 - 73 页。
③ 李翠绵:《档案检索利用技术研究》,《中国档案》2007 年第 8 期,第 56 - 57 页。
④ 毕嘉瑞:《〈档案检索的原理与方法〉评介》,《档案学通讯》1991 年第 1 期,第 63 - 64 页。
⑤ 学科生态因子是指组成学科生态位的各种要素,其数量的多寡、质量和结构的优劣,直接决定了学科生态位的状况。
⑥ 康蟊、周铭:《基于生态位理论的档案检索学科发展研究》,《档案》2010 年第 5 期,第 20 - 23 页。

对网络的关注是今后档案检索研究的发展倾向,近两年来逐步升温,如赵屹探讨了搜索引擎与档案计算机检索系统在档案信息检索中的作用与关系[①];周铭等对网络时代档案检索研究发展进行了有益的探讨,在分析动因的基础上,从研究方法、学科体系、学科内容及研究范式等方面探究创新的内涵,并提出了具体建议。[②]

2.档案编研研究

档案编研工作是档案馆(室)研究、加工、输出档案信息,主动地向社会各方面的广大利用者提供科学、系统的档案信息服务的一项专门工作[③]。档案编研是以馆(室)藏档案为主要对象,以满足社会需要为主要目的,在研究档案内容的基础上,对档案信息进行深层次开发的过程。编研工作是积极提供服务与利用的有效方式,是提高档案工作水平的重要途径,有利于档案原件的保管,有利于档案内容和信息的流传,也有利于扩大档案机构、人员的影响。[④]

对档案编研进行研究具有重要意义,一方面能丰富档案学研究的内容、完善档案学科体系,另一方面有助于发掘、创新和交流编研的技能和方法,进而有效提升档案工作和档案学科的地位。

档案编研的主要研究内容是档案编研的理论与技术,具体如档案编研思想的起源与发展研究,档案编研的意义与内容研究,档案编研的类型与形式研究,大事记、组织机构沿革、基础数字汇集、会议简介、年鉴等的编纂和编写方法研究。

我国文献编纂思想源远流长,近当代对档案编研论述也颇为丰富,如曹喜琛等分析指出,曾三的档案编研思想主要有档案编研应与历史科学的研

---

① 赵屹:《网络档案信息检索研究》,《科技档案》2009 年第 3 期,第 15 - 21 页。

② 周铭、康蠢、赵德美:《网络时代档案检索学科创新问题撷探》,《档案学通讯》2010 年第 5 期,第 55 - 59 页。

③ 张爱春、董益群:《档案编研涵义新探》,《档案学研究》1994 年第 2 期,第 21 - 22 页。

④ 陶晓春、曹千里:《实用文书与档案管理学》,上海:上海交通大学出版社,2003 年,第 268 - 275 页。

究相结合,开展档案史料的编研工作是开放历史档案、主动为社会服务的重要方式,开展档案编研工作是发扬历史文化传统、提高档案干部业务水平和发展档案事业的重要途径①。何丽云将改革开放以来我国档案编研工作与思想的发展历程划分为三个阶段:20 世纪 80 年代兴起的档案史料编纂时期,90 年代的集体反思时期以及信息时代崛起的档案信息编研时期。②

　　档案编研与史学研究关系一向甚为紧密,对此,上海市档案馆的冯绍霆和朱榕、华东师范大学的苏峰、苏州教育学院的黄坚以及复旦大学历史系的赵少荃与陈蜂等共同进行了讨论和探究。③

　　档案编研研究必然离不开对档案文献编纂的关注,一般认为档案编研的外延要比档案文献编纂广泛而又丰富,档案编研包含了档案文献编纂的内容④。李财富提出广义的档案文献编纂学应该包括基础理论和应用理论两个方面的内容,前者包括档案文献编纂学概论、未来档案文献编纂学、档案文献编纂史和档案文献编纂方法学,后者包含文书档案文献编纂学、科技档案文献编纂学、专门档案文献编纂学;而狭义的档案文献编纂学应包括档案文献编纂选题学、档案文献编纂选材学、档案文献编纂加工学、档案文献编纂辅文学和档案文献编纂效益学⑤。罗力通过对档案文献编纂学研究内容进行综述后,提出该学科研究目前主要有"环节内容论"和"宏观内容论"两种不同观点⑥。

　　至于档案编研的研究发展,陈忠海提出应当建立档案编研学,认为这是档案工作发展的需要,是学科分化的必然结果,也是档案文献编纂学发展的

---

① 曹喜琛、王英玮:《曾三的档案编研思想》,《中国档案》1997 年第 1 期,第 33 - 35 页。
② 何丽云:《档案编研工作的发展与思想变迁——1978—2007 年档案编研工作述评》,《档案与建设》2008 年第 5 期,第 4 - 6 页。
③ 赵少荃等:《档案编研与史学研究六人谈》,《上海档案》1995 年第 2 期,第 9 - 13 页。
④ 张君炎:《关于档案文献编研的几个理论问题的质疑》,《上海大学学报》(社会科学版)1995 年第 6 期,第 6 - 10 页。
⑤ 李财富:《再论档案文献编纂学体系结构》,《档案学研究》1994 年第 1 期,第 23 - 25 页。
⑥ 罗力:《档案文献编纂学学科称谓及研究内容综述》,《档案天地》1994 年第 2 期,第 9 页。

需要,他认为档案编研学的体系结构应主要按信息的加工层次综合概括各种档案文献编研成果为宜,内容包括档案编研一般理论原则,一次档案文献汇编和公布,二次档案文献编写,三次档案文献加工和编制,以及参与编史修志、撰写论著研究等五个部分。① 严永官指出了当前档案编研理论存在两方面的不足:一是现有理论未能从根本上反映档案编研工作的方方面面,如编研主体比较狭窄,客体仅以馆藏档案为主等;二是尚未真正脱胎成为一门新的分支学科,目前档案编研的理论主要由《档案文献编纂学》和《档案管理学》这两门学科分别承担。他也提出档案编研主体应多元化、客体应社会化、成果应信息化,"档案编研学"应成为档案编研理论的代名词②。

由于网络档案编研工作有着传统方式无法比拟的优点,如选题选材更为灵活,信息采集更为方便快捷,档案编研的手段更为多样,表现表达能力更为丰富,传播时空更为宽裕等,已经成为人们关注的重点,也将成为今后档案编研研究的发展趋势之一。如朱薇薇对网络环境下档案编研工作的现状进行了综述,并探讨了网络环境下档案编研工作者的素养问题、相关法律问题和编研工作定位问题③。

3.3.4　档案的利用与统计

1. 档案利用研究

档案利用工作,是档案馆(室)通过各种方式向利用者提供档案、介绍档案情况、发挥档案作用为社会服务的工作。档案利用,可以体现档案工作的根本目的,在整个档案管理活动中占主导地位,既有赖于收集、整理等基础工作的健全,又是对这些环节管理活动成效的检验,利用工作是档案工作变

---

① 陈忠海:《关于档案编研学若干问题的思考》,《档案学研究》1995 年第 3 期,第 12 - 15 页。
② 严永官:《档案编研理论的继承与发展》,《中国档案》2001 年第 3 期,第 45 - 47 页。
③ 朱薇薇:《我国网络档案编研工作的研究成果综述》,《云南档案》2010 年第 9 期,第 30 - 31 页。

被动为主动的关键，是宣传档案工作、提高档案工作信誉重要工具。而对用户和社会大众而言，档案利用是满足其多样需求的基本途径。①

研究档案利用，一方面有利于更好地指导档案服务和提供利用工作，有利于档案价值的实现，能促进和推动档案管理其他环节的工作开展，进而提高档案工作的效率和效益；另一方面能扩大档案学研究的广度和深度，改善档案学研究的思路和方法，是提升档案学研究地位和影响的有力手段。②

档案利用研究的内容主要有：档案利用与服务理念研究，提供利用的方式研究，档案用户研究、评价指标和体系研究等。随着社会对档案需求的日益增多，需求层次和水平的日益提升，对档案利用的研究也越发深入和丰富。

首先是中外比较研究。李萍对中西方档案利用理论的发展进行了比较研究，认为双方的共性在于：早期对利用者范围的限制抑制了利用理论的萌生，史学家对档案利用理论发展做出重大贡献，档案利用理论超越整理理论发展成为档案学核心理论。同时也存在形成背景、研究者身份、开放与保密等观点上的差异等③。丁梅则从服务态度和利用意识、法律和制度、馆藏和档案机构、档案的开放、档案利用方式等五方面，梳理了近年来中美档案学者对美国档案利用工作的研究成果。④

其次是用户研究。胡燕认为在档案利用过程中，主体的利用行为是以利用机制的客观存在为前提的，并探讨了机制及其对主体利用活动的影响⑤；陈永生的博士论文则从社会整体利益和利用者的行为共性出发，对档案利用的规律性和目的性进行理论探索，寻求和论证档案利用合理化的实践方案，并提出了数量维度上的充分利用、质量维度上的有效利用、时间维

① 濮德祥：《档案管理学》，北京：档案出版社，1987 年，第 149－155 页。
② 黄霄羽：《外国档案管理学》，北京：中国人民大学出版社，2008 年，第 164－165 页。
③ 李萍：《中西方档案利用理论发展比较研究》，《兰台世界》2009 年第 10 期，第 56－57 页。
④ 丁梅：《美国档案利用工作研究综述》，《兰台世界》2009 年第 8 期，第 43－44 页。
⑤ 胡燕：《档案利用机制研究——从利用主体的角度》，《档案学通讯》2008 年第 5 期，第 29－32 页。

度上的及时与长远利用、空间维度上的协调均衡利用等方面的策略。①

再次是技术与标准研究。陈永生和薛四新探讨了基于分级存储提升数字化档案信息利用效果的解决方案②；霍振礼等对档案利用评价指标进行了探讨研究，认为档案利用效果的复杂性和隐含性决定了利用指标的多方位性，并在剖析了两个档案利用率公式的基础上，提出了馆藏动用率、档案利用投入产出比、利用拒绝率等其他评价指标及利用指标的选择。③

在本体研究方面，冷地金提出应该建立档案利用学，认为这是社会与档案工作发展的需要，也是加强档案学建设的需要，并认为良好的学术研究环境和广泛的国际学术交流构成了档案利用学的历史机遇期。④

档案利用的另一"代名词"就是档案服务，虽然有人认为二者在理念上有所区别，其实质就是一个问题的两个方面，只是前者是从利用者的角度出发的，后者则是基于提供者的视角。关于档案服务的研究同样十分丰富，并呈逐步攀升的趋势。如张卫东等在分析现代档案用户行为的基础上，力图构建档案资源个性化服务模式，以最大限度地实现档案资源的经济价值和社会价值⑤；李扬新的博士论文就是研究我国档案公共服务政策⑥；而王改娇的博士论文则依据权利义务理论、信息权利理论、权利救济理论、信息不对称理论等，对公民利用档案权利的理论基础及实现条件进行了论述。⑦

社会化是档案利用与服务研究新的热点，饶圆在其博士论文中，对我国

---

① 陈永生：《档案合理利用研究——从档案部门的角度》，《档案学通讯》2007 年第 1 期，第 52 - 55 页。

② 陈永生、薛四新：《基于分级存储的数字化档案利用模式研究》，《档案学研究》2006 年第 5 期，第 33 - 37 页。

③ 霍振礼、李碧清：《档案利用评价指标研究》，《档案学通讯》2002 年第 2 期，第 31 - 33 页。

④ 冷地金：《档案利用学研究的思考》，《兰台世界》1996 年第 10 期，第 13 - 14 页。

⑤ 张卫东、王萍：《档案用户需求驱动的个性化服务模式研究》，《档案学通讯》2007 年第 2 期，第 82 - 86 页。

⑥ 李扬新：《我国档案公共服务政策研究》，《档案学通讯》2009 年第 2 期，第 52 - 55 页。

⑦ 王改娇：《公民利用档案的权利研究》，北京：中国人民大学 2006 年论文。

档案服务的历史形态、内在逻辑、生存环境进行梳理分析,在借鉴发达国家档案服务社会化的理论与实践基础上,探讨了我国档案服务社会化的基本原则、实现路径和运行机制①;李财富等运用文献计量学方法,对我国1999—2007 年的档案服务社会化研究成果进行统计,相关研究的期刊文献量及文献主题分布情况进行分析,得出相关档案服务社会化的基本理论研究偏多、高校档案服务社会化研究相对繁荣、加强了档案服务社会化应用层次的研究、注重档案服务社会化理论的创新研究、关注档案服务社会化发展趋势和社会化途径研究、涉及对国外档案服务社会化研究的关注与吸收等结论②。

2. 档案统计研究

档案统计,是以表册、数字的形式揭示档案和档案工作情况的活动。档案统计工作按过程可分为档案统计调查、整理和分析;按对象来划分,包括对档案实体及其管理状况的统计和对档案事业的组织与管理情况的统计③。档案统计工作是档案事业的一项基础工作,是对档案管理开展的重要依据,也是有力的监督手段,同时,在科学研究日益注重定量分析的今天,档案统计还是档案学研究的重要措施和基础。因而档案统计工作要求做到准确、系统、及时和科学。④

研究档案统计,有利于改进和完善档案统计工作的程序、内容和方式,具有实践指导意义,对档案学理论建设也具有重要价值,一方面为档案学开辟了新的研究视角和空间,另一方面也为档案学研究提供可资借用的方法和手段(主要是定量的方法)。⑤

---

① 饶圆:《档案服务社会化研究》,《档案学通讯》2009 年第 6 期,第 51 - 53 页。
② 李财富、杨晓晴:《我国档案服务社会化研究的文献计量学分析》,《档案学通讯》2008 年第 3 期,第 22 - 24 页。
③ 陈兆祦、和宝荣、王英玮:《档案管理学基础》,北京:中国人民大学出版社,2005 年,第 317 - 320 页。
④ 史玉峤、王云庆、苗壮:《现代档案管理学》,青岛:青岛出版社,2002 年,第 147 - 156 页。
⑤ 唐华明:《文书与档案管理基础》,上海:立信会计出版社,2007 年,第 142 - 144 页。

　　档案统计研究主要探讨档案统计的原理与方法。具体包括：档案统计的意义、任务和要求研究，档案统计调查方案和组织研究，档案统计指标体系研究，统计资料整理的原则与方法研究，档案统计分析方法及运算公式，统计成果的提供利用研究等。①

　　20 世纪 80 年代开始，档案统计方面的研究成果不断，最早并具有较大影响的研究有陈柏林的《试论档案工作中的统计》②、温泉的《档案统计工作初探》③等，特别是冯伯群的《关于档案统计工作的几个问题》，不仅分析了档案管理活动中统计工作的问题、地位和作用，还探讨了档案统计指标体系的建立、统计学一般原理和方法在档案统计中的应用，以及档案统计工作标准化等问题④。后来的研究主题相对更为专一，如王桂荣专门探讨了档案统计指标的概念、作用和种类，档案统计指标和指标体系的设计原则和内容⑤。但更多的文章是继续探讨档案统计的作用、地位，以及对档案统计工作中实际问题的分析和措施的探索，有如苟维锋的《档案统计在档案工作中的作用》⑥；王立维的《对档案统计地位的再认识》⑦；徐兴林的《档案统计工作存在的问题及其对策》⑧等。

　　无论是统计工作还是档案工作都是应用和实践性极强的研究，所以研究人员多为档案实践工作者。同时，由于档案统计属跨学科研究，理论工作者中对档案学与统计学均有造诣且有兴趣的不多，高校和科研机构研究人员对此关注较少。通过题名检索，对中国期刊网 1979 年至今收录的主题为

① 《〈中国大百科全书·档案学〉分卷条目选登》，《档案学研究》1991 年第 4 期，第 30 - 37、82 页。
② 陈柏林：《试论档案工作中的统计》，《档案学通讯》1983 年第 5 期，第 40 - 42 页。
③ 温泉：《档案统计工作初探》，《山西档案》1986 年第 4 期，第 24 - 27 页。
④ 冯伯群：《关于档案统计工作的几个问题》，《档案学通讯》1983 年第 6 期，第 6 - 13 页。
⑤ 王桂荣：《档案统计指标和指标体系》，《档案学通讯》1991 年第 4 期，第 14 - 16 页。
⑥ 苟维锋：《档案统计在档案工作中的作用》，《陕西档案》2006 年第 2 期，第 26 页。
⑦ 王立维：《对档案统计地位的再认识》，《兰台内外》1998 年第 2 期，第 36 - 37 页。
⑧ 徐兴林：《档案统计工作存在的问题及其对策》，《四川档案》1996 年第 6 期，第 15 - 16 页。

"档案统计"的 136 篇文章的责任者中，只有吴建华等 8 位作者为高校教师。

至于档案统计的学科建设和研究前景。鉴于苏联在 20 世纪 70 年代开始建设档案统计学，并设置了专门课程，我国档案学界也一直力图构建档案统计学。吴建华就撰文探讨了建立档案统计学的意义及其研究方法，他还提出了档案统计学的研究对象是从档案这一社会现象的数量和质量相互关系中研究变化的程度及其规律性①。虽然任遵圣主编的《档案学概论》(1989)和冯子直的《我国档案学研究的现状与发展趋势》②，都将档案统计学列为档案学的分支学科，《中国大百科全书》中也有"档案统计学"的词条，但末尾注明了"该学科正在建设之中"，而通过对国家图书馆和 CALIS 联合目录检索，至今没有档案统计研究的专著出版。③

3.4　档案管理职能研究

职能是指人和事物以及机构所能发挥的作用与功能④，从管理活动本体来理解，管理职能是指管理所具备或显示的作用和功能；从管理主体来理解，是指特定职务或角色所需具备的工作相关特定职务能力⑤；而从管理过程表现的一般程序分析，最通常的提法是管理具有计划、组织、领导、控制等功能，而这些功能共同构成一切管理活动的最基本职能⑥。虽然相对于管理对象和程序而言，管理职能更为抽象，但在管理活动专业化趋势下，管理职能又可划分出一系列更为具体的管理要素和工作步骤，可见，管理职能同

---

① 吴建华：《档案统计与档案统计学》，《档案与建设》1991 年第 5 期，第 9 - 12 页。
② 冯子直：《我国档案学研究的现状与发展趋势》，《档案学研究》1991 年第 1 期，第 16 - 23、36 页。
③ 《中国大百科全书：图书馆学、情报学、档案学》，北京：中国大百科全书出版社，1993 年，第 70 页。
④ 郝迟、盛广智、李勉东：《汉语倒排词典》，哈尔滨：黑龙江人民出版社，1987 年，第 538 页。
⑤ 信息来源百度百科"职能"，http://baike.baidu.com/view/1252462.htm。
⑥ 张双喜、白景坤：《管理学》，北京：北京理工大学出版社，2009 年，第 5 - 7 页。

样也是管理的主要内容。例如,监督是各级档案局的职能之一,而该职能又由其下属的处、科(室)承担,是这些内设机构的主要工作内容。因而本书认为,档案管理职能是内容维度档案学研究的主要对象,并将其从档案行政管理职能、档案信息机构职能等方面予以分别论述。

3.4.1　档案行政管理职能

档案行政管理是以国家与社会的需要为目标,对各级各类档案工作进行统筹规划、组织协调、监督和指导的活动。档案行政管理的功能是调节档案事业系统内外关系,从宏观、整体上对档案工作进行组织、协调和控制,以促进档案信息资源的开发利用和档案事业的发展,进而服务于国民经济和社会发展的方方面面。[①]

研究档案行政管理的职能可以指导档案行政管理实践,提高档案行政效率,实现档案管理资源的优化配置,能促进档案行政人员能力与素质的提高,进而有益于档案行政管理水平的提升。同时,将档案行政管理的职能归于内容维度进行研究,能给档案学研究带来新的研究视域和方法。

档案行政管理职能研究的内容主要有:档案行政管理职能的内涵和外延研究,档案行政管理体制与组织机构研究,档案行政管理法规制度研究,档案行政管理人员研究,档案行政工作规划、组织、监督、指导的原则和技能方法研究等。

关于档案行政管理职能的内涵与实现。陈智为提出档案行政管理职能包括统筹规划、组织协调、统一制度、行政监督、业务指导与咨询服务等几项内容[②],并撰文探讨了其中的统筹规划职能,认为至少应包括三方面内容,即将档案事业列入国民经济和社会发展计划、合理制定战略目标、确立档案

---

①　陈智为:《档案行政管理概论》,北京:中国人民大学出版社,1991 年,第 1 - 8 页。

②　陈智为等:《档案行政概论》,北京:中国人民大学出版社,1996 年,第 6 - 10 页。

事业计划与指标体系①。周俊清认为档案行政管理部门具有指导职能、调查职能、协调职能、服务职能、激励职能等几项内容，并具体探讨了其指导职能的目标和尺度，以及监督职能的观念与方法②。

予同仁提出了公关职能的概念，认为档案行政管理部门公关职能主要有两大类，一是任务性职能，包括树立形象、影响舆论、参与决策、协调沟通等；二是程序性职能，包括调查分析、目标规划、传媒策动、效果评价等四个环节③。李建国探讨了基层档案行政管理部门的服务职能的表现形式与基本特征，并认为监督指导与服务密不可分④。李振廷认为档案行政管理部门的"主管"职能应包括贯彻执行职能、规划职能、组织实施职能、执法监督职能、业务指导职能等。⑤ 杨继波则专门研究了档案行政管理部门的监督职能。⑥

职能的实现需要机构和体制的支撑。贺凯等在《论新中国档案行政管理机构的设置与改革》一文中对 1949 年以来我国档案行政管理机构的历史沿革进行梳理，认为可以分为七个阶段：1949—1954 年的无国家档案行政管理机构阶段，1954—1959 年各级档案行政管理机构初设阶段（且党政档案管理机构分开设置），1959—1962 年党政档案行政管理机构合一的阶段，1962—1978 年各级档案行政管理机构遭到裁撤或破坏阶段，1978—1985 年恢复与发展阶段，1985—1993 年档案行政管理机构列入政府序列阶段，以及 1993 年至今的局馆合一阶段。该文还探讨了我国档案行政管理机构的

① 陈智为：《关于统筹规划职能——略述档案行政管理部门职能之一》，《山西档案》1990 年第 2 期，第 24 - 26 页。
② 周俊清：《强化档案行政管理部门的指导监督职能》，《黑龙江档案》1998 年第 4 期，第 20 - 21 页。
③ 予同仁：《档案行政管理部门公关的职能和原则》，《档案管理》2000 年第 1 期，第 13 - 15 页。
④ 李建国：《基层档案行政管理部门的服务职能》，《四川档案》2002 年第 2 期，第 15 - 16 页。
⑤ 李振廷：《档案行政管理部门的"主管"职能》，《中国档案》1998 年第 9 期，第 6 - 7 页。
⑥ 杨继波：《强化档案行政管理部门的监督职能》，《北京档案》1989 年第 1 期，第 41 - 42 页。

特点,并提出了改革的建议①;廖建英认为档案行政管理体制改革受系统内外因素的交互作用,改革动因源于社会的客观需要和档案行政系统自我调整的需要,其改革与发展受行政和档案双重理论的影响②。

关于档案行政管理部门职能的发展研究。王世金认为市场经济条件下档案行政管理职能具有强化的趋势,这是由档案事业自身规律、市场经济及"两个转变"的需要、公共权益的要求、行政管理体制和档案法规政策等诸方面所规定的③。王兴霞认为档案行政管理职能强化的关键是优化宏观调控职能,具体要求强化分类指导机制、体现层次发展,强化依法治档机制、体现保障作用,强化信息开发、体现凭证作用④。江丽探讨了新形势下档案行政管理部门职能转变的要求和策略⑤。张怀笔认为解放思想、大胆实践是转变档案行政管理职能的途径,他提出以法制建设为职能、以制定标准规范为职能、以科技进步为职能、以组织培育档案信息市场为职能、以开发利用为职能、以建立档案产业为职能、以对档案无形资产评估界定与监事为职能的设想和策略。⑥

陈辉认为档案行政管理研究亟待加强,他在分析档案行政管理在意识、执法和机构方面存在的主要问题的基础上,探讨了档案行政管理研究的基本原则和要求,指出了档案行政管理研究的几个关键性课题是行政管理手段建设、机构建设和开放问题等。⑦

---

① 贺凯、锅艳玲:《论新中国档案行政管理机构的设置与改革》,《档案与建设》2009 年第 4 期,第 6、7 - 11 页。
② 廖建英:《我国档案行政管理体制的改革与发展研究》,《民营科技》2010 年第 7 期,第 109 页。
③ 王世金:《略论市场经济条件下强化档案行政管理职能的基本依据》,《山东档案》1997 年第 4 期,第 14 - 16 页。
④ 王兴霞:《强化档案行政管理部门职能》,《中国档案》2001 年第 5 期,第 8 - 9 页。
⑤ 江丽:《新形势下档案行政管理部门职能转变的理性思考》,《黑龙江档案》2010 年第 4 期,第 16 页。
⑥ 张怀笔:《转变档案行政管理职能,积极为社会主义市场经济服务》,《档案学研究》1995 年第 4 期,第 24 - 25 页。
⑦ 陈辉:《档案行政管理研究亟待加强》,《航空档案》2002 年第 2 - 3 期,第 28 - 30 页。

3.4.2 档案信息机构职能

《中国大百科全书》（政治学卷）中对信息机构的界定是,国家行政机关中对管理所需要的行政信息进行搜集、加工、传递、存贮、处理的机构①。广义的信息机构,是指借用一定的信息处理手段、方法以及必要的技术和设备,能对信息进行搜集、加工、传递、存贮和提供利用的组织机构。那么档案信息机构就是具有档案信息处理能力,并以此为其最基本管理活动内容的机构。

所谓档案信息机构,是相对档案行政机构而言的,虽然在我国现行管理体制下,许多层级的档案部门实行局馆合一,两者的许多职能是重叠的,但区别也是明显的。前者以具体的信息载体与信息内容为主要管理对象,如各级各类档案馆(室)和档案中介机构,而后者是对档案工作和档案事务进行监督、检查与指导的行政部门,如各级档案局、处等②。

研究档案信息机构职能,有利于加强档案信息机构与外界的沟通和联系,明确和正视其社会作用和功能,探讨和反思机构日常工作中的问题和不足,有益于摆脱档案馆(室)过分拘泥于程序性作业的偏好和传统,因而一直为研究人员所关注和重视,是内容维度档案学研究的重要对象。

档案信息机构职能研究的主要内容有：档案信息机构职能的内涵和类型研究,职能主体范围和功能研究,信息机构内外要素与环境研究、职能的实现方式与途径研究,职能效益效果及评价研究等。

关于档案馆职能的基本内涵和类型。黄世喆等认为各级各类的档案馆(室)的职能都是管理档案和提供档案信息为社会实践服务,具体包括档案

---

① 《中国大百科全书》（政治学卷），"信息机构"，http：//ecph. cnki. net/Allword. aspx?objid=35170&ename=ecph&infoclass=item。
② 陈兆祦、和宝荣、王英玮：《档案管理学基础》，北京：中国人民大学出版社,2005 年,第 64 页。

的收集、整理、鉴定、保管、统计、检索、利用与编研等内容①。王向明将档案馆的职能分为基本职能和社会职能,前者包括收集和存贮等职能,后者包括历史记忆、资政决策、社会教育、学术研究等方面。② 章安华对档案保管利用职能的行政性进行了探讨③。宗培岭认为档案馆的基本功能有社会记忆和知识储备功能,延伸功能有资政决策、文件与教育功能以及市场服务功能。他还提出研究职能的概念,认为该职能的内容有档案资源研究、档案内容研究、档案鉴定研究、档案利用研究、档案保护研究和档案信息化研究,并探讨了强化档案馆研究职能的途径④。吴志虹提出档案馆具有文献信息传递职能⑤。胡燕分析了影响档案馆信息服务的社会环境,提出通过加速标准化进程、推动自动化、网络化建设等措施,以强化档案馆的信息服务职能⑥。樊黄毛在分析档案馆社会教育职能的历史与现状的基础上,对档案馆社会教育职能的必要性、基本特点和实现策略进行探讨⑦。张晓等从新公共管理、电子政务和知识管理角度,论证了公共档案馆的基本职能是管理与服务,认为两者如同两个车轮,管理是基础,服务是根本⑧。

关于档案馆核心职能的研究。潘玉民专文论述了利用是档案馆的核心职能⑨,宗培岭则从社会职责、工作实践和档案学理论的发展论证了存史是

---

① 黄世喆、陈勇、麻新纯等:《边疆地区档案学高等教育教学改革理论与实践》,南宁:广西人民出版社,2009 年,第 55 - 64 页。

② 王向明:《档案管理学原理》,上海:上海大学出版社,2009 年,第 36 - 38 页。

③ 章安华:《对档案保管利用职能的再认识》,《广东档案》2004 年第 4 期,第 30 - 33 页。

④ 宗培岭:《新时期应当强化档案馆的研究职能——兼谈档案馆的职能与功能》,《档案学研究》2003 年第 4 期,第 20 - 23、44 页。

⑤ 吴志虹:《浅谈档案馆文献信息的传递职能》,《云南档案》1988 年第 2 期,第 22 - 23 页。

⑥ 胡燕:《继续强化档案馆信息服务职能》,《档案学研究》1997 年第 2 期,第 25 - 27 页。

⑦ 樊黄毛:《试论档案馆的社会教育职能》,《湖北档案》1993 年第 3 期,第 18 -20 页。

⑧ 张晓、张长海:《从新视角审视公共档案馆的职能》,《档案管理》2009 年第 6 期,第 23 - 25 页。

⑨ 潘玉民:《利用——档案馆的核心职能》,《上海档案》2007 年第 2 期,第 6 - 8 页。

档案馆的核心职能①，但管先海等对这两种观点都持异议，认为档案馆的核心职能应该是"集中管理档案"②。陈忠海在对相关研究进行梳理的基础上，将已有的档案馆核心职能观分为"一核心论""多核心论"和"双核心论"，认为这些讨论不无裨益，但"存"与"用"是动态的辩证统一，他提出档案馆的核心职能就是要坚持资源建设和开发利用"两手抓，两手都要硬"，无论何时都不能顾此失彼。③

关于档案馆的职能拓展。薛匡勇在档案馆职能演变的历史轨迹基础上，对档案馆职能拓展的原因进行分析，并提出了积极塑造档案馆的时代形象等六条对策④。周毅则以现行文件开放实践为突破点，认为公共档案馆职能拓展的可能路径有收藏对象的扩展、信息指引服务的开拓等六个方面。⑤

关于档案室的职能研究。刘国能认为，地方机关档案室既是单位内部的一个工作部门，又是国家档案事业网络体系的一个部分，具有双重身份，也决定了档案室具有"双重职能"⑥。韩树全等分析了县级机关联合档案室的优越性、可行性及其职能⑦。孙英华探讨了机关综合档案室的宣传教育职能、社会服务职能以及编研职能发挥的策略⑧。赵志飞认为，档案馆除具有收集、整理、鉴定、统计、保管、交流、服务等职能外，还有一重要职能是智

---

① 宗培岭：《存史——档案馆的核心职能》，《上海档案》2007 年第 2 期，第 3 - 5 页。
② 管先海、刘伟、白桦：《档案馆的核心职能是什么？——兼与宗培岭、潘玉民先生商榷》，《档案管理》2008 年第 2 期，第 41 - 43 页。
③ 陈忠海：《档案馆职能和功能定位与建设研究述评》，《档案管理》2010 年第 1 期，第 59 - 62 页。
④ 薛匡勇：《论档案馆的职能拓展及其实现》，《档案学研究》2010 年第 1 期，第 59 - 62 页。
⑤ 周毅：《试论公共档案馆的职能拓展》，《档案学通讯》2006 年第 5 期，第 4 - 6 页。
⑥ 刘国能：《对地方机关档案室性质和职能的再认识——机关档案工作改革点滴议》，《档案学通讯》1989 年第 1 期，第 11 - 13 页。
⑦ 韩树全、梁建川：《县级机关联合档案室的优越性、可行性及其职能》，《档案学通讯》1994 年第 6 期，第 10、28 - 29、75 页。
⑧ 孙英华：《浅谈新时期机关综合档案室的职能发挥》，《山东水利》2004 年第 6 期，第 6、57 页。

能资源的再生产,即"再生产职能"(或称"参与职能"),他还认为该职能是档案馆的终极职能和核心职能。[1]

关于档案中介机构的职能研究。宗培岭认为,所谓档案中介机构是介于档案行政管理部门与社会之间,提供档案业务服务的社会中介组织。档案中介机构的社会功能有沟通功能、改革功能、效益功能[2]。张燕论述了档案中介机构在私人档案管理中应用的意义、要求和主要职能,认为其具体应用有私人档案事务的信息咨询,私人档案的代管寄存、价值评估和业务服务等[3]。吴玲等认为档案中介机构是档案管理部门职能转变的土壤和承接者,承担了档案行政管理部门大量的档案微观业务,并提出档案中介机构呈多元化、多功能化、市场化、规范化和规模化的发展趋势[4]。左宏嫄则从档案中介机构的内涵出发,对我国档案中介机构的生存条件、生存空间、生存状态以及成长缺陷进行了分析,提出了加强档案行政管理部门对档案中介机构规范管理、完善档案中介功能、档案信息利用的一些建议。[5]

3.5　本章小结

管理内容维度由对象、程序和职能三部分构成,由于档案学研究的起源和基石都是档案管理实践活动,所以档案与档案工作均为其最重要的研究对象,这些归属于管理内容的研究一直以来是中国档案学的传统,只有夯实这一维度的档案学研究,才能更好地为社会与机构管理提供资源和方式保障,其他维度的档案学研究才会有更坚实的基础和发展的动力。这就是本

---

① 赵志飞:《档案馆的职能》,《上海档案》1991 年第 4 期,第 61 页。
② 宗培岭:《档案中介机构的社会定位》,《浙江档案》2005 年第 7 期,第 10 - 12 页。
③ 张燕:《档案中介机构在私人档案管理中的应用》,《山西档案》2003 年第 2 期,第 14 - 16 页。
④ 吴玲、郑金月:《档案中介机构的定位和发展问题》,《中国档案》2004 年第 10 期,第 21 - 22 页。
⑤ 左宏嫄:《我国档案中介机构的生存状况及发展对策》,《兰台世界》2010 年第 16 期,第 8 - 9 页。

书提出的基于管理维度分析的档案学研究第一个假设——定位于管理内容是档案学研究的传统、主流与基础，而本章就是对这一观点的分析论证。

首先，在辨析内容管理与管理内容之间的区别和联系，梳理管理内容维度的档案学研究起源与发展的基础上，对基于管理内容的档案学研究予以界定，认为其主要特征为任务导向、体制依赖、安全优先，其作用与意义在于，这一维度的研究能直接服务与指导档案管理实践、是管理资源整合与保障的前提、是管理方式的验证与探微。

其次，探析了档案管理对象研究的构成，具体包括对文件(档案)的内涵与定义研究，文件(档案)的属性与特征研究，文件(档案)的功能与价值等。

再次，对档案管理程序研究的构成进行考察，具体有如档案的收集与整理研究、鉴定与保管研究、检索与编研研究、利用与统计研究等几个小节予以分析述评。

最后，认为对档案管理职能研究也归属于内容维度档案学研究的基本组成，应包括档案行政管理职能的研究、档案信息机构职能的研究等。

4 管理资源——档案学研究的价值增长点

　　资源是管理活动开展的前提和基础,管理内容能顺利完成、管理目标能得以实现,不仅必须拥有足够的人、财、物和信息等显性、半显性资源,还有赖于必要的权力、人脉、文化等隐性管理资源。而档案学研究在管理资源维度有着两方面功能:一是研究文件(档案)内容信息的开发与利用,信息是管理活动重要的基础性资源之一,信息活动贯穿于各个管理环节,而其中的文件(档案)信息更具确定性和凭证性,在管理活动中具有不可替代的作用和特有价值;二是研究文件(档案)是如何实现对其他管理资源的保障,特别是在保障权力、文化等隐性资源中的功能和作用。胡鸿杰指出,中国档案学实际上是一种关于管理资源重新配置与整合的理论模式,作为一门成就了数十年的管理类学科,其本身就是一种可资利用的资源,在理论上和实践上都有相当的发展空间,已经具备了"扩展"和发展的资格。① 可见,面向管理资源无疑意味着档案学研究的价值增长点。

　　本章将在辨析资源管理与管理资源的区别与联系,梳理档案学研究回归管理资源的缘起与依据,明确其研究本质、特点、意义与作用的基础上,分节探析档案信息资源的一次管理研究[含文件(档案)信息的采集与描述组织与存储传播与利用等]、档案信息资源的二次管理研究[指从内容上对文件(档案)信息进行编研,从形式上予以信息构建,从手段上对专题信息进行

---

① 胡鸿杰:《论中国档案学的学术尊严》,《档案学通讯》2005 年第 5 期,第 7 - 10 页。

营销]、管理资源的信息保障研究(包括管理资源信息及其保障含义解读、显性管理资源信息的保真与保全、半显性管理资源信息挖掘与控制、隐性管理资源信息的表达与复制等)的内涵和范围。

4.1 面向管理资源的档案学研究概述

4.1.1 资源管理与管理资源之区别与联系

资源是一个动态的概念,不同的生产力水平和认知条件下对其内涵与外延的理解不同,但不变的是资源必须是与人类需求相关,并在人类活动中可资利用的事物,即可利用性是所有资源的本质特征①。

关于"管理资源",通过前文的分析可知,本书将其理解为管理活动所需的资源,不仅指人力、物力和财力等显性资源,还包括技术、规则和信息资源等半显性资源,以及权力、人脉和文化等隐性资源,显性和半显性资源是管理活动中的"资质因素",而隐性资源是其中的"动力因素",这些资源都是管理的关键与命脉,不可或缺。

至于"资源管理",通俗的理解,就是对各类能满足一定主体需求的对象进行有效的控制、加工、配置及利用的过程,常见的如人力资源管理、物资管理、能源管理、信息资源管理等。金更达将其定义为对数字图书馆的各类资源进行维护、组织、存取并提供有效服务②,就是从信息资源管理的视角出发的。杜志敏等认为,资源管理是指对人力、技术、经济、油藏信息等资源的管理,良好的资源管理应达到这些要素的统一③。陶志梅等指出,资源管理问题是公共管理研究的重要课题,研究资源管理能更好地发挥政府和公共职能,有利于引导市场和企业提升其核心价值、保持其竞争优势,资源范畴

---

① 孟广均:《信息资源管理导论》,北京:科学出版社,2003 年,第 6 - 31 页。
② 金更达:《数字图书馆模式探讨》,《图书馆建设》2002 年第 2 期,第 5 - 7 页。
③ 杜志敏、谢丹、任宝生:《现代油藏经营管理》,《西南石油学院学报》2002 年第 1 期,第 1 - 4,7 页。

的拓展是公共管理和企业管理理论发展的共同需要①。

"管理资源"与"资源管理"是既相联系又相区别的两个概念。两者之间的联系在于,都包含了对资源的关注和重视,只不过在对"管理资源"的研究中,一般会同时考察和比较多种资源的状态和效用,而在研究"资源管理"时,往往只着眼于某一资源,而对该资源的探讨相对更为深入和全面。同时,在任何资源管理活动中,都需要管理资源的保障和支撑,而任何管理资源也都可以成为资源管理的对象,两者是互为条件、相互依存的。

区别在于两者关于资源的内涵有所区别,这导致管理资源的外延相对较小,也就是说,几乎所有"资源"都可作为管理的对象,而"管理资源"只是其中对管理活动有益的那一部分。此外,这两个概念的出发点有所差异,"管理资源"的提出是为了探讨资源在管理活动中的功能和效用,其研究基点是管理活动;而后者的研究标的则是特定的资源,即如何利用适当的管理方式和手段,实现对某类资源的有效组织、加工和配置。

4.1.2　档案学研究回归管理资源的缘起与依据

1. 研究起源

为大多数学者所达成共识的是,近代中国档案学形成于 20 世纪 30 年代,其形成直接起源于两个历史原因,一是 1933 年南京国民政府发起的"行政效率"运动②;二是故宫博物院为满足史学界利用档案的学术需要,自 1931 年始开展的历史档案的清点、整理和编辑出版工作③。吴宝康则提出④,新中

---

① 陶志梅、王彦越:《公共资源管理的资源范畴拓展分析》,《山西高等学校社会科学学报》2006 年第 10 期,第 17 - 19 页。

② 傅荣校:《三十年代国民政府行政效率运动与行政效率研究会》,《浙江档案》2005 年第 1 期,第 26 - 28 页。

③ 王李苏、周毅:《回顾与展望——对我国档案学发展的历史考察》,《上海档案》1988 年第 6 期,第 5 - 13 页。

④ 吴宝康:《评〈回顾与展望——对我国档案学发展的历史考察〉》,《档案学通讯》1990 年第 1 期,第 2 - 12 页。

国的档案学源于档案工作实践，是适应新中国档案工作实践需要而发展的。①

彭丽玲在对中西档案学形成背景比较时认为，与中国档案学的形成主要来自外力推动（即指"行政效率运动"）不同，西方档案学形成于内力的作用，是档案工作实践发展到一定程度的产物，因而在形成之初就把如何更好地为公众服务作为其价值取向和研究的首要目的。②

其实，无论是为政府行政管理效力，还是为社会公共与文化管理所用，抑或直接服务于档案管理自身的活动实践，均起源于对特定管理活动的有用性和价值功能，按照"有用即资源"的道理③，档案学研究从诞生之日起就带有深深的"资源"烙印。

2. 学理依据

吴宝康对档案学的定义，"是揭示档案和档案工作的性质、功能和发展规律，研究档案信息资源的管理、开发和利用的理论、原则与方法的科学"④。对此，彭志斌认为该定义明确地将"档案信息资源"作为档案学的研究对象，在学理上是成立的⑤。管先海也提出，当代档案学的理论基础应定位为档案信息知识管理理论，而档案信息知识管理是一种以档案信息为基础、以档案信息知识创新为目标的实实在在的资源管理。⑥ 虽然他们都主要强调档案学研究在信息资源方面的作用和作为，但这正是资源维度档案学研究的根本和基础。

胡鸿杰则明确指出，中国档案学并不缺乏影响整个管理学科的研究领

---

① 王广宇、蔡娜：《我国档案学与档案专业教育发展研究述评》，《山西档案》2010 年第 4 期，第 14 - 18 页。
② 彭丽玲：《中西档案学形成背景比较及其引发的思考》，《浙江档案》2006 年第 5 期，第 8 - 9 页。
③ 胡鸿杰：《管理资源分析》，《档案学通讯》2009 年第 1 期，第 19 - 22 页。
④ 吴宝康：《档案学概论》，北京：中国人民大学出版社，1988 年，第 232 页。
⑤ 彭志斌：《构建现代档案学理论体系献疑》，《扬州大学学报》（人文社会科学版）2010 年第 5 期，第 99 - 105 页。
⑥ 管先海：《对知识管理时代档案学理论基础的思考》，《档案时空》2007 年第 8 期，第 13 - 15 页。

域,至少在管理方式和管理资源这两个维度上都是大有作为的①,管理过程的系统分析和管理资源的重新配置与整合是其最有价值的部分和基本的理论形态②。

3. 实践依据

档案的信息属性已经为大多数人所认识和重视,与其他类型的信息资源相比,以其真实性和可靠性而取胜,极富参考和利用价值。管理活动中利用档案信息资源辅助决策的案例不胜枚举,如辽宁省档案局(馆)经过对馆藏的认真调研,不定期编辑《辽宁档案资政》,报送省委省政府领导参阅,先后为开发该省金矿资源、推动温泉旅游业等重大决策提供了思路和参考③。同时,随着人们参政议政和维护自身权益的意识逐渐增强,对公共管理程序和决策依据有着更多的期望和知情权,相关档案信息也就成为维护政府公信力和社会稳定的重要资源。

不仅档案信息是一种管理资源,档案工作本身也能服务于机构与管理,重庆钢铁集团档案馆的实践就是一个亮点,不仅用丰富的档案资源充分展现自己的成就和实力,还对前来考察的洽谈者,给予其在渝期间公务活动进行全程摄像记录,并制作成光盘作为客户离别时的纪念礼物,以此来传递重钢的人性和诚意,为重钢赢得了巨大的经济效益和良好的社会效益④。

此外,档案学的应用研究与部分基础理论(如来源原则、文件生命周期理论等),在直接指导档案管理实践中,一直发挥着巨大的作用和功效,正如林清澄等人所述,档案学理论本身就是一种特殊的资源,同其他科学理论一

---

① 信息来源胡鸿杰的个人空间"管理的维度",http://www.daxtx.cn/? uid-5-action-viewspace-itemid-2853。

② 胡鸿杰:《论中国档案学的学术尊严》,《档案学通讯》2005年第5期,第7-10页。

③ 信息来源辽宁档案信息网《〈辽宁档案资政〉屡获省领导批示》,http://www.lndangan.gov.cn/lnsdaj/xwzx/gzyw/content/ff8080812b31fbb3012b47fc5bd300a9.html。

④ 张兵:《重庆钢铁集团档案馆在中日经济文化交流中扮演重要角色》,http://www.cqarchives.com.cn/templet/default/ShowArticle.jsp? id=8683。

样,对管理活动和实践具有指导功能、预见(测)功能和解释功能,这些功能都是其价值的体现和资源的表征。①

据上分析可见,档案、档案工作和档案学研究成果都可以成为特定管理活动实践所需的资源,而这些都是档案学研究的内容。因而可以认为,面向管理资源的研究其实是档案学的理性回归,绝非标新立异或哗众取宠。

4.1.3　面向管理资源档案学研究的本质与特点

面向管理资源的档案学研究在本质上具有双重性:一方面要研究其自身作为资源的属性和规律,即作为信息的一般性征和专有特质,研究文件(档案)内容信息在采集、描述、组织、检索、存储、传播、开发与构建等方面的规律;另一方面,要研究档案与档案工作的资源保障功能,既包括对人财物等显性管理资源的信息保真与保全,还要探讨对半显性和隐性管理资源的挖掘与控制。这种双重属性和功能,决定了资源维度的档案学研究具有如下特点:

(1) 用户导向。用户导向是资源维度档案学研究的本质要求,因为资源的首要属性就是其之于主体的价值和有用性,离开对用户需求和用户倾向的了解和把握,资源的开发与保障研究就会失去动力和目标。这里的用户不单指资源的利用者,而且包括管理活动的所有主导者和参与者,其中自然也包含以机构和团体为单位的管理主体。

(2) 技术依赖。基于资源的视角研究档案管理活动,必然要对文件(档案)的内容进行描述、组织和提供利用,再用传统方式去处理海量的信息变得十分困难,对信息技术的运用和依赖就成为必然。此外,由于文件(档案)信息的一次管理无法满足不同层面、不同类型的用户需求,还要对其进行挖掘、开发和构建等深层次的加工处理,技术的进步为其提供了可能和便利。在这样的背景下,对技术的关注和依赖,就成为面向管理资源档案学研究的

---

① 　林清澄、尹晋英:《档案学理论的三种功能》,《北京档案》1997 年第 2 期,第 25 页。

偏好和重要特征。

（3）服务优先。与内容维度的过分强调资源本身的安全性不同，资源维度的档案学研究秉承用户至上、服务优先的理念，不仅强调开放利用，而且对资源的可用性和易用性十分关注，将用户、效率和效益等置于主要和主导地位。正因如此，这一维度的档案学研究及其指导下的档案管理活动，往往更具开放性和拓展性，能涉足更宽泛的领域、开发更丰富的功能。

4.1.4　面向管理资源的档案学研究意义与作用

资源是管理活动开展的前提和基础，管理内容能顺利完成，管理方式能发挥功用，都有赖于管理资源的支撑和保障。管理资源维度档案学研究的双重功能和多样特征，使得其具有不凡的意义与作用：

第一，能推动档案管理活动理念与方式创新。资源维度的档案学研究关注用户、强调服务，对固守封闭的档案管理模式无疑是一个冲击，要求档案工作者在服务理念和管理方式上都有所创新，能推动档案工作的不断革新和改进，促进机构信息资源的结构优化。同时，面向资源的研究成果能直接指导档案管理实践，提高档案实践工作者信息处理和服务水平，进而提升档案工作和人员的社会影响力。

第二，能促进管理资源的配置优化与价值增益。加强文件（档案）内容信息的开发与利用研究，有助于管理主体对人财物等资源的全面把握和实时调配，有利于对权力和人脉等隐性资源的适度利用，以保证资源配置的合理性和时效性，在管理活动中具有不可替代的地位和作用。充分全面地发挥档案的资政决策和检测评价功能，事实上已经实现了档案这种资源的价值增益与转化。

第三，能提升档案学在管理学科群落中的地位。档案本身是重要的管理信息资源，档案工作在管理活动中能对包括自身在内的各类资源予以保障和优化，而这些都是档案学研究的对象和内容，也是其优势和强项。从资源维度去认识档案学能提升研究主体对本学科的认知度和自信心，有利于引发其他管理类学科乃至整个科学界对档案学研究的肯定和重视，进而有效提升档案学的学科地位和尊严。因而可以说，这一维度的探讨和成果是档案学研究的价值增长点。

4.2 档案信息资源的一次管理

中国人民大学的刘耿生认为，档案信息资源的开发利用是有层次的，并在其《档案开发与利用教程》一书中分为第一次开发利用和第二次开发利用等。他认为对档案信息资源的第一次开发利用，是指按一定原则和要求，对档案原件进行收集、分类、鉴定、统计等处理，并编制检索工具的过程，主要是对档案实体的开发，也可以称为第一次整理，其目的是方便读者利用，并保护档案原件；而第二次开发利用，或称第二次整理，是对档案信息内容进行开发利用，即按照社会利用规律，将价值较高的档案信息予以抽取，经过科学的再加工，生产出档案文献信息产品的过程①。这种认识是针对纸质等实体档案而提出的，虽然不能直接引用至数字环境下档案信息资源的开发层次划分，但不无借鉴意义。

有基于此，本书提出档案信息资源管理可划分为两个层面：一次管理和二次管理。前者是指通过对文件(档案)信息的采集、描述、组织、检索、存储、传播与服务等，保障档案信息资源的可用性；后者则是针对档案信息资源的内容与特征，对文件(档案)信息进行开发、构建与营销，旨在实现档案信息资源的易用性。

本节将分别对文件(档案)信息的采集与描述、组织与存储、传播与服务等方面的研究予以适度展开。当然，探讨档案信息资源的一次管理也离不开文件(档案)信息检索的研究，但由于第 3 章第 3.3 节已有所涉及，且现代档案检索与信息检索在原理上是相通的，在技术上是互用的，在研究上是重叠的，故此不再赘述。

---

① 刘耿生：《档案开发与利用教程》，北京：中国人民大学出版社，2010 年，第 9-10 页。

4.2.1　文件(档案)信息的采集与描述

1. 档案信息采集

所谓信息采集,指的是信息机构和信息人员,根据一定的目的和需求,通过购买、征集、交换等方式,获取各种形态的信息并予以汇集的过程。信息采集来源包括文献型信息源(如图书、报纸、期刊、政府出版物、公文、报表等)、口述型信息源(如电话、交谈、咨询等)、多媒体信息源(如广播、电视、多媒体数据库等)、实物型信息源(如展销会、博览会等)。①

广义的档案信息采集,是指对档案及其相关信息进行捕获、登记、分类、添加元数据和存储的过程②。就获取途径而言,可分为原始信息采集和二次信息采集两大类,前者是从指实际对象直接取得的第一手信息,后者是对他人业已收集或积累的信息资料的再收集③。而从采集对象来看,可分为三类:一是档案的内在信息,即档案的内容信息,这是档案信息的基本部分;二是档案的一般特征信息;三是档案的历史联系信息。④ 狭义的理解仅指捕获和登记档案的内容信息。

档案信息采集是档案信息资源管理的前提和基础,是档案信息资源一次管理的起点,其质量的好坏决定了档案信息管理整体水平的高低,可见,研究档案信息采集具有极强的实践指导价值。同时,由于档案信息的特殊属性,如要求保证其真实、完整性和可靠、可用性,因而对信息采集的研究还保证了其他环节相关研究的顺利展开和价值实现,具有理论基础意义。

---

① 王英玮等:《信息管理导论》,北京:中国人民大学出版社,2010 年,第 169 - 196 页。

② 屠跃民、李婉月:《关于数字档案信息采集的思考》,《档案与建设》2006 年第 9 期,第 17 - 20 页。

③ 刘亚刚等:《工业经济学基础》,长春:吉林大学出版社,1998 年,第168 页。

④ 胡红霞:《数字档案馆档案信息采集研究》,《兰台世界》2007 年第 24 期,第 22 - 23 页。

档案信息采集研究的主要内容有：档案信息采集的意义与基本要求，档案信息采集的对象与特点，档案信息采集的原则与方法，影响档案信息采集的内外因素研究，档案信息采集的标准与评价等。

现有研究大多关注档案信息采集的技术和应用层面。如赵英红探讨了使用 Infopath 进行档案信息采集、回收及数据处理的方法，旨在为企业档案管理提供便利。[①] 张甫学等在考察多种档案管理系统以及业务应用软件与数据特征的基础上，对档案信息采集方式与接口标准进行探索。[②] 纪秋等对人事档案的信息采集与现代化管理进行专题研究[③]；高海燕等在综合分析信息技术特点和城建档案特殊性的基础上，结合保定市城建档案工作实践，探讨了城建档案信息采集与管理系统的设计与应用。[④] 这两篇论文都将信息采集独立于档案信息管理的其他过程，虽然不甚科学，但也突出了其对采集环节的关注和重视。

网络和数字技术是现代档案信息采集所必须面对和依赖的，相关研究十分丰富。早在 1998 年，汤道銮等就以南京大学档案馆为例，探讨了互联网上档案信息的实时采集，并分析了网络信息采集与服务对档案工作的影响[⑤]；屠跃民等探讨了数字档案信息的采集类型、采集过程、采集格式以及元数据的描述和采集等方面的问题[⑥]；韩素君研究了馆藏档案数字化信息的采集方法[⑦]；胡红霞梳理了数字档案馆的信息采集技术，并对其信息采集

---

① 赵英红：《基于 Infopath 的信息采集系统在企业档案管理中的应用》，《中国酿造》2008 年第 18 期，第 108 - 110 页。
② 张甫学、朱成禄：《档案信息采集方式与接口模式探索》，《广东档案》2007 年第 5 期，第 32 - 33 页。
③ 纪秋、黄丽香：《人事档案的信息采集与现代化管理》，《兰台世界》2000 年第 3 期，第 14 页。
④ 高海燕、张书祥：《城建档案信息采集与管理系统的设计与应用》，《城建档案》2006 年第 3 期，第 27 - 29 页。
⑤ 汤道銮、包海峰：《论互联网上档案信息实时采集与服务》，《档案学通讯》1998 年第 5 期，第 47 - 50、55 页。
⑥ 屠跃民、李婉月：《关于数字档案信息采集的思考》，《档案与建设》2006 年第 9 期，第 17 - 20 页。
⑦ 韩素君：《馆藏档案数字化信息的采集方法》，《北京档案》2007 年第 9 期，第 48 - 50 页。

的系统功能、结构和模块进行了研究。[1]

　　针对现有研究在理论上缺乏深度和创新的问题,笔者提出了"开放存取[2]"的理念,认为有必要在提倡档案信息资源开放利用的同时,加强资源采集工作的开放性,即提供开放、便利、多样的档案信息收集渠道,让档案信息有条件自行"进馆"。这是针对传统信息采集模式所存在的矛盾而提出的:一方面,鉴于档案馆的声誉和公信力及其优越的保管条件,社会档案信息持有者有意将自己重要的档案资料保存于档案馆,却缺少进馆资质和途径;另一方面,虽然档案资源在逐年增加,但富有特色、让用户感兴趣的档案却不多,而档案工作为了更好参与公共管理、紧密服务于中心工作,也需要征集各种特色资源。"开放采集"则有助于两者的结合,实现双赢乃至多赢,而网络和计算机的普及,为档案信息资源的开放采集提供了新的渠道和更为有利的条件。有人担心开放采集可能带来档案资源的混乱和存储上的压力,这就大可不必,其实与档案的开放利用一样,开放采集同样是有条件的,也并非全部免费的,必须依据标准和规范进行认真鉴定,只有符合规定的才予以保管、寄存或者征购,其余则需收取一定的费用或者不予进馆。开放采集提出的本质是要求通过提供多样便捷的渠道,实现档案资源采集活动的社会化和常态化。

　　2. 档案信息描述

　　档案信息描述是指按照一定的规则和技术标准(如档案著录规则、档案与电子文件元数据标准等),对档案信息的外在特征和部分内容特征进行系统说明并予以记录的过程。信息描述以文件(档案)信息的外在特征为主,但也不乏对内容特征的描述,具体包括对档案信息的物质形态、主题内容和形式特征等进行分析、选择和记录。

---

[1]　胡红霞:《数字档案馆档案信息采集研究》,《兰台世界》2007 年第 24 期,第 22 - 23 页。

[2]　这里的"开放存取"与图书情报学界所述的"开放获取(open access)"有所区别,它强调档案信息资源管理的两个方面:一是入口环节,要求实现开放性的档案信息资源采集;二是出口环节,即对馆藏档案资源实施开放性的服务和提供利用。

首先，通过信息描述，能将文件(档案)信息的内容特征(如概要、主题等)、外表特征(如责任者、题名、密级、来源出处、形成时间等)和物质特征(载体类型、装订、页册数等)加以表述和记录，能有效揭示文件(档案)信息的内涵与特征，加深对信息的理解和把握。可见，研究档案信息描述，有利于提升对文件(档案)信息识别和揭示的水平，从而更好地对海量的档案信息资源进行有效的组织和定位。其次，通过对档案信息描述的研究，有利于把握并依据档案信息和用户的特点，同时通过对信息描述结果数据的分析，科学地选择和确定检索点，以提高档案信息检索质量和利用水平。此外，相关研究还能加强档案信息描述标准和格式的兼容性和统一化，这极大地方便了不同档案机构之间的信息交换，也能据此实现异构资源的整合和共享。

档案信息描述研究的主要内容有：档案信息描述的原则与要求，档案信息描述的基本方法与技术，档案信息描述的标准与标准化研究，专业或专门档案的信息描述，不同载体类型档案的信息描述等。

我国档案界对信息描述的研究尚属起步阶段，且由于信息描述与信息组织及检索在内容上有诸多的重复和重叠，而档案信息描述属于文献信息描述的具体应用，所以目前针对档案信息描述的专题研究成果偏少，而专著更是鲜见。对 1980 年至今的中国期刊数据库进行题名检索，只有 38 篇档案信息描述方面的专门研究，而且 37 篇是关于档案或电子文件的元数据问题的。其中最典型的是对国外档案信息描述最常使用的元数据标准——EAD[1] 的介绍和探讨。如杨峰等对 EAD 的发展历程进行梳理，并简要介绍了其数据结构和应用范例[2]。侯卫真也随后介绍了 EAD 的由来、文件与结构，并探讨了如何借鉴 EAD 的经验，认为我国建立 EAD 体系的信息技术

---

[1] EAD 全称 encoding archive description，译为"档案描述编码格式"，始于 1993 年加州大学伯克利分校图书馆的伯克利检索工具计划(Berkeley Finding Aid Project, BFAP)，原本是开发一种非专属的元数据及其编码标准，以用于由档案馆、图书馆、博物馆的各种馆藏记录的计算机检索应用，后来逐步发展为基于因特网的档案资源描述格式。

[2] 杨峰、张晓林：《档案描述编码格式的发展和实施》，《情报理论与实践》2001 年第 4 期，第 284 - 286 页。

条件与当初美国建立 EAD 时的条件有了较大的变化①。此外,陈芙蓉和武永娜从数据内容标准、数据价值标准和数据结构标准等三个层次探讨档案信息数据描述问题②。

4.2.2 文件(档案)信息的组织与存储

1. 档案信息组织

档案信息组织是基于对信息内容、结构、形态特征的分析和描述,根据检索和利用的需要,对文件(档案)信息进行选择、标引、处理和储存,使其成为有序化集合的活动过程。一般认为档案信息的组织有分类组织法(如职能分类)、主题组织法(如档案主题词分类)、时空组织法(如大事记与年鉴)、字顺组织法和随机组织法等。③

档案信息组织是档案管理的重要环节,一则它本身就是加工和开发档案信息的主要手段,二则能为档案信息的检索和传播做好铺垫和准备。研究档案信息组织,有利于优化和丰富信息组织的方式手段,通过甄别、重组和精化信息,促进档案信息的有序化,以充分有效地利用存储空间,在一定程度上解决档案信息分布的普泛性和信息效用个体性之间的矛盾。④

档案信息组织研究的主要内容有: 档案信息组织的发展和特点,档案信息组织的目的和作用,档案信息组织的原理与理论基础,信息组织的原则与方法,影响档案信息组织的内因和环境分析等。

何嘉荪是国内较早研究档案信息组织的学者,1986 年就借助系统学、

① 侯卫真:《对档案描述编码格式(EAD)的探讨》,《北京档案》2003 年第 12 期,第 19 - 21 页。
② 陈芙蓉、武永娜:《档案信息化建设中数据描述标准研究》,《档案学研究》2005 年第 3 期,第 24 - 28 页。
③ 王英玮等:《信息管理导论》,北京: 中国人民大学出版社,2010 年,第 169 - 196 页。
④ 储节旺、郭春侠:《信息组织原理、方法和技术》,合肥: 安徽大学出版社,2002 年,第 6 页。

耗散结构理论等对档案信息组织的必要性和重要性予以论证。①

由于专业档案、专门档案和特殊载体档案信息组织具有自身的特点和要求，所以相关研究成果比较丰富。如周美兰探讨了城建档案数据信息的组织②。胡立耘探讨了声音档案数字化信息组织的方法与策略，如建立目录信息系统、关注元数据标准、建设开放式数字平台等③。王心裁等在分析超媒体、超媒体数据库、现代档案的特点及其信息组织要求的基础上，从思想设计、模型构建和具体实现三个层面探讨超媒体数据库技术在档案信息组织中的应用④。

对网络环境和数字格式的关注，是档案信息组织的另一个热点。曾娜的博士论文就是研究网络档案信息资源组织，该文从网络档案信息资源及其组织概念界定入手，在相关调查的基础上，确定了网络档案信息资源组织的原则、功能和流程，探讨了组织方法并进行方案的设计和例证分析，最后研究了网络档案信息资源组织机制问题⑤。郭晓云在分析各种信息组织方式特点的基础上，从在线检索、全文检索、元数据标准、分类体系等方面，对中外主要档案网站信息组织方式予以对比分析，并探讨了所存在的问题和发展方向⑥。洪漪则对比论述了传统和信息网络环境下的档案信息组织方式，认为传统的档案信息组织，按内容揭示程度可分为目录、索引、文摘组织法等，特征揭示角度有分类、主题、代码、题名、责任者组织法等，按排序方式可分为编号、字顺、时序组织法等；而网络环境下档案信息资源的组织方式有主页方式、自由文本方式、超文本超媒体方式和联机目录方

① 何嘉荪：《档案信息的组织》，《中国档案》1986 年第 9 期，第 30 - 31 页。
② 周美兰：《城建档案数据信息的提取和组织》，《城建档案》2007 年第 1 期，第 36 - 38 页。
③ 胡立耘：《声音档案的数字化信息组织》，《档案学通讯》2005 年第 3 期，第 64 - 67 页。
④ 王心裁、吕元智：《超媒体数据库技术与档案信息组织》，《中国图书馆学报》2003 年第 1 期，第 68 -71 页。
⑤ 曾娜：《网络档案信息资源组织研究》，《档案学通讯》2010 年第 1 期，第 45 -48 页。
⑥ 郭晓云：《中外档案网站信息资源组织方式比较研究》，《档案学通讯》2010 年第 4 期，第 59 - 63 页。

式等①。

　　至于档案信息组织的前景与未来,王兰成提出知识集成环境下档案信息组织的发展方向是档案知识组织,并探讨了相关策略。②

　　2. 档案信息存储

　　有人提出,信息存储是有组织的信息表现形式,是一种异时信息利用行为,属于广义的信息组织的构成部分。这里包括将所采集的信息记录于特定载体之上,将这些信息载体有序化,以及保证信息的长期可用性等三层含义。因此简而言之,档案信息存储就是应用先进的技术和手段,对所采集或拥有的档案信息资源进行科学有序的存放、保管,以备利用的过程。③

　　由于档案信息资源的逐步数字化和虚拟化,使得档案信息资源的异地存取、异时利用成为可能和趋势。对档案信息存储的研究顺应了这一潮流和走向,在保证档案信息资源的完整、安全、及时获取和长期有效等方面都具有指导意义和导向功能,能促进档案信息资源的共建共享和充分利用。

　　档案信息存储研究的主要内容有:档案信息存储的发展历程,档案信息存储技术与方式,信息存储的介质、装具和设备研究,档案信息存储程序与要求,档案信息存储的安全问题,档案信息存储的环境要求等。

　　信息存储是计算机科学和网络信息技术领域的研究热点,相关成果颇为丰富,中国知网收录的归属于计算机软件及计算机应用研究的相关论文7646篇,计算机硬件技术研究的2226篇,互联网技术研究的1550篇,图书情报与数字图书馆研究的1107篇,许多可以直接用于档案工作和档案学研究。但由于档案信息与其他网络和文献信息资源的差异性,使得针对档案

---

① 洪漪、陈永莉、向纯彪:《档案信息的组织方式与档案信息管理系统》,《图书情报知识》1998年第4期,第49-51页。

② 王兰成:《论知识集成环境下的档案信息组织与检索发展》,《档案学研究》2008年第5期,第45-50页。

③ 王志红、陈有富:《信息管理概论》,西安:西安地图出版社,2007年,第171-175页。

信息资源存储的专门研究显得十分必要，虽然 1980 年至今有 178 篇论文对此有所涉及，但专题研究不多，主要有如下成果：

在内外影响因素方面，周翠莲等针对档案管理信息化环境下，移动存储介质应用中存在主动泄密、交叉共用、明密不分、维修泄密、数据还原、摆渡攻击等问题和隐患，提出对应的安全策略[①]。王放则探讨了档案信息存储基地建设问题，认为档案信息存储基地概念的提出，是档案馆保管功能的延伸与拓展，是档案工作向社会化、信息化转变的新思路[②]。唐跃进等研究了数字档案信息存储与灾难恢复[③]。

在技术与方法问题上，较早的有任东方探讨将缩微摄影技术、计算机与光盘技术等当时比较先进的技术运用于档案信息存储中的有关问题[④]。宫明利通过对信息存储技术及载体的比较分析，探讨了当前数据存储与备份的主流方法，并提出档案馆藏数据存储备份的方案[⑤]。郎斌则对目前在网络中应用的三类存储设备——DAS（直接连接存储）、NAS（网络连接存储）和 SAN（存储区域网）的优缺点进行分析，并指出档案馆存储系统的选择是实现 NAS 和 SAN 的融合[⑥]。

至于档案信息存储的发展趋向，江涛探讨了全息存储的背景、全息存储技术及其特点、全息存储对材料的性能要求、常见全息存储材料及其特性，并据此提出全息存储是档案信息保存的新领域。[⑦]

---

① 周翠莲、张明和：《档案管理信息化环境下移动存储介质的安全使用对策》，《计算机安全》2010 年第 12 期，第 75 - 76 页。
② 王放：《档案信息存储基地建设的思考》，《兰台内外》2001 年第 5 期，第 30 - 31 页。
③ 唐跃进、万丽娟：《数字档案信息存储与灾难恢复研究》，《档案学通讯》2011 年第 2 期，第 16 - 19 页。
④ 任东方：《运用先进存储技术存储档案信息》，《陕西档案》1997 年第 6 期，第 41 页。
⑤ 宫明利：《数字档案信息资源存储技术研究》，《兰台世界》2007 年第 18 期，第 17 - 18 页。
⑥ 郎斌：《档案数字化建设中信息资源存储系统的选择》，《兰台内外》2007 年第 1 期，第 60 - 62 页。
⑦ 江涛：《档案信息存储新领域——全息存储及其材料》，《浙江档案》2006 年第 11 期，第 34 - 36 页。

4.2.3 文件(档案)信息的传播与服务

1. 档案信息传播

广义的信息传播是指通过信息的发送、传递、接收,跨越空间和时间把信息从一方传到另一方的过程,又称信息交流。宏观上可划分为自然信息传播、生物信息传播以及人类社会信息传播等。[①] 作为一种古老的社会现象,信息传播存在于人类历史各个阶段,也存在于社会生活的各个角落,而作为学术名词则是在传播学诞生之后。档案信息传播是指,档案信息工作者通过媒介方式向用户传递或交流档案信息的社会实践活动过程。[②]

传播是档案信息资源得以利用并发挥其价值的必要途径,一方面通过信息传播能减少档案信息拥有者和接受者之间的信息差和知识差,另一方面信息传播还能对社会和用户产生一定的宣传和引导作用。研究档案信息传播,能优化和创新档案信息传播的方法、技巧,有利于指导档案信息传播活动,使传播活动更加经济有效,提高其实践水平和科学性,并一定程度地提高档案用户的兴趣,可见研究档案信息传播是提升档案信息机构和信息人员地位的内在要求,对扩大档案学的研究范围,提升理论层次也不无益处。

档案信息传播研究的主要内容包括:档案信息传播系统的构成要素,档案信息传播的影响因素,档案信息传播的特点和功能,档案信息传播过程与方式研究,档案信息传播的权益与法律问题,档案信息传播安全问题研究等。

国内现有关于档案信息传播的研究论文和专著共有 240 余篇(部)。其中内涵与外延方面,韩宝华对档案信息传播的类型进行探讨,认为可分为人

---

① 刘昭东等:《信息工作理论与实践》,北京:科学技术文献出版社,1995 年,第 43 页。
② 司有和:《信息传播学》,重庆:重庆大学出版社,2007 年,第 1-7 页。

内传播、人际传播、组织传播和大众传播等几种类型①。王兆学等对档案信息传播过程的媒介、用户等要素进行分析②。

研究影响因素和传播环境的有：王爽探讨了《信息网络传播权保护条例》对档案信息传播的影响③。薛春刚认为档案信息传播的障碍有经济因素、管理因素、政策与法律因素及档案信息系统自身因素等，并提出相应的消除障碍对策④。王欢喜从传播者、受众、档案信息本身、媒介、信息反馈等五方面探讨了档案信息传播的障碍与对策⑤。王自峰则认为档案信息传播中的问题主要表现为，档案信息内向性的障碍、档案工作现代化管理的障碍、档案公布滞后的障碍及机构设置不合理带来的障碍等。⑥ 钱程程分析了城建档案信息传播的影响因素，并提出了面向传播者、信息源和受众的方面的策略⑦。程栋梁探讨了电子政务环境下档案信息传播中的伦理失范问题，从法律、技术、伦理准则等方面入手力图构建档案信息传播伦理保障机制⑧。

技术与效果优化方面，谢海洋等分析了 P2P 技术在档案信息网络传播中的优势和作用，并提出了有针对性的策略方案。田野认为将档案利用、档案编研、档案宣传、档案公布视为一个传播系统，并进行优化与整合，有利于提高档案的利用率⑨。陶醒从编研、利用、公布与宣传等方面对档案信息传

---

① 韩宝华：《档案信息传播类型初探》，《档案与建设》2009 年第 1 期，第 21－23 页。
② 王兆学、施书稳：《档案信息传播过程中的要素分析》，《黑龙江档案》2010 年第 2 期，第 30 页。
③ 王爽：《〈信息网络传播权保护条例〉对档案信息传播的影响》，《中国档案》2006 年第 12 期，第 28－29 页。
④ 薛春刚：《档案信息传播的障碍及消除》，《上海档案》1997 年第 4 期，第 15－17 页。
⑤ 王欢喜：《档案信息传播的障碍与对策分析》，《图书情报知识》2003 年第 1 期，第 44－45 页。
⑥ 王自峰：《档案信息传播的障碍》；刘胜杰：《探索与创新》，北京：中国档案出版社，2004 年，第 217－218 页。
⑦ 钱程程：《城建档案信息传播影响因素及策略分析》，《兰台内外》2010 年第 2 期，第 12－13 页。
⑧ 程栋梁：《电子政务环境下档案信息传播伦理保障机制研究》，《兰台世界》2009 年第 22 期，第 20－21 页。
⑨ 田野：《档案信息传播的形态：利用、编研、宣传、公布》，《档案学通讯》2002 年第 2 期，第 43－46 页。

播效果的优化进行探讨①。

　　主体研究方面,石玉等分析了国内档案工作者信息素养的构成和现状,探讨了信息素养对档案信息传播效果的影响,并提出了档案工作者信息素养提升的方法。② 李灵风研究了档案信息分众传播相关问题,在分析档案信息分众传播的含义及传统手段所存在的缺陷的基础上,探讨基于分众传播理念的档案信息传播的必要性策略。③

　　档案信息传播研究的核心作者主要有南京政治学院上海校区的卫奕、南京大学的颜祥林以及湘潭大学的何振。

　　卫奕的博士论文《档案信息传播效果研究》共五章,分别探讨了档案信息传播效果的构成、特点,影响因素,网络档案信息传播效果与媒介整合策略,获得理想的档案信息传播效果的根本途径,以及档案信息传播效果的评价④;后来卫奕在《图书情报知识》上撰文探讨了网络档案信息传播效果的现状及对策⑤,2008 年又提出档案信息整合传播的理念⑥。

　　颜祥林的相关研究是以著作的形式出版的,其一是《科技档案信息传播引论》,内容包括科技档案信息传播系统、传播功能、传播过程、市场化传播、网络传播、传播安全、传播权利等,并就科技档案信息传播过程中的法律问题进行了探讨⑦;其二是《档案信息网络传播——法律问题与策略》,包括网络传播中的法律控制、数字档案的信息产权问题、档案网站建设中的相关法律问题、档案网络信息安全法律问题等七章内容。⑧

---

① 陶醒:《论档案信息传播效果的优化》,《安徽科技》2007 年第 11 期,第 46 - 47 页。
② 石玉、周建军、谢海洋:《浅谈档案工作者在档案信息传播中的信息素养》,《云南档案》2010 年第 7 期,第 23 - 24 页。
③ 李灵风:《档案信息分众传播初探》,《浙江档案》2010 年第 11 期,第 18 - 20 页。
④ 卫奕、王传宇:《档案信息传播效果研究》,《档案学通讯》2005 年第 5 期,第 44 - 46 页。
⑤ 卫奕:《论网络档案信息的传播效果》,《图书情报知识》2006 年第 2 期,第 72 - 76 页。
⑥ 卫奕:《论档案信息的整合传播》,《档案管理》2008 年第 6 期,第 27 - 28 页。
⑦ 颜祥林:《科技档案信息传播引论》,北京:科学技术文献出版社,2002 年,第 2 - 13 页。
⑧ 颜祥林:《档案信息网络传播——法律问题与策略》,北京:中国档案出版社,2006 年,第 12 - 36 页。

何振早在 1998 就开始关注档案信息传播，他的《论档案信息传播的媒介与受众构成》一文，分析了档案信息传播媒介的产生与发展、档案信息传播媒介的特点，以及档案信息传播媒介的受众构成①；后又撰文探讨了档案信息传播效果形成的规律、关键和结果②。

至于文献综述方面，周枫等对 1999—2009 年期间国内档案信息传播方面的文章进行了统计分析，将相关研究归纳为档案信息传播效果、模式、障碍、要素与权限研究五方面的主题内容，并认为还存在对国外该领域的研究不够、创新方面的研究甚少、对专门档案信息传播关注偏少、缺乏理论体系的构建等四个方面不足。③ 2010 年以后，研究多偏重于网络环境下档案信息传播的相关问题，如樊如霞和徐舒柯探讨了网络媒介对档案信息传播的影响与服务策略④，谢海洋等对我国档案垂直网站的发展现状及其在档案信息传播中的作用进行研究分析⑤，梁沙以档案馆网站、网络社区、博客、微博四种网络传播方式为例，分析了网络环境下档案信息传播的整合问题⑥等。

2. 档案信息服务

信息服务指基于用户研究和有效的信息组织，将有价值的信息传递给用户，以协助其解决问题的过程。广义的信息服务几乎等同于整个信息管理活动过程，狭义的是指作为信息管理活动中的信息提供环节，即信息服务就是用不同的方式向用户提供所需信息的一项活动⑦。本书即持后一观

---

① 何振：《论档案信息传播的媒介与受众构成》，《湘潭大学社会科学学报》1998 年第 1 期，第 100 - 102 页。

② 何振：《档案信息传播效果的形成》，《陕西档案》1999 年第 2 期，第 17 - 19 页。

③ 周枫、周慧：《1999—2009 年国内档案信息传播研究综述》，《兰台世界》2010 年第 24 期，第 21 - 22 页。

④ 樊如霞、徐舒柯：《网络媒介对档案信息传播的影响与服务策略》，《档案学通讯》2011 年第 5 期，第 68 - 71 页。

⑤ 谢海洋、高丽华、卞昭玲：《我国档案垂直网站的发展现状及其在档案信息传播中的作用分析》，《档案学通讯》2012 年第 1 期，第 77 - 80 页。

⑥ 梁沙：《论网络环境下档案信息传播的整合——以档案馆网站、网络社区、博客、微博四种网络传播方式为例》，《档案管理》2012 年第 1 期，第 11 - 13 页。

⑦ 王英玮等：《信息管理导论》，北京：中国人民大学出版社，2010 年，第 169 - 196 页。

点,将档案信息服务定义为:通过对用户信息需求的了解和把握,经过提取选择和综合分析,利用特定技术手段为社会和用户提供档案原始信息或加工产品的过程。

档案信息服务是档案管理活动价值实现环节,是档案机构和人员与外界沟通的基本方式,档案信息服务能促进档案信息资源的传播和利用,为社会与机构管理活动提供参考和依据,也有利于档案相关知识的普及,深层次的信息服务还能推动资源的优化和开发,从这一层面来说,档案信息服务还是一个信息增值的过程。研究档案信息服务能促进其方式与手段的改进,拓展和开发信息服务的内容,创新与推广服务理念与模式,具有极强的实践指导价值和理论意义。

档案信息服务的研究内容有:档案信息服务的内涵与原则,档案信息服务机构与人员,档案信息服务市场与专业档案信息服务研究,档案信息服务的方法与模式,档案信息服务影响因素和环境分析,档案信息服务用户研究,档案信息服务的保障与监督,档案信息服务的法律问题等。

近年来,随着管理理念的转变和社会服务意识的提升,对档案信息服务的关注也在持续升温,相关研究也逐年增多,1979 年至今的相关论文就有390 余篇,其中 2010—2012 年就分别高达 43、44、38 篇。其中信息服务内涵与影响因素分析的有:丁光勋从政务信息公开、为经济建设提供利用、发展社会主义先进文化三个方面论述了档案信息资源服务的内容与作用;①于琳探讨了《政府信息公开条例》对档案机构信息服务功能发挥的影响和作用②;冯晓莉分析了数字档案馆建设对档案信息服务的影响,并提出利用其完善档案信息服务方式的对策③;黄静探讨了政府信息公开与档案利用服

---

① 丁光勋:《电子政务环境下档案信息资源服务的内容及其作用》,《档案学通讯》2005年第 6 期,第 34 - 37 页。
② 于琳:《论〈政府信息公开条例〉对充分发挥档案机构信息服务功能的作用》,《档案学研究》2008 年第 3 期,第 25 - 27 页。
③ 冯晓莉:《数字档案馆建设对档案信息服务的影响及对策》,《档案学研究》2010 年第4 期,第 50 - 52 页。

务工作整合的理论基础和现实基础及重要意义①。

中外比较研究的主要有：赵屹等分析了美国档案工作社会化的实现基础、表现形式、服务措施及对我国档案信息服务社会化的启示②；马海群介绍了英国国家档案馆开放信息服务及其 Publication scheme 的内涵，通过比较分析我国档案信息公开指南中的不足并提出相应对策③。

技术和平台方面的有：何军提出一种基于先进数据仓库及信息集成技术的档案集成管理与集成服务的模式；④唐艳芳探讨了档案信息服务平台的构建，认为其基本要素为档案网络体系、数据库、门户网站、信息资源存储管理架构和信息服务系统等。⑤

探讨模式和体系构建的有：韩振英通过分析档案信息服务中存在的信息垄断、信息歧视、信息不对称、信息鸿沟等问题，从管理制度、服务理念、服务资源和服务平台方面，探讨基于信息公平的档案信息服务体系构建⑥；吕元智对现阶段档案信息资源服务的两类基本模式（即基于载体的实体化服务模式和基于内容的虚拟化服务模式）进行了分析，提出在我国构建档案信息资源复合动态服务模式即应对措施⑦；梁孟华从面向用户的档案信息资源的特殊性入手，分析了我国档案信息资源的市场服务模式、作用及应注意

① 黄静：《政府信息公开与档案利用服务工作整合的可行性研究》，《档案学通讯》2007年第 6 期，第 39－42 页。

② 赵屹、陈晓晖、朱久兰：《美国的档案工作与信息服务社会化——兼谈对我国档案信息服务社会化的启示》，《档案学通讯》2001 年第 2 期，第 67－73 页。

③ 马海群：《英国国家档案馆信息公开项目对我国档案信息公开与服务的启示》，《档案学研究》2010 年第 2 期，第 84－88 页。

④ 何军：《档案信息的集成管理与集成服务模式研究》，《档案学通讯》2006 年第 2 期，第 56－59 页。

⑤ 唐艳芳：《数字档案馆档案信息服务平台的构建》，《档案学研究》2006 年第 5 期，第 44－48 页。

⑥ 韩振英：《基于信息公平的档案信息服务体系的构建》，《档案学研究》2009 年第 4 期，第 24－27 页。

⑦ 吕元智：《论现阶段我国档案信息资源复合动态服务模式构建》，《档案学通讯》2007 年第 2 期，第 39－43 页。

的问题。①

　　关于理念和方式的研究成果较多：梁孟华本着用户为中心的理念，对个人数字档案馆集成服务、档案信息集成检索服务和基于智能代理的档案信息集成服务等三种模式的服务机制和主要服务功能进行了阐述②；李扬新通过对比分析图情领域研究的"开放存取"与数字化档案信息开放利用服务的共性与差异，探索如何参考和借鉴其成功经验③；刘萌提出要进行档案信息社会服务方式的变革，打破传统模式，以社会服务为中心，积极开展网络档案服务④；胡凤振探讨了如何通过有偿服务，以促进档案信息的价值实现⑤；张东华等从增值原理及其属性，服务现状与不足、服务增值的拓展策略三部分，阐述民生档案为档案信息服务增值相关问题⑥。笔者的硕士论文也是对档案信息服务的研究，提出小众化信息服务的理念，并探讨这一理念之于数字档案馆信息服务的意义与比较优势。⑦

　　在档案信息服务方面颇有建树的主要有河北大学的卞昭玲，其博士论文《档案信息服务论》研究了档案信息服务结构、过程控制、变化与变革、法律保障等几个方面⑧，并在此基础上又出版了《网络环境下档案信息管理服务研究》一书⑨；2005 年卞昭玲从评估内容、过程与方法等三方面探讨了档

---

① 梁孟华：《面向用户的档案信息资源的市场服务模式》，《档案学通讯》2006 年第 4 期，第 76 - 79 页。

② 梁孟华：《面向用户的档案信息集成服务模式研究》，《档案学研究》2009 年第 2 期，第 47 - 50 页。

③ 李扬新：《数字化档案信息开放利用的服务机制探索——来自于"开放存取"运动的启示》，《档案学通讯》2008 年第 1 期，第 37 - 40 页。

④ 刘萌：《网络环境下的档案信息社会服务》，《档案学通讯》2002 年第 4 期，第 46 - 49 页。

⑤ 胡凤振：《论档案信息的有偿服务》，《档案学研究》1995 年第 3 期，第 45 - 47 页。

⑥ 张东华、王景芳：《档案信息服务的增值审视：民生档案》，《档案学通讯》2008 年第 5 期，第 68 - 71 页。

⑦ 王广宇：《数字档案馆小众化信息服务研究：理念与比较》，《档案学通讯》2008 年第 4 期，第 23 - 28 页。

⑧ 卞昭玲：《档案信息服务论》，《档案学通讯》2005 年第 4 期，第 37 - 40 页。

⑨ 卞昭玲：《网络环境下档案信息管理服务研究》，北京：中国档案出版社，2007 年，第 1 - 249 页。

案信息服务组织的绩效评估①。

4.2.4 一次管理与管理程序之异同

本节对"档案信息一次管理"的研究，内容涉及文件(档案)信息的采集、描述、组织、存储、传播与服务等，与第 3 章第 3 节"档案管理程序研究"中所谈及的档案收集、整理、鉴定、保管、检索、编研、利用与统计似乎有重复冗余之嫌，且两者在管理维度上的定位貌似也难以区分，有必要予以辨析。

一方面，两者的区别是明显的：首先，两者的研究目的不同，对"档案管理程序"的探讨，是为了验证和说明传统档案学研究对"程序(或过程)"的关注是属于管理内容维度的，而论述"档案信息一次管理"则是基于管理资源的视角，一则为下文"档案信息二次管理"及"管理资源的信息保障"的提出和研究作必要的铺垫，二则"一次管理"是对档案信息自身"资质"的基本保证，也就是说，档案信息之所以能成为管理资源，离不开"档案信息的一次管理"；其次，两者的导向不同，如前文分析"档案管理程序"相关研究属于内容维度，其理念是任务导向，因而程序本身就是其关注的对象，而"档案信息一次管理"的相关研究是基于资源的维度和视角，属于用户导向，管理程序只是其目标实现的途径，最终目的还是资源的利用和效用的发挥；再次，两者的适用对象不同，前面所说的"管理程序"主要是针对传统档案的载体和内容而言，而"档案信息一次管理"研究富有时代特征，既强调传统形式档案的内容信息，也能反映数字环境下的档案资源特征，更具概括性和包容性。

另一方面，两者的联系也是紧密的和必然的：本研究对"档案信息一次管理"和"档案管理程序"研究内容的表述，都是基于过程与流程的角度予以划分和展开的，而程序和流程在本质上归属于管理的内容，因而这两部分的相似就难以避免；再则，如本书第 1 章第 3.5 节中所分析，管理活动的维度

---

① 卞昭玲：《试论档案信息服务组织的绩效评估》，《档案学通讯》2005 年第 2 期，第 12-14 页。

划分既是绝对的,也是相对的,资源与内容的关系十分紧密,任何管理内容的实现离不开资源的支撑,而几乎所有的资源也都能成为管理的对象和内容,实践和现实既然如此,研究就自然无法割裂两者的联系,档案信息一次管理虽然目标和导向都是实现资源的效用或保障,但必须通过一定的形式(即成为管理的内容)才能得以进行和体现,否则就是无本之木、无源之水。

4.3　档案信息资源的二次管理

如前所述,对文件(档案)信息的采集、描述、组织、存储、传播与服务等,属于档案信息资源的一次管理,这是档案信息之所以能成为资源的基本保障,即一次管理旨在保证档案信息资源的可用性;而随着档案信息资源的日渐丰溢和复杂,一次管理已经无法满足档案信息用户的多元化和多样化需求,有必要对文件(档案)信息从内容上进行开发,在形式上予以构建,在手段上实行营销,即对档案信息资源进行二次管理,目的是实现档案信息资源的易用性,促进档案信息资源的效用最大化,进而提升档案工作的层次和水平,二次管理的提出也对档案学在资源维度的研究产生积极影响。

4.3.1　文件(档案)信息开发

对文件(档案)信息开发的含义有不同理解,王景高认为国外有两种观点,一种认为开发就是"对档案文件及其所含信息进行整理和编目",另一种是认为开发还包括提供咨询服务和促进利用,他还将国内的理解分为五种不同观点。笔者通过文献调研,认为目前将文件(档案)信息开发仍定义为"编目与索引"的已经比较罕见了,主要有狭义和广义两种理解:狭义的理解为根据用户需求和馆藏实际,将档案中蕴藏的信息挖掘出来,以实现档案价值最大化的过程,这种理解认为文件(档案)信息开发是一个高层次的劳动创造过程,不同于收集、整理、编目等一般档案管理工作环节;而广义上的理解不仅包含了狭义的理解，还包括档案信息一次整理的全过程在内①。本书持前一观点。

研究文件(档案)信息开发是档案事业发展的需要，也是资源维度档案学研究的本质要求。一方面能直接指导档案工作实践，有利于激发档案信息工作者的积极性和创造性，提升档案管理活动的层次和水平，促进档案资源的深层次挖掘和充分利用；另一方面，也能开阔和拓展档案学的研究视域，强化档案学研究的功能和价值，进而有助于档案学的学科地位提升和可持续发展。

文件(档案)信息开发研究的主要内容有：文件(档案)信息开发的含义与内容，开发的特征与意义，开发的原则与要求，开发的技术与方法，开发的层次与过程，开发的组织与人才研究，文件(档案)信息开发的效益分析与趋势研究等等。

由于档案信息开发的重要价值和可拓展空间，此类研究成果颇为丰富，近年来还呈持续上升的态势。早在 1985 年，辽宁省档案学会就召开了"进一步开发档案信息资源"学术讨论会。②

政策方面的研究。林真分析了我国档案信息开发政策的形成与特点，评价了现有成效及存在的问题，并提出完善的意见③。马海群在明确档案信息开发利用及其顶层设计意义的基础上，从国家层面分三方面(规划设计、制订与标准化体系建设)探讨了档案信息资源开发利用顶层设计的核心要素④。张丽娜等基于对档案信息资源开发利用中的问题分析，厘清其合法性与合理性的关系，并提出相应的可行性措施⑤。

---

① 王景高：《论档案信息资源开发》，《档案学通讯》2000 年第 5 期，第 19 - 22 页。
② 李文彬：《辽宁省档案学会召开"进一步开发档案信息资源"学术讨论会》，《档案学通讯》1986 年第 3 期，第 64 页。
③ 林真：《档案信息开发政策评析》，《档案学通讯》1998 年第 3 期，第 3 - 6 页。
④ 马海群：《档案信息资源开发利用的顶层设计》，《档案学研究》2008 年第 3 期，第 35 - 40 页。
⑤ 张丽娜、陆文军：《档案信息资源开发利用合法性与合理性初探》，《档案学通讯》2008 年第 5 期，第 32 - 35 页。

技术与途径方面,朱学芳探讨了不可见水印技术(即水印嵌入保护技术)、可见水印保护技术、可逆可见水印在数字档案原始权威性保护和长期真实可用性中的应用,以促进数字档案信息资源开发、高效使用与保护矛盾的解决①。孙爱萍从合作的动因、途径和方式、原则等探讨了档案信息资源开发合作战略的实现②。

对此,湘潭大学的陈艳红统计分析了 1980—2009 年间《档案学研究》《档案学通讯》两种核心期刊上发表的相关论文共 162 篇,将 30 年间我国档案信息资源开发利用的研究主题分为:开发利用理论与方法的一般性问题、国外的理论与实践、档案信息资源开发利用与现代信息技术的应用、开发利用与政府信息公开、开发利用的机制过程与环节、用户研究、法律政策、开发利用的价值及评价、科技档案信息资源的开发利用,企业档案信息资源开发利用,公共档案馆档案信息资源的开发利用等 10 余个主题。③

档案信息开发研究的核心作者主要有南京大学的吴建华与黑龙江大学的倪丽娟。吴建华于 1996 年开始关注此类问题,他的《关于档案信息资源开发的思考》一文从档案信息资源开发的含义及特征分析入手,探讨了档案信息资源开发的具体内容,并提出档案信息资源开发的主体包括档案工作者和档案信息利用者两个方面④;其后,吴建华于 1997 年又以专著的形式探讨了科技档案信息资源开发策略⑤。

倪丽娟早在 2003 年就开始关注信息化背景下的档案信息资源开发问题,认为社会信息化使得档案信息存在和传播方式发生转变,为此必须解决

---

① 朱学芳:《数字档案信息开发及应用管理中的图像水印保护技术》,《档案学通讯》2010 年第 5 期,第 72 - 75 页。
② 孙爱萍:《实施档案信息资源开发合作战略》,《档案学通讯》2002 年第 6 期,第 66 - 68 页。
③ 陈艳红:《30 年来档案信息资源开发利用研究述评——基于〈档案学研究〉〈档案学通讯〉的论文分析》,《档案学研究》2010 年第 2 期,第 45 - 48 页。
④ 吴建华:《关于档案信息资源开发的思考》,《档案学研究》1996 年第 4 期,第 35 - 37 页。
⑤ 吴建华:《科技档案信息资源开发策略研究》,北京:中国档案出版社,1997 年,第 1 - 25 页。

指导思想、思维定式、开发职责、技术等方面的问题，并提出要从完善组织信息化工作体制、档案信息形成机制和利用机制等方面予以应对①；2006 年她在分析传统档案信息资源开发模式局限性、社会发展的基本特征及其档案信息诉求的基础上，从档案信息资源开发理念、开发制度和开发方式三方面，探讨新型档案信息资源开发模式的构建②；2007 年提出责任档案信息的概念，并探讨综合档案馆如何进行责任档案信息的管理与开发③；随后的2008 年，又通过解读和审视社会实践管理理性化，并对档案信息资源开发的社会环境进行分析，提出开展档案信息资源开发试点工作、提升档案信息化水平、向行政管理部门提供策略等方式，以促进档案信息资源开发。④

李欣的博士论文也是对档案信息资源开发的研究，该文在探讨档案信息资源开发的含义、必要性、原则与现实基础后，分章节提出档案信息检索、编研与传输服务等三种档案信息资源开发形式，并从环境、技术、法律和人才等方面研究其社会保障。⑤

其他专著形式的成果主要有：黄子林的专著《档案信息资源开发》对档案信息资源开发理论的构建比较全面，涉及概念、功能、原理、效益等诸多方面的问题，其中比较有特色的是对家庭档案信息的开发进行了探讨⑥；陈永生等研究了档案信息资源开发利用的基础性问题，并对其效益与效益评估进行了专题研究⑦；颜海的《档案信息资源开发利用》一书，从信息及信息资

① 倪丽娟：《信息化背景下的档案信息资源开发》，《档案学通讯》2003 年第 4 期，第 79 - 82 页。
② 倪丽娟：《完善档案信息资源开发模式的思考》，《档案学通讯》2006 年第 6 期，第 37 - 40 页。
③ 倪丽娟：《责任社会与责任档案信息资源开发》，《档案学通讯》2007 年第 4 期，第 79 - 81 页。
④ 倪丽娟：《管理理性化视阈下促进档案信息资源开发路径探寻》，《档案学研究》2008 年第 4 期，第 42 - 43 页。
⑤ 李欣：《当代档案信息资源开发研究》，《档案学通讯》2003 年第 5 期，第 51 - 54 页。
⑥ 黄子林：《档案信息资源开发》，长沙：湖南科学技术出版社，1995 年，第 1 - 271 页。
⑦ 陈永生、田炳珍：《档案信息资源开发利用及其效益研究》，广州：广东人民出版社，1999 年，第 1 - 189 页。

源基础理论知识入手,分析了档案信息资源开发的含义、原则、方法与策略,以及网络环境下档案信息资源开发的策略等方面问题①;国家档案局与国务院信息办对档案信息开发利用试点工作进行总结,并分政务信息资源管理、企业档案信息资源开发利用、公共文献基础数据建设、档案信息资源社会化服务等栏目予以汇编出版。②

至于档案信息资源开发的走势和趋向,靳秀华等早在 1994 年就对此予以探讨,其提出的开发主体与开发形式等发展趋势分析,对今后发展仍不无启示。③ 而新时期最重要的是网络与信息技术对档案信息资源开发的作用和影响,也是今后研究的重点和热点。

4.3.2 文件(档案)信息构建

信息构建是一个新兴的研究领域,美国情报科学和技术协会(Asls&T)提出,信息构建有三层含义:一是信息组织、导航、标注与策划的组合,二是信息空间结构设计的优化,三是网络信息分类的科学和艺术④。信息构建的核心内容包括信息的可访问性和可理解性。据此可以认为,档案信息构建是研究如何组织、表达和阐释文件信息,以保证其可用性和易用性的艺术与科学。⑤

档案信息构建与档案信息组织既有联系又有区别。两者的联系在于,信息构建是建立在档案信息组织的理论与实践基础之上,而档案信息组织

---

① 颜海:《档案信息资源开发利用》,武汉:武汉大学出版社,2004 年,第 2 - 112 页。
② 国家档案局技术部:《档案信息资源开发利用试点经验汇编》,北京:中国档案出版社,2008 年,第 1 - 167 页。
③ 靳秀华、吴玲:《档案信息资源开发利用的新走势和设想》,《档案学研究》1994 年第 2 期,第 27 - 30 页。
④ 《Asls&T 第六届信息构建峰会》,《现代图书情报技术》2007 年第 1 期,第 96 - 97 页。
⑤ 荣毅虹、梁战平:《论信息构建的三个基本问题》,《中国图书馆学报》2004 年第 6 期,第 5 - 8、12 页。

又是信息构建的主要内容并为之提供技术支持①。两者的区别在于，信息组织多是从信息管理人员的角度来考虑技术和方法，侧重于信息的系统性和有序性，而信息构建更关注信息用户的理解和利用，侧重于信息的清晰和可理解②，两者最大不同在于，信息组织只关注信息加工与排列的科学性，而信息构建则注意信息呈现的科学性和艺术性。由于信息构建存在强调信息的艺术性和可理解性、强调用户的需要和体验等特点，可见研究文件（档案）信息构建不仅对于档案管理实践与档案信息服务理念创新具有冲击力和影响力，对于档案学研究的理论拓展也大有裨益。

文件（档案）信息构建研究的主要内容有：信息构建的原理与方法，信息构建对文件（档案）信息组织的作用和影响，文件（档案）信息构建的特点与要求，文件（档案）信息构建的内容与原则，档案信息用户研究，文件（档案）信息工作者信息素质研究等。

但由于一方面国内信息构建的研究还处于起步阶段，如目前著作类的成果只有中国人民大学周晓英的《基于信息理解的信息构建》③和《信息组织与信息构建》④两部；另一方面当前的信息构建理论主要只关注网络信息资源的组织和表达，所以在档案学研究领域的成果还不是很多，且主要探讨其对于档案网站的启示和影响。如丁立新、祝鑫一的《信息构建对档案网站检索系统建设的启示》。⑤ 曾娜运用信息构建理论，从设计理念、导航系统、搜索系统、组织系统与标识系统等方面对我国档案网站进行考察，分析存在的问题及所得的启示⑥。罗铮探讨了档案网站构建的目标、功能和内容构

---

① 刘伟、郝俊勤：《信息组织与信息构建》，《情报资料工作》2009 年第 1 期，第 27 - 29 页。
② 李晓鹏：《信息构建与信息组织的比较分析》，《内蒙古科技与经济》2010 年第 1 期，第 56 - 58 页。
③ 周晓英：《基于信息理解的信息构建》，北京：中国人民大学出版社，2005 年，第 1 - 248 页。
④ 周晓英：《信息组织与信息构建》，北京：中国人民大学出版社，2011 年，第 1 - 26 页。
⑤ 丁立新、祝鑫一：《信息构建对档案网站检索系统建设的启示》，《兰台世界》2011 年第 24 期，第 47 页。
⑥ 曾娜：《IA 信息构建理论对我国档案网站发展的启示》，《档案管理》2006 年第 1 期，第 29 - 31 页。

建,并从个性化服务、导航系统、检索系统与链接等方面进行详细的分析①。于淑丽从用户需要、信息资源组织和可用性测试三方面,探讨信息构建理论对档案网站建设的启示,并进行了可行性分析②。只有陆冲等的研究相对更为宏观,探讨了信息构建视阈下的档案利用问题,该文认为信息构建对于档案信息提供利用的意义在于其关注信息生态问题、强调对信息本身的重视和用户体验等方面③。

李强提出,我国信息构建研究还存在缺乏系统的理论体系、应用范围相对狭窄、专业人才教育尚未形成等问题④,这些问题也同样反映在档案信息构建的研究上,不过这也正说明档案学在这一研究领域里还大有文章可做,具有提升的空间和潜质。

4.3.3　档案专题信息营销

对于信息营销,目前有两种理解:一种将信息营销定义为,企业(机构)综合运用各种现代信息技术,以各类有效信息为重要资源来制订营销战略,并协调和管理营销工作,以获得竞争优势的一种营销方式⑤;另一种认为,信息营销是信息服务机构为满足信息用户需求,对其信息产品与服务进行调研、分析、组织、促销等系列活动,并实现价值交换的过程⑥。前者是将信息作为营销的资源与手段,而后者是将信息作为营销的产品和对象。本书

---

① 罗铮:《论信息构建与档案网站建设》,《机电兵船档案》2006 年第 5 期,第 11 - 12 页。
② 于淑丽:《信息构建对我国档案网站的启示》,《浙江档案》2010 年第 5 期,第 31 - 33 页。
③ 陆冲、李明:《信息构建视阈下的档案利用》,《档案天地》2008 年第 3 期,第 57 - 59 页。
④ 李强:《我国信息构建(IA)的发展现状研究》,《中国校外教育》2010 年第 16 期,第 163 - 163 页。
⑤ 罗婉容、罗海成:《当代市场营销》,北京:航空工业出版社,1999 年,第 360 页。
⑥ 刘昆雄:《基于信息营销的图书馆业务流程重组研究》,《中国图书馆学报》2004 年第 5 期,第 35 - 38 页。

持后一观点，认为档案专题信息营销是指，在政策和法律许可范围内，档案信息机构按照信息市场的规律，选择适当的经营方式和策略，完成信息商品和信息服务从专题开发到交换利用的转换，向用户提供特定信息产品和信息服务的过程。①

信息营销研究在图书情报界受到一定的关注和重视，相关成果较多，但在档案学研究领域缺乏影响。这是由于档案信息的特殊性和档案工作的相对封闭性，许多人认为档案信息资源无须"营销"也无法"营销"，其实这种理解有一定的偏差。一则，档案信息资源，特别是经调研后专门加工的档案信息，与普通的物质商品一样，是价值和使用价值的矛盾统一体，是能满足社会需要、凝结了一般劳动的智力成果，因此可作为商品来生产、流通和使用，具有推广和推销价值②；二则，运用营销的原理和策略能促进档案信息的开发利用，改变档案信息工作者的理念，激发其内在动力，提高档案信息开发的效率，进而塑造档案信息服务的新形象，实现档案馆职能的拓展和服务的强化③。可见，档案信息营销是可行的，档案专题信息营销研究更是必要，有利于改变档案工作者和档案研究人员的观念与思路。

档案专题信息营销研究的主要内容有：档案信息营销的含义与内容，档案信息营销调研与预测，档案专题信息的选择、确定与加工，档案信息营销环境分析、档案信息市场与用户行为分析，档案信息营销战略规划，档案信息产品价值分析，档案信息营销的策略和方法等。

现有的研究主要有：宋李娜分析了档案信息服务"营销"的宗旨与"营销"组合，并从产品、服务、广告与宣传等方面探讨了档案馆信息服务的"营销"战略，以促进档案信息资源的充分利用，满足社会和公众的需求④。王

---

① 王英玮等：《信息管理导论》，北京：中国人民大学出版社，2010 年，第 190 - 196 页。
② 王娟娟、刘昆雄、王广宇：《基于信息产业链的书目信息营销策略研究》，《图书与情报》2008 年第 1 期，第 63 - 66 页。
③ 刘昆雄、李慧玲、彭备芳：《图书馆信息营销与信息资源开发研究》，《中国图书馆学报》2007 年第 2 期，第 47 - 51 页。
④ 宋李娜：《面向公众的档案利用工作——论档案馆信息服务的"营销"战略》，《档案学通讯》2002 年第 5 期，第 24 - 26 页。

卫兵探讨了县级档案介入信息市场的营销策略问题,提出强化自身、发挥优势、公关宣传、拓展业务、价值政策、组织促销和服务优化等七条营销策略,以谋求"档案信息商品化"①。

　　档案学在信息营销领域的研究还亟待加强,这是推销和推广档案信息资源,提升档案工作与档案学研究水平和地位的内在要求。许多人认为,档案工作很少直接参与社会与机构管理活动当中,给人置身事外、"大隐于市"的印象,档案学也在管理研究领域属于"隐学"。新的管理环境对档案工作提出了新的要求,机遇与挑战并存,此时要意识到"有为才有位",要抓住时机、乘势而上,还要能"就势造势",善于宣传与营销,开展各类档案文化活动,推出更有吸引力的档案文化产品,让更多的单位和个人熟悉档案工作、利用档案资源②,在扩大档案工作影响的同时,提升档案学研究在管理资源维度的空间和地位。

4.4　管理资源信息保障研究

　　对管理资源的保障是档案信息资源的功能体现,也是档案学将自己置身于更广阔的管理研究领域,并在资源维度展现自己的活力和价值的本质要求。

4.4.1　管理资源信息及其保障含义解读

　　所谓资源信息,安海忠等在《资源信息管理》一书中定义为,表征能为人创造经济价值的自然资源数量、质量、储存条件、开发利用环境、分布特点等的信息集合,包括文字、数字、图像、声音等多种形式。这种定义主要是从显

---

① 王卫兵:《县级档案介入信息市场的营销策略》,《陕西档案》2000年第2期,第12－13页。
② 陈嘉祥:《新时期档案工作的新作为》,《浙江档案》2008年第5期,第12－13页。

性资源的角度给出的，不过该书在探讨资源信息与社会、经济、管理的关系时，有独到之处（如图 4－1 所示），认为质量时空等是资源的核心信息，而管理等属于综合信息①。而汝宜红将资源信息分为自然资源信息和社会资源信息，前者包括工业、农业和环境资源信息等，后者含劳动力资源信息和基础设施信息等②。

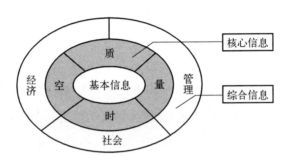

图 4－1　资源信息结构模型

而本书所探讨的管理资源分为显性、半显性与隐性资源，所以参照上述定义，管理资源信息是指表征能为管理活动所依赖和利用的各类资源的质、量、时、空及开发利用环境等信息的集合。简而言之，就是关于管理资源元数据和数据的集合。管理资源信息和管理信息是种属关系，前者仅指管理活动中所利用与依赖资源的相关信息，而后者还包括管理活动所生产或产生的信息。

资源信息可为资源的有效控制与开发利用提供参考和依据，保证社会与机构管理活动的顺利进行与科学发展，因而研究管理资源信息显得十分必要。且资源信息除了一般信息的特点外，还要求保证其精确性、系统性、动态性和层次性，这些都是档案学研究所能胜任和擅长的，所以管理资源信息保障问题势必成为资源维度档案学研究的内容和特色。

管理资源信息的保障，是指借助现代信息技术和方法，通过对管理活动所依赖资源的元数据和数据进行收集、组织、控制、加工、挖掘与交流等处理，以实现

---

① 　安海忠、方伟：《资源信息管理》，北京：地质出版社，2009 年，第 22－25 页。

② 　汝宜红：《资源管理学》，北京：中国铁道出版社，2001 年，第 157 页。

管理资源的最优配置和合理利用,具体包括显性管理资源信息的保真与保全、半显性管理资源信息挖掘与控制、隐性管理资源信息的表达与交流等内容。

4.4.2 显性管理资源信息的保真与保全

如第2章第2.2节中的"显性资源"的分析可知,包括人、财、物在内的显性管理资源,是管理活动的基础性资源,因其存在的具体有形,一直以来为人们所关注和重视。这类资源具有认识上的可直接感知性、利用上的完全排他性、开发上的难以模仿和复制等共同特征,使得对显性管理资源的信息保真与保全显得尤为重要。所谓"保真"是保证显性管理资源信息的真实性和可靠性,而"保全"是指关注资源信息的完整性与系统性。

真实可靠的显性资源信息是管理决策的重要基础和直接依据,只有在明确可资利用的人力、财力与物力状况的前提下,才能做到准确判断、精确设计,有助于提高管理计划的可执行性。资源信息的完整性与系统性则是从管理活动和事业全局来看的,也同样影响管理活动的科学性和可行性,很难想象仅参考和依靠片面的、局部的资源信息就能促进管理活动整体推进,并产生良好的效益和效果。正因为如此,对显性管理资源信息保真与保全的实践和研究一直受到重视,并形成了专门档案系列。如对人力资源信息予以保障的人事档案,保存财力资源信息的会计档案,以及针对物力资源信息的基建与设备档案等。

国内对显性资源信息保障的研究成果十分丰富,1979年至今中国知网收录研究人事档案的期刊论文有3770余篇,与会计档案相关的1318篇,专门探讨基建与设备档案的也有860余篇。

20世纪80年代开始,相关教材与专著也不断推出:其中人事档案方面的近20部,较早正式出版的是王法雄编著的《人事档案管理概论》(1984)[①];中国人民大学的邓绍兴对于人事档案的学科建设功不可没,并著

---

① 王法雄:《人事档案管理概论》,武汉:湖北人民出版社,1984年,第1-25页。

有《人事档案学》(1990)①和《人事档案教程》(2008)②两部教材；陈潭的《中国人事档案制度研究》一书，专门探讨了人事档案的制度问题，阐述了我国人事档案制度从身份走向契约、从管制走向服务是势所必然，而法制化、契约化、社会化和电子化是成为政策转轨的路径依赖③；陈文义则专门研究了军队人事档案管理④。至于现代信息技术与网络环境下的人事档案管理研究，朱玉媛的《现代人事档案管理》(2002)⑤有所涉及，而王英玮的《信息时代的人事档案管理：理论、实际、方法、技术》(2004)中则研究更为深入⑥。

会计档案方面的主要有：周书祥的《会计档案学》(1988)⑦；陈智为等的《会计档案管理原理与实务》(1995)⑧；王英玮的《会计档案管理的原理与应用》(2003)⑨等 6 部。

虽然没有发现关于基建与设备档案的图书正式出版，但由于我国档案界将其归入科技档案的研究范畴，相关专著和教材更为丰富，达 50 余部。科技档案研究的核心作者是中国人民大学的王传宇与西北核技术研究所的霍振礼，前者主编和参编了 7 部科技档案管理方面的图书，发表相关期刊论文近 20 篇，后者则有 3 部图书形式的科技档案研究成果，相关期刊论文 40 余篇。

当然，随着社会与机构管理的日益开放，以及网络与信息技术带来的工作节奏的加快，仅仅满足于显性管理资源信息的保真与保全是远远不够的，

---

① 邓绍兴：《人事档案学》，北京：中国青年出版社，1990 年，第 1－506 页。
② 邓绍兴：《人事档案教程》，北京：中国传媒大学出版社，2008 年，第 1－464 页。
③ 陈潭：《单位身份的松动　中国人事档案制度研究》，南京：南京大学出版社，2007 年，第 1－230 页。
④ 陈文义：《军队人事档案管理》，北京：军事科学出版社，2002 年，第 1－138 页。
⑤ 朱玉媛：《现代人事档案管理》，北京：中国档案出版社，2002 年，第 1－243 页。
⑥ 王英玮：《信息时代的人事档案管理：理论、实际、方法、技术》，北京：中共党史出版社，2004 年，第 1－338 页。
⑦ 周书祥：《会计档案学》，南京：南京大学出版社，1988 年，第 1－181 页。
⑧ 陈智为、杨东红：《会计档案管理原理与实务》，北京：法律出版社，1995 年，第 1－179 页。
⑨ 王英玮：《会计档案管理的原理与应用》，北京：中国档案出版社，2003 年，第 1－318 页。

还需要在保证这些资源信息的时效性和开放性方面进行研究和探讨,这也是面向管理资源档案学研究的拓展空间和发展方向。

4.4.3 半显性管理资源信息挖掘与控制

信息、规则和技术等半显性资源,需要借助于一定的媒介或通过一定的技术手段,才能为人们所感知和利用。相对显性资源而言,不具备直观可视性,而相对隐性资源而言又是外在的,不需要通过人们的情感认同和观念内化就能发挥其功用。半显性管理资源具有存在上的依附性、利用上的整体性与共享性、开发上的可复制性和时效性等共同特点,因而对这类资源的保障需要在适度挖掘的基础上,才能予以有效控制。

邢国春将信息挖掘定义为,人们根据自身需求,以感知、思维与创造等方式,从物质和能量中提取生产信息的过程[1]。这虽是从显性资源的角度来界定的,但对于定义半显性资源信息挖掘不无借鉴意义。同时,在知识管理研究中,技能这种半显性管理资源是属于隐性知识的范畴,要对其进行共享和利用,重要的途径之一[2]就是知识外化(externalization)[3],即指通过类比、隐喻和假设、倾听和深度谈话等方法,将隐性知识转化为容易理解和接受的形式。[4]

---

[1] 邢国春:《基于 Web 的信息资源挖掘价值与便利访问机制》,《情报科学》2005 年第 8 期,第 1221 - 1224 页。

[2] 日本著名的知识管理学家野中郁次郎提出了知识共享的 SECI 模型,包括潜移默化(或社会化,socialization),是将隐性知识转化为新的隐性知识的形式,如传统的师传徒受;外化,指通过类比、隐喻和假设、倾听和深度谈话等方法将隐性知识转化为容易理解和接受的形式;聚合化(combination),指将个人零散的显性知识汇总组合起来成为对组织有价值的显性知识;内化(internalization),指成员将显性知识转化为新的隐性知识的内部升华的形式。

[3] 储节旺、方千平:《国内外知识共享理论和实践述评》,《情报理论与实践》2007 年第 5 期,第 705 - 709 页。

[4] 姚璇、罗国峰:《刍议知识博客在知识管理中的应用》,《情报探索》2009 年第 1 期,第 102 - 104 页。

据此本书认为半显性管理资源信息的挖掘，是指通过对规则、技术等半显性资源拥有主体的观察和交流，并将所获得的信息进行加工和编码，以实现对这些资源状态和发展趋势的把握与控制的过程。

挖掘半显性管理资源信息有助于管理的科学决策与规划，有利于最优管理方式的选择，充分利用管理的各类资源，以更好地服务于管理的内容与目标，保障管理活动的进程与效果。同时，挖掘半显性管理资源信息还能拓展档案信息采集的范围和方式，丰富档案管理活动与研究的内容，因而理应成为资源维度档案学的研究亮点与价值提升点。

关于规则资源信息的研究，由于"显规则"（或"正式规则"）往往表现为由外在权威或组织来实施和控制的规章制度，其信息可直接识别，可以通过文书档案予以保障，无须挖掘，因而关于规则信息的挖掘主要集中于"潜规则"（或"非正式规则""隐规则"等），如接励等就研究了关联规则的挖掘，以针对不同类别的教师制定相应的人事激励制度①。

由于技术是人们社会生产和科学实践中经验、知识、方法和技能的积累，技术资源信息虽然在科技档案中能有所体现和保障，但一则存在着技术的日新月异与科技档案工作相对滞后之间的矛盾，二则许多经验技能隐含并依附于个体管理工作者，不属于科技档案的归档范围，因而挖掘技术档案信息也是十分必要的。在对中国知网 1980 年至今收录的期刊论文分析得知，此类研究主要集中在知识管理研究领域，而以挖掘图书馆员经验与技能的研究居多（共有论文 8 篇专题研究），也有 3 篇是研究企业员工的，而研究档案人员的仅有两篇，一是管先海等人对档案人员包括经验和技能在内的隐性知识及其特点进行分析，并提出档案人员隐性知识挖掘与共享的措施②，二是曲晓晶在探讨档案人员隐性知识挖掘与共享的障碍基础上，提出

---

① 接励、王虹：《高校人事管理信息中的关联规则挖掘》，《天津师范大学学报》（自然科学版）2004 年第 2 期，第 64 - 66 页。
② 管先海、刘伟、白桦：《档案人员隐性知识的挖掘与共享》，《湖北档案》2007 年第 12 期，第 25 - 27 页。

应对措施①。两文在行文结构与对策措施方面有诸多异曲同工之处。

对半显性管理资源挖掘研究最多的,自然是包括档案在内的信息资源,此类研究不仅必要而且有益,在提升信息自身资源价值和管理功能的同时,还可以为其他资源信息的挖掘提供指引和帮助,这一方面是指对档案信息的挖掘,可以为其他资源信息的发掘做铺垫和准备,如在挖掘某员工的特定经验和技能时,通过对相关技术档案的了解和研读,有利于创造共同的语境,以更好地与该员工沟通,从而能快捷有效地实现技术信息的把握和编码;另一方面是指在挖掘方式上给予可资直接借鉴的经验和参考,比如在口述档案的采集方面,档案工作者和研究人员是有经验和技巧的,因而对于指导和利用语言交流等方式来挖掘资源信息,也是能有所作为的。而对信息资源的挖掘其实质就是对信息的开发,属于信息的二次管理,因在本章第3节中有详细论述,此处就不再重复罗列相关研究成果了。

4.4.4　隐性管理资源信息的表达与复制

管理的隐性资源如权力、人脉和文化等,在管理活动中的作用发挥虽然是内在的和隐蔽的,却也是不可忽视的,有时候还能出其不意,起到显性、半显性资源所不能达到的效果,因而研究其信息保障也是十分必要的。

不过这里要明确的是隐性管理资源信息不同于隐性知识,虽然两者都有"隐性"二字作为限定词,但其限定的对象不同,前者是对"资源"的限制和规定,即是该资源特征的说明(如人脉与权力等存在形态的无形性以及发挥功效的内在性),而后者是对"知识"的限定,是指该类知识是非编码的,不具有可直接识别性。因而隐性管理资源信息有可能是显性的(如文化资源),而隐性知识则一般以显性管理资源(如人力资源)为载体并往往表现为半显性管理资源(如技术资源)。

简而言之,虽然权力、人脉和文化等管理资源本身的存在形态是无形

①　曲晓晶:《档案人员隐性知识的挖掘与共享》,《兰台内外》2009年第2期,第49页。

的,但其相关信息却往往是明示的。因而保障隐性管理资源的重点就是如何实现其信息的准确表达与有机复制:表达的功用在于引发管理主体对这类资源的关注与重视,以发挥隐性管理资源积极作用,杜绝或降低其消极影响;而复制的意义在于保证这类资源的可再生、可拓展和可传承,以利于管理活动的健康与可持续发展。

其实隐性管理资源信息一直是档案工作的内容和档案学研究的对象,如权力来源与执行的信息都体现在文书档案之中。只不过传统的文书档案归档范围侧重于结论性文件与宏观数据的收集与长期保存,而新时期的社会与机构管理活动中,人们更期望过程性文件和基础性数据方面的档案信息,来证明权力的来源及其合法性和权威性。笔者在北京市昌平区调研时就发现,在村委换届选举中,人们不再只关注选举的结果,而对每次投票的过程与公示的数据产生极大的兴趣,甚至对监票人与唱票人的推举过程都表示关注;而在被称为农村“二次土地革命”的林权产权改革中,最具说服力和价值的并不是某村整体的劳股金数据,而是具体到每个村民的参股与配股的数据,这恰恰是过去档案工作所忽视和轻视的,往往带来了管理工作的不利和被动,因而调研中,该区南口镇的政工副书记郑交智同志就针对林权改革档案工作提出,要将各改革单位理财小组成员自身的相关证明材料予以保存,即相关人员选出和产生的背景和相关记录,以证明其真实性和合法性。

再如谱牒就是人脉资源信息的表达,而地方志与机构沿革等档案文献编纂成果,记录的也是地区和机构的文化资源信息。可见,档案学研究在探讨隐性管理资源信息的表达与复制等方面是有基础和传统的,关键是研究的出发点是立足于资源管理还是面向管理资源,如果是前者就会一直停留在档案管理内容的维度,故步自封,“自娱自乐”;若是后者,则会立足于更高的层次和更开阔的视野,基于用户的需求和管理的需要,来重新审视档案资源的建设和开发,以更主动的姿态来采集与加工管理信息并充分发挥其资源保障的功效,于是问题又回归到了档案信息资源的二次管理研究之上了。

4.5 本 章 小 结

　　管理资源包括人、财、物和信息等显性、半显性资源,还包括权力、人脉、文化等隐性资源,这些都是管理活动开展的前提和基础。档案学研究在管理资源维度有着两方面功能,一是研究文件(档案)内容信息的优化和配置,即探讨对管理中最具确定性和凭证性的基础性资源——档案信息资源的开发与利用;二是研究文件(档案)信息如何实现对其他管理资源的保障,特别是在保障规则、权力、文化等资源中的功能和作用。面向管理资源无疑意味着档案学研究的价值增长点,这是基于管理维度分析的档案学研究第二个假设,也就是本章的研究任务和内容。

　　首先,在辨析资源管理与管理资源的区别与联系、梳理档案学研究回归管理资源的缘起与依据的基础上,提出面向管理资源的档案学研究在本质上具有双重性,既要研究其自身作为资源的属性和规律,又要研究对其他资源的信息保障功能,而这种双重属性和功能,决定了资源维度的档案学研究具有用户导向、技术依赖、服务优先等特点。

　　其次,探析了档案信息资源的一次管理研究,具体包括档案信息的采集与描述研究、档案信息的组织与存储研究、档案信息的传播与利用等。

　　再次,提出了档案信息资源二次管理研究的概念与思路,认为二次管理包括从内容上对档案信息进行编研,从形式上对档案信息予以信息构建,从手段上对档案信息进行专题营销。

　　最后,本章对管理资源信息及其保障含义进行解读,分别探讨了显性管理资源信息的保真与保全、半显性管理资源信息挖掘与控制、隐性管理资源信息的表达与复制等的内涵和范围,认为一次管理是资源维度档案学研究的基础,二次管理是其优势提升,而管理资源信息保障的研究则是其功能的体现。

5 管理方式——档案学研究的核心竞争力

　　管理方式是管理资源整合、配置与利用的方法与途径,是管理内容与管理功能得以实现的基本手段。管理维度空间中承担着"连接"内容维度与资源维度的作用,也就是说离开管理方式的支撑,资源就无法服务于管理内容,甚至不能称之为管理资源,而管理内容也就无法展开与实施。此外,与管理资源和内容的相对固定、客观性较强不同,管理方式还具有相当的灵活性和能动性,一则管理方式的选择受管理主体的支配和左右,二则同样的管理方式和手段,经由不同的管理者运用,其结果与绩效也会有所不同。

　　文件方式属于一种正式的、言语型、媒介类管理方式,是管理活动中最重要、最通用,也是最经济的管理方式,由于其具有确定性、规范性、可控性等比较优势,现代社会与机构管理都离不开这种方式的运用和支撑。而文件方式一直是档案学研究的特色和强项①,在管理学科体系中有着无可比拟的优势,正如胡鸿杰所指出的,其实中国档案学并不缺乏影响整个管理学科的研究领域,至少在管理方式和管理资源这两个维度上都是大有作

① 这里需要说明的是,如第1章第3.6节所述,胡鸿杰在《化腐朽为神奇——中国档案学评析》一书中探讨文件与档案的关系时,指出"文件的管理方式是人们从事管理活动最基本的方式之一;而档案实际上只是文件在特定状态下的表现形式,档案的一些基本属性不过是对文件属性的一种继承。随着管理活动方式和手段的日趋现代化,文件与'档案'的差别将会越来越小"。由此,本章虽然主要探讨的是文件方式,实则也涵盖了包含于其中的档案方式,两者作为管理方式在本质上是一致的,而在网络和数字环境下,两者的区别更是微乎其微。

为的①。可见归于管理方式的档案学研究不仅在指导管理活动实践、促进管理效率的提高方面有着积极的作用,还能提升档案学在管理学科的地位和影响,摆脱中国档案学长期以来缺乏原创性和本土特色的尴尬局面,最终形成学科研究的核心竞争力。

　　本章将在梳理与厘清归于管理方式的档案学研究阶段、内容、倾向、特色、功用与意义的基础上,考察管理活动中文件方式的比较优势与不足之处,分别探讨了文件在制作、流转与督办等方面的历史梳理与时代创新,并通过对管理活动中文件方式的构成要素与环境分析,从社会与机构管理的视域探讨文件方式的作用与功能。

5.1　归于管理方式的档案学研究概述

5.1.1　归于管理方式的档案学研究阶段与内容

　　文件方式作为社会与机构管理活动中最重要、最通用的管理方式,由来已久,一般认为随着文字的出现和国家的产生,它在管理中的基本职能便已出现。韩英将我国文件方式的发展划分为了早期(主要包括殷商、周至春秋战国时期)、封建社会时期、民国时期与中国共产党领导时期等几个阶段②。

　　文件方式一直是档案学研究的特色和强项,而最初的研究又集中在其分支学科——"文书学"之上③(当然,文书学不是文件方式研究的全部)。

---

① 信息来源胡鸿杰的个人空间"管理的维度",http://www.daxtx.cn/? uid-5-action-viewspace-itemid-2853。

② 韩英:《文书学》,济南:山东大学出版社,2001年,第1-12页。

③ 虽然许多学者认为,文书学是档案学的相关学科,而非其分支学科。但吴宝康教授曾专文论证了文书学仍是档案学的一门分支学科(参见吴宝康《文书学仍应是档案学的一门分支学科》,《档案管理》1987年第3期,第28-30、23页);徐拥军也提出档案学的研究对象不仅是"档案现象",还应包括"文件现象",文书学(文件学)应纳入档案学的学科体系(参见徐拥军《对档案学研究对象、文书学和档案学关系的反思》,《档案学通讯》2003年第4期,第22-25页);周耀林更是指出,目前文书学的研究任务仍由档案部门和档案工作者承担,文书学的教学、科研人员多出自档案 (转下页)

故本书参考中国人民大学王健的观点，将我国的文件方式研究划分三个历史阶段：首先是萌芽阶段，指自有文件方式起到 20 世纪初的漫长过程，这一时期的文件方式处于相沿成习、专任封闭的状态，主要的成果是汇集文书资料、研究文书（文件）的撰制、制定文书工作规则等；其次是研究起步阶段，从 20 世纪初至 40 年代末，这一阶段出现了较为系统的文件方式相关研究成果，如 1911 年同宝廉编写的《公文式》，是以最早的专著形式成果，以及随后的《公牍通论》（徐望之，1931）、《文书之简化与管理》（陈国琛，1946）、《公文处理法》（周连宽，1947）、《公牍学史》（许同莘，1947）等一批有代表性的专著面世①；再次是蓬勃发展阶段，即 1949 年至今，主要表现是设立了专门的研究机构，出版大量的学术专著，逐步形成了系统的理论体系②，并开始对新型载体文件（如电子文件等）的运转方式进行探讨和研究。

而从媒介形态特征来看，可分为传统文件方式和电子文件方式两个研究阶段。前者是指对以纸质文件为代表的文件方式的相关研究，在我国起源于上文所述的民国时期，而后者是对数字格式存储的文件方式的研究，在我国较早的是对美国学者罗伯特·威廉斯的《电子文件管理——即将来临的文件管理革命》一文的翻译③，而随后开始较系统阐述与研究的则是中国人民大学的冯惠玲，她的博士论文就是《拥有新记忆——电子文件管理研究》，并一直对电子文件相关问题跟踪研究至今④，2006 年，其《电子文件管

（接上页）专业，全国的文书工作情况和经验介绍基本上刊登在档案刊物上。党和国家所发布的有关档案工作的重要文件，如《中国共产党中央和省（市）级机关文书处理工作和档案工作条例》《国家档案局组织简则》等，表明国家档案管理部门的档案工作，都把文书工作包括在内（参见周耀林、张煜明、任汉中《文书学教程》，武汉大学出版社，2009 年，第 58 - 70 页），而且文书学也是高校档案学专业的主干课程，因此，本书仍将文书学归为档案学的分支学科。

① 陈兆祦、曹喜琛、李鸿健等：《档案工作全书》，北京：中国人民大学出版社，1992 年，第 525 - 527 页。
② 王健：《文书学》，北京：中国人民大学出版社，1999 年，第 12 - 20 页。
③ 罗伯特·F·威廉斯、许士平：《电子文件管理——即将来临的文件管理革命》，《档案学通讯》1988 年第 1 期，第 23、100 - 103 页。
④ 王先发、庞涛、甘荣萍：《中国电子文件研究综述》，《云南档案》2007 年第 8 期，第 31 - 33 页。

理国家战略刍议》一文中①,开始关注电子文件在国家与社会管理方式中的困惑,随后其主持的课题"电子文件管理机制研究"成果更是得到了时任国务院总理温家宝同志的专门批示,要求有关部门认真参考、研究这一成果。②

从管理理念来看,可分为"管制"型文件方式和"服务"型文件方式两个研究阶段。之所以会有这两个阶段的区分,一方面是来自我国行政管理和社会发展实践的冲击:中国几千年封建专制统治和高度集权的计划经济体制,使得"管制"型文件方式影响极深,而政治民主化进程和市场经济发展要求政府从统治者的身份逐步转变为社会的服务者③。"管制型"权力运行的向度是自上而下的,社会管理活动都由政府主导推动,较少考虑社会公众的愿望和多样化需求,其文件方式是封闭的、机械的;"服务型"则是一个上下互动的管理过程,它主要通过合作、协商、认同和建立共同目标等途径来推动管理活动进行④,因而其文件方式也就相对较为开放和灵活,特别是程序的开放性是"服务"型管理方式的基本要求和主要特点,没有过程的公开透明,就无法分清权责的范围和大小。另一方面也受到公共管理理论变革的影响,如上世纪七八十年代以来流行于西方各国家主张有限政府的新公共管理思潮,为了改变政府形象、提高管理绩效,美国学者戴维·奥斯本提出的重塑管理十条思路等⑤,都对我国公共管理和文件方式的研究产生较大的触动和影响。"服务"型文件方式研究萌芽于上世纪末,最初的主要是着

---

① 冯惠玲等:《电子文件管理国家战略刍议》,《档案学通讯》2006 年第 3 期,第 4 -
　8 页。
② 中国人民大学信息资源管理学院《温家宝总理对"电子文件管理机制研究"课题成果
　做出重要批示》,http://www.irm.cn/news/200812/13 - 414.html。
③ 徐凌:《公共管理职能变化下政府体制创新的若干思考》,《才智》2008 年第 5 期,第
　243 - 244 页。
④ 李江:《从服务型政府建设看政府管理之变化》,《广西广播电视大学学报》2007 年第
　4 期,第 55 - 58 页。
⑤ 庞元正、丁冬红:《当代西方社会发展理论新词典》,长春:吉林人民出版社,2001
　年,第 36 - 470 页。

眼于政府文件信息资源能否公开①，到后来的探析信息公开制度②，而自2002年《政府信息公开条例》起草之时起③，这类研究便开始如火如荼，从周毅的《政务信息公开与档案馆现行文件阅览中心的建立》④至今，已有近300篇可以归属于"服务"型文件方式的中文期刊论文发表。

至于管理方式维度的档案学研究内容，无论属于哪一历史发展时期或哪种媒介形态，也无论何种管理理念，都应该涉及文件方式的含义与特点，文件方式的功用与意义，文件生成（制作）、流转、督办与办毕处理等的发展历程与趋势，文件方式的构成要素与环境分析等方面的研究，这也是本章下面各小节将陆续展开的内容。

5.1.2 归于管理方式的档案学研究倾向与特色

本书对管理方式的理解是，依据管理内容的特点和要求，对管理资源进行整合、配置和保障的方法与途径。在管理维度空间中，管理方式承担着"连接"内容维度与资源维度的功能和作用，只有借助和利用一定的管理方式，资源才能服务于管理内容。与此同时，管理方式也受到管理资源和内容的制约和影响，并为管理目标所指引和控制，为管理主体所左右和支配。因而归于管理方式的档案学研究呈现如下倾向与特色：

（1）目标导向。方式是服务于管理内容的，但最终是服务于管理的目标，管理方式从选择、确定到运用，无不围绕和依托于管理的目标，归于管理方式的档案学研究自然也着眼于社会与机构管理的终极目标，即实现资源的最优配置和效用最大化。因而方式维度的研究属于目标导向型，这与内

---

① 胡燕：《政府信息能公开吗?》，《文明与宣传》1997年第8期，第25－26页。
② 朱庆华、颜祥林：《信息公开制度探析》，《情报理论与实践》2001年第5期，第324－327页。
③ 王进：《我国第一个〈政府信息公开条例〉正在起草》，《中国档案》2002年第12期，第39－40页。
④ 周毅：《政务信息公开与档案馆现行文件阅览中心的建立》，《档案学研究》2002年第3期，第36－38页。

容维度的任务导向不同,后者更关注细节和具体,相对较为短视,而目标导向则着眼于长远与整体,更注意通用性和兼容性。目标导向与资源维度的用户导向也不同,后者由于过分强调需求者的诉求和利益,往往忽视了提供者和其他相关主体的权益,而方式维度的研究则为了高效地实现管理的内容与目标,自然会以权益平衡为基础,注意权益补偿和救济机制的建立。

(2)系统依赖。系统依赖有两层含义,一是指对具体系统的依赖,即离开由生成机制、流转机制和监控机制共同组成的文件运作系统,文件方式就无立足之本,更不用说发挥其功用了;二是宏观的管理系统,指管理方式的效果发挥对管理的资源与环境具有极大的依赖性,这就是为什么不同的管理主体会选择不同的管理方式和策略,而同样的管理方式和手段,经由不同的管理者运用,其结果与绩效也会有所不同。虽然资源是属于管理的内在性要素,具有可预期性,能为管理者所把握和控制,但管理的环境却是外在的、不可预测的,因而管理方式维度的研究必须探讨文件运作系统及其与外部环境的互动。

(3)效能优先。既然归于管理方式的研究是目标导向,强调以最少的资源赢得最大的效益,这里的效益不是指单纯的经济效益,而是包括社会效益在内的综合效益,所以效能问题是其优先研究和考虑的。管理大师彼得·德鲁克在其《有效的主管》一书中曾指出:"效率是'以正确的方式做事',而效能则是'做正确的事'。"[1] 在这种理解下,效率和效能自然不应偏废,但在二者无法兼得时,首先应着眼于效能,然后再设法提高效率。而在汉典中,效能既包括效率,也包括能力[2],也有人为效能做了个公式:效能=目标×效率[3],即说明不能片面地追求效率,效率高不代表就可以实现良好的效益,只有在目标引导下的效率才是方式维度研究所应该追求的,所以在

---

[1] 孙宏艳:《中学生良好习惯培养策略》,北京:科学出版社,2008年,第142页。

[2] 信息来源汉典"效能",http://www.zdic.net/cd/ci/10/ZdicE6Zdic95Zdic88320248.htm。

[3] 吉忠华:《效能=目标×效率——企业领导者不应忽视的公式》,《工厂管理》1994年第12期,第41页。

研究管理的手段和方式时，要注意调动管理主体的积极性、主动性和创造性，不仅强调管理的效率，更要保证质量和方向。

5.1.3　归于管理方式的档案学研究功用与意义

方式不仅是管理资源得以整合与利用、管理内容与功能得以实现的基本要素，还是这两个维度的"关联"者与沟通者，管理方式的研究在指导管理活动实践和提高管理效能等方面有着积极作用。档案学研究一直在文件这种管理方式上有着无可比拟的优势，而文件方式因其具有确定性、规范性、可控性等特点，一直为社会与机构管理所通用和倚重。因而归于管理方式的档案学研究具有以下功用与意义：

第一，能直接应用于社会与机构管理实践。与内容维度的档案学研究主要用于指导狭义的管理活动——档案管理实践不同，研究文件方式是服务于广义的管理活动，即旨在为各种类型的管理活动提供可资利用的手段和方法，以在遵循管理活动规律的基础上，实现管理资源的有效配置与利用，提高管理活动的效能和水平。

第二，能促进管理方式的优化和集成。所谓优化，一方面是指，由于这一维度的档案学研究本身就是对文件方式的研究，必然会带来文件这种通用管理方式的革新和提升；另一方面则是指通过研究与扩大文件方式的影响，也能引发人们对其他管理方式（如会议等）的关注和重视，促进这些方式的改进和发展。而所谓集成，则是指在深度发掘各种管理方式的优劣之处后，在明确管理要素状态的基础上，实现多种方式的有机组配和合理利用。

第三，能凸显档案学研究的地位和作用。与资源维度的档案学研究一样，归于管理方式的档案学研究不再将视线拘泥于档案自身的管理，而是着眼于广义的管理活动，这种研究视域的开拓必然带来学科地位的改变。当管理方式问题进入人们的视野、文件方式成为人们关注的对象时，档案学研究的作用和价值自然就得到了凸显，而其他管理类学科在通用管理方式研究上的"短板"与短视，必然反衬出档案学研究的长处与"强势"。因此可以说,这一维度的探讨和研究具有核心竞争力。

5.2 管理活动中文件方式的优势与不足

如第 2 章第 2.3 节所分析,依据不同的标准,可将管理方式划分为不同类型,如根据方式执行中是否产生言语行为,可以分为言语型管理方式与非言语型管理方式;根据管理行为发生的场合,可分为直接型管理方式与媒介型管理方式;据管理行为正式与否,可分为正式管理方式与非正式管理方式。管理活动中的文件方式则属于其中正式的、言语型、媒介类管理方式,相对于其他方式,具有以下优势与不足。

5.2.1 比较优势

由于文件方式兼具有言语型、媒介型和正式管理方式的特点,所以存在以下比较优势:

第一,在作用的广度与深度上的优势。在一定的机制保证下,采用文件方式的管理主体不必亲临管理现场,而是通过文件进行信息的传达和反馈,以实现对管理活动的远程把握与控制,较易扩增管理的幅度和层级,影响和作用的范围较广,这也是文件方式之所以能为各类管理活动普遍使用的重要原因之一。

第二,在单位成本上的优势。相对于会议和现场直接管理等方式而言,由于文件信息复制和传播的成本较低,同样的作用面和影响范围,所需经费要少得多,而且这种优势随着电子文件的大量使用显得更为突出。当然有人会说,保持文件方式运作体系也是需要经费的,虽然不无道理,但由于文件方式是机构日常工作手段,文件方式运作体系的投入平均到单次文件方式的利用几乎可以忽略不计,或者说文件方式的边际成本很低。

第三,在传承和凭证上的优势。这是由于文件方式一般属于书面语言型管理方式,具有外部存储性,即借助纸张、磁盘等载体,能将管理的内容与目标等给予明确的语义表达和思维传播。这一来能保证管理活动不依赖特定管理者的大脑而存在和运作，二来能给今后的类似管理活动提供方式上的借鉴，即保证管理方式的传承性。同时，外部存储性还带来的视觉表征具有更大的明确性，具有凭证作用，能避免管理沟通和资源调配的随意改变，保证管理内容和程序的可预期性和可考证性。

第四，在表达与理解上的优势。文件方式的最大优势就是表意准确，这一方面得益于书面语言本身更为慎重，用词考究，具有相对独立性，构思的时间与信息都比较充分，使管理主体意图表达更为准确可靠，很少产生歧义；另一方面，文件生成时，其规范性结构特征也对内容产生制约和规范，如法规公文用篇、节、章等层级结构来体现各部分内容的等级和地位[①]，增强了表意的效果，降低了理解的难度和偏差。

此外，由于文件方式一般说来归属于正式管理方式，因而还具有后者的全部优点，如稳定性、权威性和可控性等，该部分内容已在第 2 章中具体论述，此处就不再重复。

5.2.2 不足之处

文件方式的不足之处也是比较明显的：

首先，文件方式在独立性上的不足。即文件方式具有系统依赖性，要发挥其功能，必须有一个完整的运作机制予以支撑和保障，这也是媒介型管理方式的"通病"，离开了系统的有效支持，文件方式要么根本不能运转，要么会在管理沟通中产生偏差，因而在研究和创新文件方式时，一个重要的课题就是如何保证文件运作机制的科学性和有效性。

其次，文件方式在时效性上的不足。由于文件方式属于媒介型管理方式，必须经由一定的媒介和途径进行信息传递，无法实现即时的管理沟通和控制，相对于现场管理方式而言具有延时性和相对滞后性，特别是传统的

---

① 沈士光：《机关公务文书写作》，上海：上海人民出版社，2004 年，第 64 - 65 页。

(纸质)文件方式,往往要通过信函或机要途径,迟滞时间较长,还有可能贻误时机。虽然电子文件方式能基本实现即时传达,但电子文件的非人工识别性也会带来延时,即接受方必须借助电脑等设备才能读取文件信息,一旦因主观或客观原因没有及时接收,就会导致延时或误时。

再次,文件方式在灵活性和生动性上的不足。相对于非正式管理方式的不拘形式,反应和执行速度相对较快而言,文件方式受到诸多规定、手续、形式和时间的限制,相对古板僵化、缺乏灵活性、不能随时随地使用,因而会有大量难以触及的领域和范围,造成管理上的空白。此外,相对于口头言语方式和非言语方式的多层次、全方位的表达而言,文件方式无法利用语气、表情或肢体动作进行管理沟通,缺乏鼓动性和生动性,因而不易发生点上的强效应①,即无法给予管理对象直接而富有针对性的指令和影响。

5.3 管理活动中文件方式
历史沿革与时代发展

对管理活动中文件方式的研究和梳理,要将其置身于社会与机构管理活动之中,并与相关过程有机结合,因而必须探讨方式的产生、执行和监督三个层面的问题。而现有的文件学或文书学的编排体例,大多是将文件(文书)与文件(文书)工作分开予以阐述,大量相关研究也是如此,这主要是从文件(档案)管理自身的角度进行考察,仍将文件看作管理的对象和内容。

本书则欲将文件方式有机地"镶入"社会与机构管理过程,故分为生成机制、流转机制和督办机制三部分进行历史梳理和展望。之所以这么安排是因为:第一,文件的生成(或制作)机制是文件方式的准备和基础,是文件之所以能成为手段和工具的前提,同时文件从生成之时起就体现了它的管理功能,如"报告"就是"用于向上级机关汇报工作,反映情况,答复上级机关

---

① 陈培爱:《广告策划原理与实务》,北京:中央广播电视大学出版社,2000 年,第 155–160 页。

的询问"①；第二，文件的流转机制是文件方式功能发挥的起始和桥梁，没有文件信息的知达，就没有管理活动的顺利展开，此外在管理过程中，文件的流转还有信息的沟通和反馈作用，有利于管理方案和策略的调整；第三，文件的督办机制是文件方式效能发挥的手段和保障，仅仅知晓文件的内容却不遵照办理，管理目标自然也无法实现，可见离开了督办，文件方式就是空中楼阁。有人提出应该还有"办毕处理"，但笔者认为属于后管理阶段，或者说是另外一种管理活动的内容和开始（如狭义的档案管理），也就不在本节探讨的范围之内了。

5.3.1 文件生成机制的历程与发展

从思维的过程来说，文件生成可以分为酝酿阶段和撰制阶段，而正式的拟制形成通常包括撰稿、核稿、签发、缮印、校对、用印（签署）等环节。②

普遍认为，我国文件的制作至少早于殷商时期，大量的甲骨文书上较规范的结构和格式即可以佐证，殷后期逐渐形成了签名制度，西周时期则开始实行副本制度。至春秋战国时期，出现了用印制度③，靳力等认为此时文书的拟制制度也已产生，经由起草、讨论、修改、润色四个环节，然后定稿。此后文件生成制度日趋完备。④

秦朝开始建立了完善的文件生成制度，文件的名称、用途、格式等被严格地统一起来，还制定了抬头制、避讳制等。隋唐宋时期，以法律的形式规定了一文一事制度、公文拟写与誊写制、引黄贴黄制度等。特别是唐朝律令，对奏书不当、书目有误、奏书犯讳、诈伪制书等违反文书拟制的有具体而

---

① 中国台州《中共中央办公厅、国务院办公厅关于印发〈党政机关公文处理工作条例〉的通知》，http://www.zjtz.gov.cn/zwgk/xxgk/018/05/0514/201208/t20120801_178964.shtml。

② 张林华：《现代文件学》，上海：上海大学出版社，2007 年，第 89 页。

③ 同上，第 85 - 88 页。

④ 靳力、张弘：《我国古代文书制度漫议》，《山东交通学院学报》1999 年第 4 期，第 47 - 49 页。

严格的制裁条文,有效地维护了文书的权威性、严肃性和准确性。①

清代也对文件的拟制有诸多规定,强调文件内容的真实性,对公文体式的规范较严(如抬头、侧书、避讳、用印等),对该拟制文件而不作为者也有处罚规定,同时明确文件的签发不得由他人替代。②

1912 年,南京临时政府颁布了《公文程式令》,从公文名称等方面进行了彻底的改革,为新式文件生成机制奠定了基础,之后又进行八次修订。其间,袁世凯为首的北洋政府曾公布了"新的公文程式",包括大总统、政事堂和官署三种公文程式,其称帝后还一度停用大总统令,复活"奏摺"。③

1951 年,中共中央办公厅和政务院办公厅颁布的《公文处理暂行办法》,是当代文件生成和文书工作的基础,之后 1996 年颁布了《中国共产党机关公文处理条例》,2000 年颁布了《国家行政机关公文处理办法》及相应的国家标准《国家行政机关公文格式》等④,2012 年,中共中央办公厅、国务院办公厅联合印发了《党政机关公文处理工作条例》,统一了党政机关公文文种、格式和处理程序⑤。

在我国古代文件生成机制的研究上,专题成果主要有:李晶对我国古代文书避讳制度进行了研究,在探讨古代文书避讳的种类和方法之后,梳理了从先秦及秦汉时期至清代的文书避讳制度变化⑥。对某个朝代进行专门探讨的有:汪桂海的《汉代官文书制度》一书中,将汉代官文书分为诏令文书、章奏文书、官府往来文书、司法文书等类别进行说明,并考察了汉代文书

---

① 靳力、张弘:《我国古代文书制度漫议》,《山东交通学院学报》1999 年第 4 期,第 47 - 49 页。

② 潘连根:《从〈大清律例〉看清代文书工作制度》,《档案学研究》1998 年第 2 期,第 9 - 11 页。

③ 李祚明:《袁世凯时期北洋政府文书工作制度》,《历史档案》1983 年第 2 期,第 133 - 136 页。

④ 张林华:《现代文件学》,上海:上海大学出版社,2007 年,第 85 - 88 页。

⑤ 中国台州《中共中央办公厅、国务院办公厅关于印发〈党政机关公文处理工作条例〉的通知》,http://www.zjtz.gov.cn/zwgk/xxgk/018/05/0514/201208/t20120801_178964.shtml。

⑥ 李晶:《我国古代文书避讳制度研究》,《兰台世界》2009 年第 13 期,第 72 页。

的制作和运行制度①；黄才庚则对清朝的文书制度分为皇帝颁发的诏文书②、文武大臣的上奏文书③和各官署往来文书④等类别进行阐述。关于少数民族地区的研究主要集中于西夏：高宗池等认为西夏历代统治者都非常重视文书的撰拟，制定了详细而具体的措施以保证文件内容的客观真实性和文书撰拟的遵命性，并对文书拟写的时限文书核稿和押署签名、用印都有明确的制度和规定，其文书的格式方面主要有白纸空头制度和平阙制度⑤。尚世东通过对西夏法典《天盛改旧新定律令》等传世文献的考察，认为西夏在文书处理的主要环节（如制文、审核、署押等）都有较完备的制度与规定，并具体列出了"贴白"制度、抬头制度、署押签名制度（含署押格式和签名排序）、层层审核制度等。⑥

数字环境下文件生成的背景和方式都发生了改变，电子文件的生成途径主要有直接生成和模数转换两种，前者是原生性电子文件，而后者属再生性电子文件⑦；同时，对电子文件生成的控制，不能满足于从文件内容构思阶段开始，而是要向前延伸到文件管理系统的设计研制之初，即所谓的电子文件的"前端控制"⑧。所有这些变化若没有相关的法规与标准予以保障，就很难保证电子文件的可靠性和可用性，也就无法保证其管理功效的发挥，如黄永利在对其所在地区电子文件生成情况进行调查时发现存在诸多问题：电子文件管理主体不明确，电子文件生成的软件系统庞杂不一且质量

① 汪桂海：《汉代官文书制度》，南宁：广西教育出版社，1999 年，第 1 - 198 页。
② 黄才庚：《清朝的文书制度（一）》，《兰台世界》1987 年第 6 期，第 29 - 30 页。
③ 黄才庚：《清朝的文书制度（二）》，《兰台世界》1988 年第 2 期，第 24、28 页。
④ 黄才庚：《清朝的文书制度（三）》，《兰台世界》1988 年第 3 期，第 26 - 27 页。
⑤ 高宗池、赵彦龙：《论西夏法典中的文书制度》，《青海民族研究》2009 年第 1 期，第 74 - 80 页。
⑥ 尚世东：《西夏文书工作制度》，《宁夏大学学报》（社会科学版）1999 年第 3 期，第 43 - 47 页。
⑦ 薛非：《电子文件形成的生成途径》，《档案与建设》2006 年第 5 期，第 23 - 25 页。
⑧ 屠跃明：《电子文件的生命周期与质量控制》，中国档案学会：《档案事业科学发展：新环境 新理念 新技术——2008 年档案工作者年会论文集（上）》，北京：中国档案出版社，2008 年，第 173 页。

参差不齐,电子印章通过 CA 认证的单位只占 6.25%①。这就十分不利于电子文件发挥管理方式的功能。我国目前还没有国家层面的专门律法予以明确,主要依据是 2012 年 7 月 1 日起施行的《党政机关公文处理工作条例》(替代 1996 年发布的《中国共产党机关公文处理条例》和 2000 年发布的《国家行政机关公文处理办法》)和 2002 年的《电子文件归档和管理规范》(国家标准)。前者主要针对的是纸质文件,该条例第三十八条规定"党政机关公文含电子公文。电子公文处理工作的具体办法另行制定"②;而后者一则法律地位不高,仅仅是国家标准,二则主要是从保管备用的角度出发,并非面向管理活动和方式,该规范第一条就说明了"本标准规定了在公务活动中产生的,具有保存价值的电子文件的形成、积累、归档、保管、利用、统计的一般方法。本标准适用于党政机关产生的电子文件的归档与管理,其他社会组织的电子文件管理可参照本标准"③。正如中国人民大学的钱毅所说,我国电子文件标准体系的发展已跨越理论准备和实践引导阶段,标准内容逐步拓展,基础性标准已出台,标准规范形式多样,层级丰富,但还存在"缺、散、低"等现实问题。④ 这正是相关管理部门今后努力的方向,也给档案学研究提供了发展的空间。

5.3.2　文件流转机制的历程与发展

文件流转是指通过特定的途径,使文件信息为受传者所知晓和理解,对于实体文件而言主要是指文件的传递。周振华将文件的传递分为外传递和

---

① 黄永利:《扶沟县电子文件生成情况调查》,《档案管理》2009 年第 4 期,第 47 页。
② 中国台州《中共中央办公厅、国务院办公厅关于印发〈党政机关公文处理工作条例〉的通知》,http://www.zjtz.gov.cn/zwgk/xxgk/018/05/0514/201208/t20120801_178964.shtml。
③ 中华人民共和国国家标准《电子文件归档与管理规范》,http://www.nhu.edu.cn/dag/coup/coup14.htm。
④ 钱毅:《中国电子文件管理标准体系现状与实施战略》,《档案学通讯》2009 年第 6 期,第 10 - 12 页。

内传递两种,前者是指从文件发出到收受期间的传递,后者是指从收文、登汇,到分发、办文、催办直至具体实施这一段时期内文件的传递和运转。①

我国古代一直就注意文件流转的速度与效率,驿站传文的制度始于西周,春秋战国时期得到很大发展,设立了为文件传递者提供食宿的"传书舍",用驿马传递急件等。至秦汉时,邮亭(或称置邮、邮置、邮驿等)文书传递的机构十分发达②。秦下行文书有"以邮行③""以次传④"两种便捷的传送方法,这在业已公布的里耶秦简中可以得到考证⑤。为尽快使官民了解,秦还采用了公布法、抄录法、宣读法等方法予以流传。汉代递送文书的通信组织仍为邮亭或驿置,以皇帝名义公布的文书,采用派专使或通过邮驿传递的方式,而地方上奏中央皇帝的文书交邮驿传递,在急件末尾书有"急急如律令"之词,以示符到即行。此外,还建立了封发制度,对文书的传递也有时限的规定和检查制度⑥,汪桂海将这几方面的规定合称检署制度⑦。

唐初的文件流转制度相当完备,有严密的驿传系统,主要交通线每三十里设一驿站,且对传递公文规定时限,超时就将受罚;对文书的抄转也有严格规定,一则规定了完成时间,二则对抄转出现的错误,在《唐律》中也有惩罚规定⑧。

南宋根据文书的紧急程度,设步递、马递、急脚递三个等级传递公文。

---

① 周振华：《文件学论纲》,北京：中国社会出版社,1993 年,第 216 - 217 页。
② 郑秦：《二十六史大辞典　典章制度卷》,长春：吉林人民出版社,1993 年,第 406 - 407 页。
③ "以邮行"是通过政府设立的邮亭逐程送达。
④ 云梦睡虎地秦简《语书》交代传达方式时云："以次传。"张家山汉简《二年律令·行书律》274～275 号简说："书不当以邮行者。为送告县道。以次传行之。""以次传"是按照按郡、县、道的次序逐级下发,在相邻县道间转相递送。
⑤ 陈伟：《里耶秦简中公文传递记录的初步分析》,陕西师范大学中国历史地理研究所、西北历史环境与经济社会发展研究中心：《历史地理学研究的新探索与新动向——庆贺朱士光教授七十华秩暨荣休论文集 004》,西安：三秦出版社,2008 年,第 1 - 5 页。
⑥ 张玉强：《汉简文书传递制度述论》,《人文杂志》1994 年第 5 期,第 27、86 - 89 页。
⑦ 汪桂海：《汉代官文书制度》,南宁：广西教育出版社,1999 年,第 128 页。
⑧ 潘玉民：《贞观年间的文书工作制度》,《中国档案》1984 年第 3 期,第 56 - 57 页。

步递主要传送一般文书,日行二百里,马递日行三百里,而急脚递传递非常紧急的文书,日行四百里。为了加快速度传递紧急公文,宋还设通信檄牌(通信檄牌是传递紧急公文的证件,有檄牌标志的公文要求限时速递),又创黑漆白粉牌、雌黄青字牌、黑漆红字牌,用这些檄牌传送的,均是军期要急文书。①

清朝对驿使的工作职责和要求比较具体,还创用"廷寄"方式(即机密的文件不经由内阁,而是由军机处封缄严密,由驿传递直达督抚的传递方式,根据缓急不同分日行三百、四百里等,甚者可达八百里)快速传递文件,使皇帝的意志毫无阻碍地到达地方,加强了中央集权管理②。

当代文件流转主要依据是原《中国共产党机关公文处理条例》第八章和《国家行政机关公文处理办法》,要求按规定的渠道传递,要区别轻重缓急,做到及时传递,要注意安全保密,做到投递准确,并要求必须履行交接手续等规定。传递的途径主要有机要交通部门传递、通过市内公文交换站传递、由机关指定专人传递或是传真,③当然还有电视讲话、报纸登载文件的方法等④。新实行的《党政机关公文处理工作条例》第二十六条对涉密公文的流转有专门规定:"应当通过机要交通、邮政机要通信、城市机要文件交换站或者收发件机关机要收发人员进行传递,通过密码电报或者符合国家保密规定的计算机信息系统进行传输。"⑤

随着网络和信息技术的发展,文件的流转变得十分简便也更为高效。一方面信息传播的速度快了,基本能实现即时到达;另一方面是流转的程序相对简单了⑥。当然,这也带来了保密上的困难和安全问题。我国电子文

---

① 张锦鹏:《南宋交通史》,上海:上海古籍出版社,2008 年,第 232 - 233 页。
② 李晋:《清朝中央高度集权制的形成与"廷寄"文书制度的建立》,《档案学通讯》1991 年第 4 期,第 46 - 48 页。
③ 方贤华:《实用政务大辞典》,武汉:湖北辞书出版社,1993 年,第 502 页。
④ 周振华:《文件学论纲》,北京:中国社会出版社,1993 年,第 216 - 217 页。
⑤ 中国台州《中共中央办公厅 国务院办公厅关于印发〈党政机关公文处理工作条例〉的通知》,http://www.zjtz.gov.cn/zwgk/xxgk/018/05/0514/201208/t20120801_178964.shtml。
⑥ 叶建英:《论网络时代的文书工作》,《浙江档案》2000 年第 2 期,第 5 - 6 页。

件流转的依据主要是国务院办公厅秘书局制定的《电子公文传输管理暂行办法》等，但这些法规和制度同样存在适用范围不广、约束力不够等问题。

在古代文件流转机制的研究上，杨波探讨了唐代用法律保证文书传递的诸多方面，如及时、准确、专人、专道等①；赵彦龙指出西夏文书传递分缓急两种情况，并对传递期限作了明确界定，规定了保证文书顺利传递的具体措施，如文书传递人员在途中不得受到辱骂、殴打，并能得到沿途之人自愿提供的乘骑等②；高宗池等将这些简明扼要地归纳为符牌及其管理制度、乘骑差用制和文书传递期限制③；尚世东则称之为差人坐骑征用制度和逾期罚罪制度，并介绍了对得文不报者和失文责任人的处罚条律④；张有良对太平天国的公文封套在文书传递中的重要作用和影响进行分析⑤；张斌则指出古代文件传递中的封发有通封与实封之别，前者是指单层封套、多文同装，收文衙署文书人员可以开启，而后者是指双层封套，外封书收文衙署，内封书收文人，以确保机密⑥。

"文书接力传递"是成形文书中途传递形式，苏卫国对此进行探讨，在对秦汉文书接力传递初步整理的基础上，从比较的角度分析唐宋文书接力传递⑦。保密制度是文件流转机制研究的重要内容，对此赵彦龙探讨了西夏⑧和宋的文书档案保密制度⑨，而王逸峰则专文对清末总理衙门文书档案保

---

① 杨波：《唐代用法律保证文书传递》，《档案》1985 年第 1 期，第 29 - 37 页。
② 赵彦龙：《西夏文书传递制度初探》，《秘书》1997 年第 3 期，第 44 - 45 页。
③ 高宗池、赵彦龙：《论西夏法典中的文书制度》，《青海民族研究》2009 年第 1 期，第 74 - 80 页。
④ 尚世东：《西夏文书工作制度》，《宁夏大学学报》（社会科学版）1999 年第 3 期，第 43 - 47 页。
⑤ 张有良：《太平天国的公文封套及文书传递》，《中国档案》1985 年第 3 期，第 45 - 46 页。
⑥ 张斌：《我国古代文书处理主要制度简介》，《办公室业务》1995 年第 5 期，第 34，32 页。
⑦ 苏卫国：《中国古代文书接力传递问题试探》，《鞍山师范学院学报》2010 年第 1 期，第 44 - 49 页。
⑧ 赵彦龙：《浅析西夏文书的保密制度》，《秘书》1998 年第 12 期，第 42 - 43 页。
⑨ 赵彦龙：《夏、宋文书档案保密制度探析》，《档案》2002 年第 6 期，第 39 - 41 页。

密制度进行论述①。

在近现代文件流传机制的研究上,张立探讨了递步哨与递传簿在民国时期晋军的短途文书传递中充当的角色②;于福臣等则针对当前文件传递机制的不足,提出网络化传递的思路并探讨了文件网络传递系统的开发问题③;高鹏云专门研究了科技文件的传递类型,认为可分为内部传递和外部传递、直接交流和间接交流、有向传递和无向传递等,当然科技文件流转更多地是为了满足科技信息利用与交流的需要,而不是出于管理方式的考虑④。

在文件流转的学术研讨活动方面,比较有影响的是 2007 年的"唐宋时期的文书传递与信息沟通"国际学术工作坊。这次工作坊由北京大学中国古代史研究中心举办,主要涉及了唐宋时期各种文书的体式和应用、文书的传递机构和途径、特定群体在信息沟通中的作用、不同领域中的文书传递和信息传布等方面。⑤

5.3.3　文件督办机制的历程与发展

文件督办一般理解为对公文承办情况的督促和检查,确保公文有效运转,并在规定的时限内办结⑥,这是十分正确的,但本书此处是把督办理解为"督"与"办"两种行为,并予以合并讨论,一则是督与办两者关系十分密切,有时难以分清彼此,且对办文的督促和检查过程伴随着文件方式作用的

---

① 王逸峰:《清末总理衙门文书档案保密制度述论》,《中国档案》2006 年第 3 期,第 26 - 27 页。

② 张立:《递步哨与递传簿——民国时期晋军的短途文书传递》,《上海集邮》2005 年第 4 期,第 41 页。

③ 于福臣、王洪昌:《文书网络传递的开发与设计思路》,《重庆工学院学报》1999 年第 3 期,第 71 - 73 页。

④ 高鹏云:《科技文件学》,北京:中国人民大学出版社,1998 年,第 389 - 394 页。

⑤ 王化雨:《"唐宋时期的文书传递与信息沟通"国际学术工作坊综述》,《中国史研究动态》2007 年第 12 期,第 25 - 26 页。

⑥ 财政部办公厅:《财政公文处理手册》,北京:经济科学出版社,2001 年,第 30 页。

始终；二则督与办处于文件方式的同一个运动阶段——发挥其管理方式功效的阶段，从社会与机构管理主体来说一般是具体的执行者，前面所述的文件生成的主体是领导和文书工作者，而流转的主体是文书与信息（通信）工作者。据此，文件督办机制的一般程序应该包括分办、拟办、批办、交办、承办、催办、注办、办复、协商、结办、反馈、查询等环节①。

先秦时期文书工作体制相对简单，关于文件督办制度的记载不多。从唐代起文件督办机制就比较健全，在文件办理方面规定了承办的时限，如皇帝诏敕文书一旦成案，必须"即日行下"等规定，同时还制定了承办出现差错时的惩罚措施②；在监督方面，唐从中央到地方，皆设有勾检之官，负责检查文书是否按时拟报，是否合乎法律程序，在保证文书的合理制订同时也监督其办理实施③。催办制度是文件督办机制最重要的构成，包括办文程限（即办文周期）、催办方法、逾期处罚等三方面规定。④ 唐朝的催办方法比较丰富，包括用登记簿上的收发时间、文书上注明的各环节处理时间以及通过回报单的形式，来衡量承办部门的处理速度和效率。

宋在中央机关设立了负责收发文登记的"主事房"和负责催办的"催驱房"，在府、州、军、监里也有相应的官职。⑤ 元朝开始的"照刷磨勘"制度，也有监督公文办理的功能，元代还明确规定了三催不报问罪制，即对办文逾期、至期的有一催、再催、三催，若三催不报则依法问罪⑥。

明代基本继承了唐宋以来的文件督办制度，但明中后期，文书工作逐渐陷入了混乱。地方官府呈上的文书，大多是搪塞应付的官样文章，有的所引

---

① 国家税务总局办公厅：《税务公文处理实用手册》，北京：中国税务出版社，2005 年，第 58 页。

② 潘玉民：《贞观年间的文书工作制度》，《中国档案》1984 年第 3 期，第 56 - 57 页。

③ 支贵生、王燕：《中国历代档案管理》，西安：西安地图出版社，2007 年，第 128 - 139 页。

④ 张斌：《我国古代文书处理主要制度简介》，《办公室业务》1995 年第 5 期，第 32、34 页。

⑤ 郑崇田：《文书管理学》，长春：东北师范大学出版社，1987 年，第 69 - 72 页。

⑥ 吴宝康、冯子直：《档案学词典》，上海：上海辞书出版社，1994 年，第 540 页。

资料是多年前的数据,加上路上耽搁,送到京城已成废纸一张,为此大学士张居正提出了整顿措施,主要有面裁①等督办制度②。明清中央政府都设有通政使司,检查监督文书工作③,清还在各部、院、寺中设立了文书催办机构——督催所,职掌稽查办文例限,督催文件的承办。④《大清律例》也明确限定了文书处理时间,如日常公文须"小事五日程,中事十日程,大事二十日程",不得逾期,且规定不能代为处理公文⑤。顺治康熙年间开始参照元明的"照刷磨勘"建立"稽察汇奏制度",对承政机关的公文办理过程实施监督和催办⑥。

原《中国共产党机关公文处理条例》第八章第二十二条中对拟办、请办、分发、传阅、承办和催办等程序作出了规定性说明,《国家行政机关公文处理办法》的第三十三条和第三十七条分别对承办和催办作出说明和要求。最新的《党政机关公文处理工作条例》第二十四条中,对"承办"的规定是:阅知性公文应当根据公文内容、要求和工作需要确定范围后分送。批办性公文应当提出拟办意见报本机关负责人批示或者转有关部门办理;需要两个以上部门办理的,应当明确主办部门。紧急公文应当明确办理时限。承办部门对交办的公文应当及时办理,有明确办理时限要求的应当在规定时限内办理完毕。对"催办"的要求是:及时了解掌握公文的办理进展情况,督促承办部门按期办结。紧急公文或者重要公文应当由专人负责催办。

当然,由于文件督办机制基本属于政务管理的范畴,与文件载体类型关系不大,所以关于电子文件督办机制的研究和法规都十分鲜见,不过电子文

---

① 所谓面裁,是指各地向上的行文,只要是应该办理的、符合实情的,受文者均须当面裁决,不得借故推诿、拖延。
② 刘演林:《中国秘书史》,长沙:中南工业大学出版社,1998 年,第 330 页。
③ 陈作明:《文书工作的历史借鉴》,《杭州大学学报》(哲学社会科学版)1991 年第 2 期,第 129 - 134 页。
④ 吴宝康、冯子直:《档案学词典》,上海:上海辞书出版社,1994 年,第 598 页。
⑤ 靳力、张弘:《我国古代文书制度漫议》,《山东交通学院学报》1999 年第 4 期,第 47 - 49 页。
⑥ 刘金树、林国军:《辽宁省档案系列中初级专业技术资格考试指南》,沈阳:辽宁大学出版社,2006 年,第 337 页。

件也可以成为一种督办和催办手段，因此也还是有一定研究空间的。

文件督办机制的专门研究较少，何宝梅的《从〈唐律疏议〉到〈大清律例〉看我国古代文书制度的法制化》一文对古代文件督办制度有所论及，提到虽然《唐律疏议》和《大清律例》监督的主要对象是文书管理主体，但对于过失中不同角色的追责有所区分，执行者和领导者各负其责，强化了对公务过失的监督①；陈作明则提出对文书工作的监督实际包括两个方面，一是对政务工作的监察，二是对纯文书工作的监督，前者实际就是本书所述的文件督办机制。他认为当前我国对政务工作的监督检查是十分重视的，各级党、政机关都有专司督促检查的职能机构②；杨戎却认为，各级机构只重视承办环节，忽视甚至没有设置会办、催办、查办、注办等环节，反馈与监督不力或缺位，以致部分文件难以执行，甚至成为批而不办、办而无果的官样文章。③

5.4 管理活动中文件方式的作用与功能

所谓功能，是指系统或有特定结构的事物在内外联系和关系中所表现的能力与特性④，即指其所具有的作用、行为、能力和功效等。功能是系统与存在的基本属性之一，可分为外部功能和内部功能，前者是指系统对其外部环境的适应、改变和疏通的行为和能力，而后者是指系统中整体对要素的功效和作用⑤。但一般研究所指的只是其中的外部功能，如李淮春主编的《马克思主义哲学全书》就将功能定义为，反映系统对于环境发生作用能力的范畴⑥。文件方式本身就是一个由文件信息、通信系统、文件工作者等要

---

① 何宝梅：《从〈唐律疏议〉到〈大清律例〉看我国古代文书制度的法制化》，《档案与建设》2007 年第 10 期，第 16 - 18 页。

② 陈作明：《完善文书工作的监督机能》，《秘书工作》1996 年第 10 期，第 23 页。

③ 杨戎：《文书处理程序的整体特性及其实践意义》，《秘书之友》2000 年第 3 期，第 34 - 35 页。

④ 金炳华：《马克思主义哲学大辞典》，上海：上海辞书出版社，2003 年，第 373 页。

⑤ 刘文英：《哲学百科小辞典》，兰州：甘肃人民出版社，1987 年，第 438 页。

⑥ 李淮春：《马克思主义哲学全书》，北京：中国人民大学出版社，1996 年，第 188 - 189 页。

素构成的系统,在充当管理方式时,其外部环境社会与机构管理活动中的各类资源,因而文件方式的功能发挥就表现在对这些资源的配置、保障与优化等方面。

5.4.1 协调沟通——管理资源配置功能

文件的信息属性决定了它成为沟通手段的必然性,在其上传下达、横向联系、斜向互动的过程中[①],或公开或秘密地在机构内部、社会组织之间、组织与民众之间互通有无、传递信息;而政府机关通过文件方式传达政策、发布规章、请示答复、指导商洽、交流经验等更是常态[②],可见文件方式在客观上肩负了社会与机构管理活动中协调沟通的重任。而这种协调沟通的实质则是对管理资源的配置,如前文所述,管理方式的价值在于通过对资源的配置以达到管理内容和目标的实现,而文件方式在协调与沟通的过程中,实现了对人、财、物等显性资源的直接调配,也促进了规则、技术等半显性资源的合理流动,如科技文件就是进行科技交流和实现信息资源共享的重要工具,可缩短科研周期,加速科研进程,促进社会发展[③],技术的进步还能直接提高管理的效率和水平。对管理资源的配置是文件方式的基本功能之一,当然其他管理方式也能实现这一功能,却没有文件方式来得经济与便捷。

5.4.2 参考凭证——管理资源保障功能

文件信息的原始记录性,不仅充当了管理活动的参考凭证,也保证了文件方式本身的可信度和权威性,而文件方式在运作过程中的规定性与科学

---

① 周振华认为,文件应用中存在三维联系,即指机关单位之间的纵向、横向、斜向联系,三维联系是超出一个单位范围而对文件应用宏观关系的研究。(周振华《文件学》,扬州:广陵书社,2007 年,第 256 - 262 页)

② 曹润芳:《文件学概要》,北京:中国劳动出版社,1990 年,第 8 - 11 页。

③ 高鹏云:《科技文件学》,北京:中国人民大学出版社,1998 年,第 22 - 27 页。

性,反过来又保障了文件信息的完整性和确定性。正是其参考凭证作用,使得文件方式能对管理资源进行有效的保障,通过文件方式可以对人、财、物等显性资源进行控制,保证其不被随意挪用、滥用或流失,对规则和权力等资源能给出其来源和合法性的证明,从而保证其权威和效力,如证明信、介绍信、合同、值班记录、工作日志等,可以用于证实有关人员的身份、职务、权利与责任①。而在社会历史文化资源的保障上,文件方式更具有双重效用,一则可以利用文件方式直接保护历史文化遗产,为社会管理活动所需的文化资源提供有力保障,二则社会与机构管理活动利用文件方式必然留下可以长期保存的文化产品,特别是大型管理活动和重大历史事件的产物,其价值足以成为新的社会管理文化资源,前者是"在保护中求发展",后者则是"以发展促保护"。管理资源保障是文件方式的核心功能,也使得其他管理方式只能望其项背,是方式维度档案学可以深入挖掘的研究内容。

5.4.3　文化塑造——管理资源优化功能

文件方式在机构文化的塑造上有重要的作用。管理组织文化可分为外部文化和内部文化两种,前者是在围绕树立机构整体形象、声誉、特色的活动中逐步形成的,后者是在围绕提倡培育机构精神、树立共同价值观、提高成员道德素养等活动中形成的②。无论在对外的形象策划和推广,还是对内的道德素养与价值观的培育,文件都是理想的能发挥积极作用的方式,不可或缺。

此外,文件方式还能提升社会文化的水平和品位。张林华提出文件有文化沉淀的作用,这是从社会管理的角度而言的,即文件虽然退出了具体的机构管理活动,却融入了社会管理当中,特别是反映重大历史事件或有科学

---

① 曹润芳:《文件学概要》,北京:中国劳动出版社,1990 年,第 8 - 11 页。
② 王英玮:《档案文化论》,北京:中国人民大学出版社,1998 年,第 210 - 233 页。

价值的文件,对社会文化的影响不可小视①。当然,这是文件本身的作用和功能,但国家文化机构对社会文化事业与活动的引导、激励又何尝不是大量利用文件方式。

除了能直接优化文化这种隐性的管理资源之外,文件方式还能间接实现对其他资源的优化,这一点对于权力等隐性资源尤其重要,因为这些资源具有内在隐蔽性,必须通过主体的内心认知和主动认同才能发挥其资源效用,通过文化的塑造,可以改变管理活动主体对权力的认知,促进科学的权利观和规则意识的形成,引导建立正确的人脉关系,从而更好地发挥这些资源的功效。

5.4.4 宣传教育——管理资源再生功能

利用文件方式进行宣传教育,这是政府机构和社会组织管理活动的常见行为。管理组织制发有针对性的文件,以产生共识,政府的决策与精神,以文件方式实现周知、通告或密报,以博得人们的理解和支持,文件方式利用得当,能使本属强制性要求成为人们拥护并积极实施对象。宣传教育实际上是促进了管理资源的再生,这当然主要是从人力资源的角度而言的,人的再生包括自然属性的生育和社会属性的教育,而文件方式在两方面都能作为,一来可以控制生育,如计划生育或鼓励生育,二来可以直接干预社会教育,以实现管理中所需人力资源的再生。对于人力资源而言教育的作用是巨大的,主要表现在对其思维方式、道德观念等方面的改造,虽然一般管理机构不必也不能对人力资源实现全面"生产",但都会通过文件方式实现资源的局部再造,如在特定范围或专业领域。文件方式之所以能实现资源再生,是由于其相对于新闻舆论和学术理论更具有权威性和直接性,不过这种影响的向度不是绝对的,也就是说并非全都朝着预计的方向发展,但基于文件方式的宣传教育对人力资源的再造功能却是不可否认的。同时,由于

---

① 张林华:《现代文件学》,上海:上海大学出版社,2007年,第89页。

权力等隐性资源是依附在管理主体之上的，因而也可以认为文件方式能促进这些资源的再生。

5.5 本 章 小 结

方式是管理资源整合、配置与利用的方法与途径，是管理内容与管理功能得以实现的基本手段，在管理维度空间中承担着"连接"内容维度与资源维度的功能。文件方式属于其中正式的、言语型、媒介类方式，是管理活动最通用也是最经济的管理方式，具有确定性、规范性、可控性等诸多比较优势。而文件方式一直是档案学研究的特色和强项，在管理学科体系中有着无可比拟的优势，归于管理方式的档案学研究不仅在指导管理活动实践、促进管理效率的提高方面有着积极的作用，还能提升档案学在管理学科的地位和影响，最终形成学科研究的核心竞争力。本章即是对基于管理维度分析档案学研究的第三个假设的验证性研究。

首先，厘清了归于管理方式的档案学研究阶段与内容，指出方式维度的档案学研究呈现目标导向、系统依赖、效能优先等倾向与特色，其功用与意义在于能直接应用于社会与机构管理实践、能促进管理方式的优化和集成、能凸显档案学研究的地位和作用。

其次，考察了管理活动中文件方式的比较优势与不足，认为文件方式之于社会与机构管理在作用的广度与深度上、在单位成本上、在传承和凭证上以及在表达与理解上具有其他管理方式无法比拟的优势，其劣势则主要表现为独立性不强、时效性较差、灵活性和生动性不足等。

再次，梳理了管理活动中文件方式历程与发展，分别从文件的生成、流转和督办三方面探讨了各个机制的历史沿革与时代发展。

最后，本章从社会与机构管理的视域探讨文件方式的作用与功能，认为文件方式在管理活动中主要起着协调沟通、参考凭证、文化塑造和宣传教育等作用，相应地具备管理资源配置、管理资源保障、管理资源优化、管理资源再生等诸多功能。

6 管理维度空间中的档案学研究建构与展望

通过前面对管理活动空间的解构以及将档案学研究置于其中的考察，可以看出在管理各个维度中现有档案学研究都是有所作为的，那么一个体系化的、基于管理立体维度的档案学研究架构"蓝图"就比较值得期待了，当然以笔者的学识水平和时间精力自然无法胜任如此重任，但还是试图尽一己绵薄之力，对管理维度空间里档案学研究的前景予以探讨和展望，一来为前面诸章节的论述与研究找一个落脚点，二来希望通过笔者的尝试，让人们看到基于管理维度之档案学研究的可能性和可行性。

本章将对建构管理维度空间里档案学研究的前提与要求进行分析，并在确定建构的基本原则之后，力图从研究内容构成、研究方法梳理和研究主体培育三个方面构建管理维度中的档案学研究框架。

6.1 管理维度空间中的档案学研究建构之前提与要求

在管理维度空间里建构档案学研究体系，不能无所基础，更不能凭空生造，必然要有所前提、有所依托。虽然前面章节的探讨事实上就是对此问题的明确和阐述，但都是分维度的细节性探讨，系统性和整体性不强，且均非学科建设角度的分析，因而还是有重新梳理的必要。有基于此，本节提出管理维度空间里档案学研究建构必须要有以下三方面的前提和要求。

6.1.1　档案学研究对象在管理活动中具有支撑性作用

只有当一门学科的研究对象在管理活动中具有较为重要的价值和意义时，其研究才会为管理实践者和管理学界所关注，其成果才能得到重视和推广，如果研究对象在管理活动中显得无足轻重，则人微言轻，即便探讨，也缺乏拓展的空间。更重要的是，当认识到其研究对象在管理活动中具有支撑性作用的时候，研究者的主体心态就会发生积极的变化，在重视自己所研究对象的同时，也会对自己所从事的行业(这里包括档案工作和档案学研究两个方面)充满信心，进而会"有尊严"地去继续自己的研究活动，有利于激发起研究的主动性和创造性。

在此需要明确的是一门学科的研究对象，并不等同于这门学科得以生成和赖以生存的实践活动内容，其范围往往要大于后者，因为学科的研究对象不仅包括其实践基础，还应包括其理论来源和本体研究，甚至还能是通过与相关学科结合而形成交叉领域。具体到中国档案学而言，其研究对象绝对不仅限于我国的档案工作与档案事业，还包括档案学自身的研究，如档案学史等，此外还有文件与文书工作。钟其炎在其《反思档案学研究对象》一文中就指出，档案学研究对象不应该仅仅是档案现象，还应该把文件现象纳入其中，该文从档案学基础理论、实践工作、发展潮流、学科地位和理论研究现状等五个方面进行了论证，之前吴宝康、徐拥军等也持相同观点(本书在第 5 章第 1.1 节的注释中对此有专门说明和论述)。虽然有人表示反对，但文献调研的结果却显示中国档案学人在这些"非专业领域"的研究成果十分丰富，也是十分时兴，如电子文件的相关研究就层出不穷，"很难想象一个学科的研究热点竟然不属于这个学科的研究对象"[1]。故此本书也认为，文件与文件工作是档案学研究的对象之一。至于文件方式在管理活动中作用，如第五章所分析，文件方式在管理活动最重要手段之一，起着协调沟通、参

---

[1]　钟其炎：《反思档案学研究对象》，《浙江档案》2008 年第 6 期，第 6－8 页。

考凭证、文化塑造和宣传教育等作用,具有管理资源配置、资源保障、资源优化和资源再生等功能,其重要地位是显而易见的。

如果一定要说文件与文件方式还不是档案学最重要的研究对象的话,那么不妨探讨一下"档案工作"这个档案学的核心研究对象。

笔者在北京市昌平区档案局挂职期间,对基层档案工作进行了为期五个月的实地考察,并主持了该局一个题为"新时期公共管理视域下档案事业的定位与创新研究"的调研项目,在大量问卷和数据的支持下(见附录中的问卷设计与结果统计①),在最后的研究报告中指出,在新时期公共管理活动的方式和内容都发生了巨大的变化,档案事业在其中的定位也不再仅限于充当公共管理过程的忠实记录者和公共管理决策的必要辅助者,事实上还是公共管理活动的直接参与者和公共管理资源的主要保障者。

对于档案工作是公共管理活动直接参与者的认识,调研中大多数受访者一开始并不完全认可,而认为档案工作是间接参与公共管理活动,这一方面是因为他们习惯将公共管理活动仅仅理解为政府的行政行为,另一方面是想当然地认为档案工作与档案一样是历史的和滞后的。档案是社会管理活动的产物,因而对于档案工作能忠实记录公共活动和政府管理的方方面面,一般没有异议。但正因如此,人们总习惯地把档案工作的对象——档案的属性等同于档案工作的特点,即因为档案是对过去事件的记录和反映,于是就认为档案工作也是滞后的和事后的。在调研中发现,近80%的社会人员和普通机关人员(非档案工作者)认为,档案工作应该在事后介入公共管理活动,即便是档案从业人员,持这种观点的也有25%之多。其实,为了更全面地记录和反映管理过程,档案工作应该在活动伊始甚至在其行为之前就介入其中。特别是新时期,我国社会经济处于快速发展期,大量的活动和事物,如不主动予以记录,便会稍纵即逝,"坐享其成"只会造成无法挽救和

---

① 问卷分为社会版、专业版和机关普通版。其中社会版全部采用纸质问卷的方式,而后两种是纸质与网络问卷相结合。专业版的网络问卷地址为 http://cpdag. bjchp. gov. cn/daj/tabid/5383/Default. aspx;机关普通版的网络问卷地址为 http://cpdag. bjchp. gov. cn/daj/tabid/5742/Default. aspx。

难以弥补的损失。当然，自然留存的档案和有意"制作"的档案还是有一定差异性，前者产生更为客观，后者则具有较强的主观性，这就要求档案工作者不能以个人偏好行事，要以正确的、对历史负责的态度来开展工作。事实上，档案工作早已渗入文化教育和服务民生等公共管理活动的方方面面，档案已经成为直接化解社会矛盾的重要依据、维护和平衡各方利益的武器，是管理权力来源的基本凭据，因此档案工作伴随公共管理的全部流程，能在一定程度上提高管理的效率和效果。

至于档案与档案工作是公共管理资源的重要保障者，由于第 4 章第 4 节中有详细论述，这里就不再重复。

通过前面分析不难得出，无论是档案学的主要研究对象，还是"次要"研究对象，都是管理活动中的主要组成和支撑，是值得档案学人为之欣慰并付诸努力的，而这正是基于管理维度分析的档案学构建的首要前提。

6.1.2 档案学研究主体具备管理基础知识与基本技能

研究主体了解和掌握管理的相关知识与技能，是管理维度空间中的档案学研究建构的内在要求。研究主体是科学研究的生力军和学科发展的原动力，只有档案学研究主体对管理的基本知识和技能有一定的把握，对管理的资源和生态有相当的理解，特别是了解和理解"管理维度空间"的构成和作用，才能不仅仅局限或拘泥于档案管理对象、职能本身，才能意识到只关注和探讨管理内容维度的狭隘，才能真正从更宽广的管理视域去审视和发展档案学，才能更好地将管理学的一般原理有机地运用于档案学研究，并担当起将档案学研究成果推向管理的其他研究领域之重任。

现有档案学研究主体有两类，一是来自高校与科研院所的理论工作者，二是扎根于档案工作实际的研究人员。

前者对于一般管理的原理与方法绝对不会陌生，对档案管理本身的理论和技能更是相当擅长。因为自从档案学从历史学门类划转至管理类以来，现在我国大多数高校档案学专业都归属于管理学院系（或称公共管理学院,或称信息资源管理学院等,不一而足),这些学校的档案学专业课程中就有不少关于管理学基础与原理的,如河北大学档案学专业设置的就有管理学、管理心理学、行政管理学、知识管理等诸多管理类课程①。而即便不是管理学院系,也都开设了一定数量的管理类课程,如当时还属于历史文化旅游学院的黑龙江大学档案学专业,其专业必修课就有现代管理学、行政管理学、电子政府概论等,山东大学、湖北大学等学校的同属于历史文化学院的档案学专业也是如此。② 可见高校档案学研究主体并不缺乏管理学知识的源泉和土壤,但问题在于其要么过分关注"专业知识",而对一般管理知识熟视无睹,要么就只是将一般管理知识与档案专业理论当作两张皮,往一处草草贴靠了事,缺乏深度整合和良好互动。

关于来自档案实践部门的研究人员,可能会如史法根所说的需要学点管理学知识③,但在如今局馆合一的体制下,他们对管理技能和实际的掌握绝对不会仅仅限于狭义的档案管理,因为档案局是一个实实在在的行政管理部门,一般管理的"门道"不说烂熟于心,至少也是很有体会的,这一点笔者在档案行政管理部门工作和调研时都发现,大多数档案工作者对管理中的权力和规则等资源拿捏得还是比较准确的。他们的问题在于一方面是否意识到这些管理的技能和知识的存在,另一方面是能否将这些知识、经验、体会与技能发掘出来,并将其运用于档案学研究。而这些也正是下面小节所试图探讨和研究的。

6.1.3 档案学研究方法成果对管理学具衍生辐射效应

研究方法与研究成果的辐射性和影响力,是建构管理维度空间中档

---

① 戚颖:《档案学专业课程设置现状述评》,《湖北档案》2010 年第 Z1 期,第 17 - 19 页。
② 任越、倪丽娟:《对档案学专业本科教育课程体系改革的设想——以黑龙江大学档案学专业本科课程体系改革为例》,《档案学研究》2006 年第 2 期,第 38 - 41 页。
③ 史法根:《档案工作者应学点行政管理学知识》,《山西档案》1990 年第 2 期,第 19 - 20 页。

案学研究的本质要求。没有研究方法的支撑，学科本身的存在就成问题，就更别说什么理论构建与学科范式了。而研究成果则有双重意义，既是一个阶段研究的证明和结束，又是另一研究的基础和开始，前者是指通过论文的发表或著作的出版，展示着一段研究的经历与结果，后者是指通过交流和推广，这一研究的成果必将成为另一研究的参考和起点。

关于档案学的研究方法有两种理解，一种认为档案学研究方法仅仅是理论研究的方法，即对档案学研究一般方法的理论概括，不包括各分支学科的具体研究方法和应用类方法；另一种则认为应该是两者的集合①。持后一观点的居多，并往往将档案学研究方法划为哲学方法（即指导性方法）、一般科学方法（即各学科通用的研究方法）以及具体方法（或称专门方法）②。傅荣校认为研究方法是关乎研究内容与结果的重大问题，任何轻视或不加区别滥用研究方法的行为，都可导致学科理论研究本身的失误，他还分析指出目前我国档案学研究方法存在的主要问题有：方法的对象过于具体、缺乏系统性，方法的"移植"缺乏成效，方法的运用失之片面，以及对某些方法的认识有所误解等③。许多学者一直致力于构建档案学方法体系，潘连根也曾将之归纳为"层次说""过程说"和"罗列说"④，但国内外至今尚未有为人们所普遍认可的档案学方法体系，主要还在依赖社会科学研究的通用方法或者移植相关学科研究方法⑤。这对于建构管理维度空间中档案学研究有所不利，一来少了一个可以推广至管理学其他领域的项目和内容，因为方法也是可以输出的；二来在相关研究中缺乏可以直接利用的手段和

---

① 罗力：《档案学研究方法研究述评》，《档案与建设》1994 年第 12 期，第 7 - 9 页。
② 张靖华、苏建功：《档案研究方法与论题》，《山西档案》2006 年第 S1 期，第 3 - 4 页。
③ 傅荣校：《我国档案学研究方法研究之述评》，《浙江档案》1997 年第 7 期，第 18 - 19 页。
④ 潘连根：《关于档案学方法论体系的思考》，《浙江档案》2007 年第 11 期，第 10 - 12 页。
⑤ 王广宇、蔡娜：《我国档案学与档案专业教育发展研究述评》，《山西档案》2010 年第 4 期，第 14 - 18 页。

途径。不过可以肯定的是许多在档案专业各研究领域已经和正在应用的方法,经过档案学人多年的精心维护和经营,早就有着浓厚的专业特色和特点了,在档案学科的研究和发展中功不可没,这也正是本研究的坚实基础。

至于档案学研究成果方面,就相对比较乐观了。至少在文件和档案管理的研究上,我们是非常拿手和强势的,而档案管理本身就是管理的内容、方式与资源的集合体,是管理学科的实践基础之一,是管理原理和方法的具体运用,其经验和技能可以直接予以提升,为管理学其他领域的研究和实践所利用。具体而言,目前档案学人在知识管理领域和电子政务等诸多方面都发挥自己的特色和特长,对企业管理和公共管理的影响不容小觑。如伍玉伟在对国家社会科学基金(1999—2008 年)中档案学专业的立项情况进行统计分析后,认为档案学研究在为政府管理与决策的服务方面得到加强,主要表现为电子政务研究的兴起[①];而傅荣校等在对 2000 年至 2009 年期间中国知网收录的档案学论文数据统计后,也发现关于文件中心、电子文件管理、电子政务、知识管理论文比例不小,并认为利用电子政务发展的契机能提升档案工作的角色和地位,所以两者的结合将是档案学发展的方向之一[②]。

但目前的问题是,虽然相关成果不少,也能对社会和机构管理实践产生一定的作用和影响,但这些成果针对具体实践的较多,许多还是实操性措施和对策,能予以抽象拔高的东西不多,特别是能称之为"定律""法""理论"并对其他管理类学科产生衍生功能的实为罕见,理论高度不够自然很难对其他学科产生辐射和影响。但这正是本书所力图引发的研究意义所在,也是可资发掘和拓展的空间之一。

---

① 伍玉伟:《1999—2008 我国档案学研究特点及未来的展望——基于国家社科基金立项的统计分析》,《档案学通讯》2009 年第 3 期,第 7 - 10 页。
② 傅荣校、周雪:《十年来档案学研究成果简要评述——基于(2000—2009 年)中国知网学术资源总库档案学论文数据分析》,《档案学通讯》2010 年第 2 期,第 4 - 7 页。

6.2 建构管理维度空间里的档案学研究之基本原则

理论的建构必然依存于一定的基础并与学术生态实时互动，研究的设想也不能天马行空、无所依循。在构建管理维度空间里的档案学研究时，要处理好与本专业已有研究、与"上位类"研究以及与关联科学研究的关系，因而必须遵循如下原则。

6.2.1 稳中求变原则

所谓稳中求变，就是指在继承中不断创新和发展，并逐步走向科学和完善，其中稳是前提和基础，变是目标和手段，这是管理维度空间里的档案学研究建构的根本原则。稳中求变有两方面要求：一是"稳"，这要求充分尊重和合理利用现有的研究成果和方法，档案工作者和档案学人在各个历史时期的努力和探索积累了丰厚的沉淀，这是我们研究的基础和起点，凭空捏造或杜撰的理论是经不起考验也是没有生命力的，从前文的分析也可以看出，管理维度空间里的档案学研究绝对不是另起炉灶，而是对现有研究的深度挖掘和全面梳理；二是"变"，变是事物存在的基本状态，变的本质就是对时代和环境的适应，其最终表现就是发展，可见"变"既是学科生存的规律和常态，也是我们研究的目标和宗旨，中国档案学研究要想提升自己的地位和空间，要想展现自己的优势和特色，就绝不能墨守成规，必须在理念上有所创新，在方法上有所改进。只有稳中求变，才能在变中求强，这是我们建构管理维度空间里的档案学研究的必然选择和根本要求。

6.2.2 本末兼顾原则

本末兼顾原则主要是针对研究内容而言的，"本"是基础层和理论层的研究,而"末"是表达层和应用层的研究,就是指在分清本末主次的前提下,做到既有轻重之分,又不失偏颇。这一原则的具体要求是,在建构管理空间中的档案学研究时,要兼顾各个维度研究内容与方法的均衡发展,不能顾此失彼、有所疏漏,这是研究体系完整性的要求,而这种"兼顾"并非一视同仁、不加区别的,内容维度的研究是传统和基础,重在夯实和创新,资源维度是价值增长点,要着力挖掘和打造,而方式维度是核心竞争力,要实现继承和突破。同样,在具体某个维度的研究设想中,既要面面俱到,也要分清主次,特别是不能因为表达层和应用层的研究成果更吸引大众眼球,为了急功近利或求新标异,而忽视了基础层面和理论层面的研究。比如资源维度的档案学研究,一方面要树立"大管理观",兼顾管理资源和资源管理,另一方面是要明确一次管理是前提,二次管理是优化,而资源保障是升华,这一维度的研究绝对不能因为追求"提升",而忽视一次管理研究的改进和发展。

6.2.3　深度互渗原则

构建管理维度空间里的档案学研究时,必然要处理好与关联学科乃至整个科学研究的关系,如在研究文件(档案)信息构建时,就离不开图书情报学和计算机科学知识的借鉴和支持,而档案信息二次整理的研究,又为这些学科的相关研究提供了素材和启示,因而要求设计与构想管理维度空间里的档案学研究伊始,就不能只存有大量引进的"理想"或单向输出的"抱负",而是必须遵循深度互渗原则。该原则的也有两层含义:一是"互渗",指对借鉴与引用向度的规定,即要求研究人员不仅能将管理类、历史类等关联学科的知识和研究,应用于管理维度的档案学研究之中,而且要努力扎实自己的根基、挖掘与强化自身的优势,使档案学理论和研究成果有输出的需求和可能;二是"深度",是针对理论耦合的程度而言,即指理论、方法的输出或导入,不能仅作一个介绍、谈一下必要、说一点心得、来一些展望,就算大功告成,而是要对输出理论的核心优势和扩张能力有深刻的理解,并且要充分把握对象专业(即引入方)的切实需求和适用范围,才能进行互相的借鉴和渗透，这对研究主体的知识能力和研究态度都是不低的要求，但这是置于管理空间的档案学研究所必须做到的，也是该研究体系建构时所必须遵循和明示的，否则就无法保证未来研究成果的辐射力和影响力。

6.3　管理维度空间中的档案学研究建构设想

　　一门学科研究的设想与构建，离不开对三个方面问题的探讨，一是研究内容的构成，二是研究方法的梳理，三是研究主体的塑造。其中内容是学科研究的外在形式，规定了研究的层次和范围；研究主体是其内在动力，主导着研究的力度与方向；研究方法则是两者结合的桥梁和手段，决定了研究的效率和水平。建构管理维度空间中的档案学研究，也必然要从这三个方面入手。

6.3.1　内容构成

　　本章第 1.1 节中已经论述了档案学研究对象不仅应该包括档案现象，也应该包括文件现象，并且这两者对于管理活动都有着较为重要的价值和意义，是管理维度空间中的档案学研究的核心范畴，那么具体的研究应该有哪些构成呢？

　　吴宝康提出档案学研究由理论研究和应用研究两部分组成，其中前者的研究内容是档案与档案工作的本质及其运动规律，探讨对档案和档案工作的基本认识问题，而后者则阐述档案工作的制度、原则、方法与技术，又可再分为应用理论和应用技术研究两大部分。这种提法为大多数学者所认可[①]，虽然只是着眼于管理内容维度档案学研究的划分，但也可以

---

① 谭争培：《当代中国档案学研究热点问题评析》，成都：电子科技大学出版社，2003年，第 327 – 328 页。

作为本书的有益参考,即管理维度空间中的档案学研究也包括以下两方面内容:

(1) 传播导向的理论层面研究。这一层面的研究旨在建立管理视域下的档案学的基础理论体系,其具体内容包括:管理维度理论的深化及其对档案学研究的"作用力"与"反作用力",各个维度档案学研究的内容、特点、方法、历史、定位和前景,管理维度空间中文件、档案的基本属性与运动特征,基于管理维度分析的文件与档案管理活动的特点、功能与规律等。由于理论层面的研究是探讨基本原理、方法及本体研究,以提升理论深度、完善理论结构和扩大学科影响为目的,而非能直接用于实际问题的解决,因此是属于传播导向型研究,其特点是追求整体系统性,但能服务于应用研究并为后者指出方向、奠定基础。

(2) 问题导向的应用层面研究:这一层面的研究旨在对档案管理实践与社会、机构管理活动提供理论支持和实际指导,其内容包括:内容维度的档案管理程序研究(具体如档案的收集、整理、鉴定、保管、检索、编研、统计和提供利用的流程与方法等)、档案管理职能研究(具体如档案行政管理机构与档案信息机构设置的历史、现状与发展,以及在档案管理活动中的作用与功能等);资源维度的档案信息资源的一次管理研究(具体如档案信息采集、描述、组织、存储、传播与服务的作用、要求与手段等)、档案信息资源的二次管理研究(具体如档案信息开发、构建与营销的理念与方式等)、管理资源的信息保障研究(具体如人力、财力、物力、规则、技术、权力、人脉、文化等管理资源的信息保障内涵、意义、原则与途径等);方式维度的文件管理方式(具体如文件管理方式的构成、功能、历程、发展、要素与环境分析,以及文件方式与其他管理方式的对比研究等)。由于应用层面的研究主要为了发现、分析与解决各类管理活动相关的实际问题,所以属于问题导向型研究,其特点是强调具体针对性。

上述罗列的这两方面研究内容,已在本书的第二至第五章中有所论及,但尚显浅陋,有较大的拓展和提升空间,有待进一步深入和深化,这也是本研究的目标与宗旨所在。

6.3.2　方法梳理

中山大学的陈永生指出,开展档案学方法的研究从理论探索来说是必要的,有助于档案学研究的效率提高和学科的发展,但不必凭空建构档案学的方法体系,方法的提出必须要符合档案学研究实际,要在切实效果方面有所体现,特别是在档案学研究的专门方法方面不能肆意拔高,比如把"利用者调查法""档案馆统计法"归为专门方法,在事实与逻辑上都讲不过去,这两者实际是调查法和统计法在档案学中的应用。① 他的这段论述对本书建构管理维度空间中的档案学研究方法体系是一种鞭策,但就宽泛的要求而言,如果某些社会科学通用的方法和专业紧密结合,并衍生出新的内涵,也富有专业特色并符合专业实际,就可以也应该认定为学科的专门研究方法。如美国的布沙与哈特,就认为图书馆学研究方法包括实验研究方法、历史研究方法、调查研究方法、管理分析定量方法等,却将极富专业特色的"文献研究方法"(含文献计量学、自动标引、自动分类等)归在该书第 6 章的"图书馆学的其他研究方法"之中,一笔带过。②

表 6-1　管理空间中档案学研究的具体方法体系构想

管理空间中档案学研究具体方法	基于管理内容的方法	档案文献组织方法
		档案保护相关方法
	面向管理资源的方法	文件信息分析方法
		档案信息服务方法
	归于管理方式的方法	文件计量分析方法
		文件生成流传方法

---

① 陈永生:《档案学方法研究的方法问题》,《档案学研究》1999 年第 4 期,第 6、11 - 13 页。

② [美]布沙、哈特:《图书馆学研究方法》,吴彭鹏译,北京:书目文献出版社,1987 年,第 45 - 241 页。

如前面所说,一般认为档案学研究方法可以划分为哲学方法、一般方法和具体(专门)方法,但关于哲学和一般方法的探讨很多,也比较深入,而且几乎对任何视角的档案学研究都是适用的,本书在此不再重复,只梳理一下管理维度空间中档案学研究的具体方法。现有的为大家所熟悉的档案学研究具体方法其实很多,如档案文献组织方法、档案保护相关方法、档案资源开发方法等,为了便于讨论,同样也从管理的各个维度进行梳理(如表6-1所示),分述如下。

6.3.2.1　基于管理内容的方法

由于内容维度的档案学研究涵盖了档案管理活动的全部流程,而各个环节都有一定的特色或专业方法,所以基于管理内容的方法范围较广,如档案采集方法、检索方法等,但相对其他管理类学科含有更多专业"元素",并在管理内容维度上起关键作用的主要有两类,一是档案文献组织方法,二是以技术方法为主体的档案保护相关方法。

(1)档案文献组织方法。文献组织是图书情报与档案工作的重要内容和核心环节,传统纸质环境下的文献组织是以编目、分类、标引等形式,将文献进行整理与排序的过程。而数字环境下,文献组织形式有所变化,但其基本含义还是不变的,即指对文献集群单元特定的形式特征、内容的系统性与整体性进行揭示与描述①。文献组织的主要方法有著录和标引,其依据是各类著录规则和分类法。档案文献则有着自己专门的著录规则和分类方法,如在我国前者主要依据中华人民共和国档案行业标准——《档案著录规则》,而分类则一般依据的是《中国档案分类法》。

档案文献组织方法之所以有着专门性并区别于其他文献组织方法,是由档案文献的特殊性与特点所决定的。在分类原则上,图书与期刊一般采用学科分类为依据,而档案文献则主要根据职能分类原则;在时间字段上,图书期刊只需要著录出版时间,而档案文献著录文件的形成时间,还有发文、收文时间等;此外,由于部分档案文献的保密性,还要著录文件的密

① 裴成发:《信息资源管理》,北京:科学出版社,2008年,第75-80页。

级等。

(2) 档案保护相关方法。档案保护相关方法的核心是技术方法，所谓技术方法是人们在技术实践过程中所利用的各种方法、程序、规则、技巧的总称，它帮助人们解决"做什么""怎样做"以及"怎样做得更好"的问题[1]。无论纸质还是电子文件，其得以完整保存和长期可利用都有赖于技术的利用，只是技术的类别不同而已，如前者主要依靠的是化学与生物学相关的知识和技术，后者主要依靠信息科学的支持。在我国，传统的档案保护技术方法已经比较成熟并且已成体系，其标志是档案保护技术学的建立和发展，而电子文件(档案)保护技术方法的研究也正如火如荼，并取得了长足的进步。当然，仅仅依靠技术方法还不足以解决档案保护中的各类问题，还需要其他保护相关方法，如人员、设备与库房控制方法等。

6.3.2.2　面向管理资源的方法

(1) 文件信息分析方法。所谓信息分析是指为满足特定需求与目的，在对文献进行搜集、鉴别、整理和初加工的基础上，运用定性和定量方法对其中的相关内容信息进行评价与综合，并形成新的信息产品的智能活动[2]。文件信息分析是其中一个子集，因而与其他类型信息分析在方法上具有共性，如都要用到逻辑学的方法、系统分析的方法、图书情报学的方法、社会学的方法与统计学的方法等，但也有区别和差异：一是由于文件信息分析的主要对象是文件和档案，这种信息更强调真实性和可靠性，因而鉴别的方法和要求不同，如文件信息的去伪存真可以通过印章等外部特征，而图书情报信息主要通过内容特征；二是与其他文献信息相比，文件(档案)信息的传播方式和公开程度是不同的，因而对信息分析的主体和场所有一定的限制，使得不同的人员在获得数据的质和量上有较大差异性，这就直接影响信息分析方法的选择和效果，如数据量大、质量高时，就可以采用统计分析等定量方法，而信息不够而且模糊时，就只能运用定性的推测和预测方法。从本质

---

① 信息来源百度百科"技术方法"，http://baike.baidu.com/view/1655430.htm。
② 朱庆华：《信息分析基础、方法及应用》，北京：科学出版社，2004 年，第 4—6 页。

上讲档案文献编纂方法就是建立在文件信息分析方法基础之上的,或者说广义的文件信息分析就包括档案文献编纂,因此基于资源维度的这一研究方法对于档案学人来说应该不会陌生。

(2) 档案信息服务方法。信息服务指基于用户研究和有效的信息组织,将有价值的信息传递给用户,以协助其解决问题的过程。方法则是信息服务的途径和手段,常用的信息服务方法有信息咨询、信息导航与指南、联机、脱机或手工查寻、展览与报道、信息翻译与解读、信息复制与拷贝等[1]。档案信息服务方法虽然与之大同小异,但也有其特殊性,突出表现在提供利用的控制方法上,这里的控制有两方面,一是利用权限的控制,二是信息可用性的控制。控制是为了更好的服务,一方面良好的控制有利于保证信息的完整性和真实性,另一方面,适度的控制不但不会限制服务,反而能促进服务,只有信息拥有者感觉到了安全可靠,能为自己所掌控,才会积极提供利用,否则只会束之高阁、严加守护。正因控制方法的研究和运用不到位,在网络与数字环境下,档案信息服务与图书馆服务的差距不是缩小了,反而日益扩大,这是因为大多数档案馆仍然提供的是大众化信息服务,而为了档案信息的安全和可控,所谓"大众化"就成了空头支票,只有寥寥可数的信息可资利用,而且还是经年不变的内容,为此,笔者在硕士论文中就提出数字环境下档案机构可利用论坛、博客、即时通讯乃至无线通信设备等方式提供小众化信息服务[2],以增强范围和质量上的可控性,通过理念与方法的革新,来提高档案信息服务的层次和水平。

6.3.2.3 归于管理方式的方法

(1) 文件计量分析方法。文件计量分析是指通过对特定范围内具有某个(或某些)特征的文件(档案)进行统计,分析其量的变化和发展趋势,并建立这些趋势与机构职能活动之间联系的过程。而在文件计量分析中所发现

---

[1] 张仲礼、林甫生、朱根:《探索·创新 当代经济新学科新方法新流派》(第3卷),上海:上海社会科学院出版社,2008年,第116-117页。

[2] 王广宇:《数字档案馆小众化信息服务研究——理念与保障》,湘潭:湘潭大学2008年论文。

的、可以套用于管理活动的公式和规律就是文件计量方法。

目前对文件计量分析的研究还不多见，其方法的提出自然会遭到质疑和非议，但从管理实际需要和档案学研究的发展来看，是十分必要也是有一定可能的。笔者曾对南车集团下属某单位的三个新产品①研发项目文件生成时间进行统计，并以时间为横轴、文件数量为纵轴绘制曲线图，发现这些文件的生成都呈"W"形走势(如图 6-1 所示，该图为 AGC 拖车簧相关文件的生成趋势)，其中的三个高峰分别是项目策划类文件、设计图纸类文件和技术交流类文件。

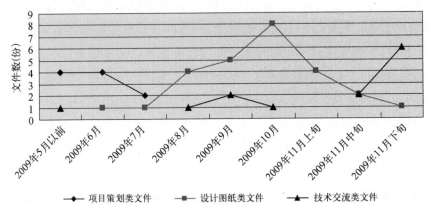

图 6-1　某产品项目开发文件生成曲线图(截至 2009 年 11 月 26 日)

这一计量分析的意义在于，一方面可以作为科技文件(档案)管理的依据，由于这三类文件在管理程序和利用权限上有一定的区别性，发现规律可以科学的指导档案人员介入的时间和方式；另一更重要的方面，通过文件计量分析发现的规律对于管理资源的配备有着积极的意义，在人员的调动和资金、物质的保障上能做到更为科学和理性，而不是以往的全凭经验或估计。如通过大量的分析和数据支持，可以对一般新产品的研发周期进行准确预测，并可将这个周期进行阶段划分，掌握每个阶段的各类人员配备的规

---

① 　这三个产品分别是：AGC 拖车簧(编号：C. TL. 070064/65000)、IDF 一系簧(编号：C. TL07081A)和 AGC 双锥簧(编号：C. TL. 070063000)。

律,这样在人才的引进上就不会显得过于随意和不知所措了。

文件计量分析对于机构管理理论上也是可用的,如对职能部门在一定时期内下行文和上行文的比率分析,可以研究与推定该机构职能和地位的对应关系;又如通过对机构发文主题词重复率的分析,可以判定该机构的核心职能;再如联合发文分析,若联合发文占本部门总发文量50%以上的,可视为综合性管理部门。当然,由于笔者并没掌握足够的数据,上述推演实为一大胆的假设,主观臆断成分大于科学实证依据,但不失为一种思想的火花,或许能引出价值不菲的玉石真金。

文件计量分析方法与图书情报学的文献计量方法的主要区别在于:虽然两者都是对文献的某一属性和特征进行统计分析,但分析的文献类型不同,文件计量分析的对象限于文件与档案,后者则主要是图书和期刊;两者的研究目的不同,文件计量方法是为了分析社会与机构管理职能与活动规律,而文献计量方法主要用于分析科学研究活动,如用于发现文献内容的价值规律、评价文献和研究成果的质量和等。

文件计量分析法与档案统计主要区别也在于出发点和目的不同,从而统计数据的采集与需求也就有所不同。前者是基于管理方式的视角,要发现文件的量与社会、机构管理活动的关联,主要统计对象是具有某种特征或某个范围之内的文件或档案;后者是出于对档案工作情况的掌握,主要统计对象是馆(室)藏档案资源、人员、设备和建筑等,收集的数据也相对更为宏观。

文件计量分析法与文件信息分析的区别在于:文件计量法是对文件类型或特征的统计和分析,在考察量的变化的基础上,对文件生成者(单位)进行职能分析,以优化管理程序、提高管理效率,因而属于管理方式维度;而文件信息分析是对文件内容的加工和分析,其结果是产生新的信息———种可资利用的半显性资源,或是实现对其他管理资源的信息保障,所以位于管理资源维度。

(2)文件生成流转方法:这是管理方式维度档案学的重要方法,文件生成流转方法总体而言是一个跨学科的范畴,传统的文件生成流转方法是文书学和行政管理研究的主要内容，而数字时代的文件生成流转方法则是电子政务和电子文件管理研究关注的重点，此外由于流转依赖信息传播渠道，对传播学相关知识的掌握也是十分必要的。因文件生成流转相关内容在第5章第3节中已有论述，这里就不再展开。

6.3.3　主体塑造

主体既是学科与研究体系建构的推动者和参与者，也是进行建构研究的重要内容。前者是指任何学科或研究的构建都需要一定的研究人员提出、发展和完善，管理维度空间档案学研究建构也不例外，需要研究人员具备"大管理"的思想和观念，对管理维度理论和档案学科体系有深刻的理解；后者是指建构的体系中，除了内容和方法外，还必须包括对主体的研究，否则就会存在结构缺陷，而且真正的管理活动中，实践者如果缺乏相关的理念、知识和技能，也无法胜任相关要求并达到预期目的。因而主体的塑造就成为必须和必然，由于主体具有思维上的自主性和创造性，所以应该从如下两方面着手进行：

1. 理念养成

管理维度空间的档案学研究，首先需要研究主体具备相应的思维方式和研究理念，只有在认识到并深刻理解管理维度空间档案学研究的重要性和发展潜力及其在提升学科和研究主体中有巨大价值的前提下，才能积极主动地以此为指导，去熟悉、研究与建构相关理论与研究体系，可见理念是主体塑造的首要内容。

所谓理念，在哲学上是指一种理想的、永恒的、精神性的普遍范型，在西方最早被柏拉图所提出用于指理智的对象（即理解到的东西）①。但一般理解为人们对所从事工作的一种基本信念，也指对事物的明确的基

---

① 信息来源中国大百科全书（哲学卷）"理念"，http：//ecph. cnki. net/Allword. aspx? objid＝156762&ename＝ecph&infoclass＝item。

本认识①。理念属于观念的范畴,但是一种体系化的具有一定稳定性的观念,能对主体的一般观点、看法和想法产生影响。可见理念的获得和形成不是一蹴而就的,需要通过长期的影响和努力养成,其作用发挥更是一个日常、反复、持久的过程。管理维度空间档案学研究的理念养成包括两种类型主体,一类就是研究者自身,他们是直接决定研究广度和深度的主导性力量,其理念的养成能在理论和实践领域有基础作用和导向功能;另一类实践者,他们是理论的推行者与检验者,其理念的养成能增强执行的自觉性和积极性,并能一定程度地促进成果转化和优化。

促进理念养成的途径主要有输入和挖掘:前者是指通过解释、说明、引导、示范等外在影响,让研究主体认识、理解、领悟并形成目标理念;后者是指通过发现、提取、抽象等方式,让研究主体意识到自身业已存在的理念相关因子和元素,进而将潜在的意识转化为内在的自觉。具体到管理维度空间档案学研究而言,在起步阶段输入是主要的方式和途径,能较快地让理论者和实践者摆脱传统模式的束缚,形成大管理的思维和理念,进而明确管理维度理论对于档案学研究的功用及其与档案学研究互动关系,而随着影响的扩大,特别是在理论向实践推广期间,就要加大"挖掘"的力度,让相关研究与成果得到更多的认可和认同。

2. 素质培育

素质原本是一个生理学概念,指人的先天生理解剖特点(如脑、神经系统特性及感觉和运动器官特点等),是心理活动发展的前提。而广义的理解,是指完成某项活动所必须具备的基本条件,包括必要的思想、道德、意识、情感等人格素质和知识层次、智慧能力、专业素养等综合素质。这种理解的素质既包括先天的基础,也包括后天的成长,因而可以通过学习、教育和实践活动予以改变和塑造②。具体到本书所研究的素质,主要指管理维

① 武广华、臧益秀、刘运祥等:《中国卫生管理辞典》,北京:中国科学技术出版社,2001年,第 311 页。
② 张天祥:《管理哲学论》,昆明:云南大学出版社,2003 年,第 30 - 31 页。

度档案学研究所需的知识结构、方法技能和基本素养(如职业道德、执业态度)等。素质培育的对象同样既包括档案学研究人员也包括档案实践工作者,在我国这两类的素质培育的主要途径是教育和培训。

档案学研究和档案活动在社会与机构管理中的功能发挥,需要专业人才系统掌握与自觉运用一般的管理思维与原理,人才的培育首先应该包含一般管理基本素养的内容,只有这样专业思维、专业原理、专业知识与技能的运用才有基础和动力,这也是主体素质教育与培养中所必须遵守的原则和有待解决的问题。现有的基于管理视角的档案人才素质培育研究主要聚焦于高校档案专业教育上,对职业技术教育和业务培训等则关注不多①。

早在 2006 年,湘潭大学的王协舟、何振和肖文建等就提出,档案学专业课程体系应包括七大模块,他们在模块设计时十分重视培养档案专业人员的管理素质,如"学科基础课程模块"中就有管理学原理、秘书学概论、信息管理概论和电子政务基础等课程,最具特色的是专门开辟了"管理素养拓展课程模块",具体课程有管理思维与科学研究方法、中国古代管理思想史、西方管理思想史、行政管理学、公共管理学、企业管理学、项目管理导论、知识管理导论、公共危机管理、办公室管理、行政职业素质与技能等一大批管理类课程。②

黑龙江大学的倪丽娟在其《培育管理学底蕴 夯实专业基础——完善档案学专业教育的对策思考》一文中,提出要加大基本管理思维与原理教育,培养学生掌握基本管理素养,并认为管理思维是档案学专业人才培养的着眼点。③

河北大学的师生在探讨我国档案专业硕士课程体系时,提出六大模块

---

① 王广宇、蔡娜:《我国档案学与档案专业教育发展研究述评》,《山西档案》2010 年第 4 期,第 14 - 18 页。

② 王协舟、何振、肖文建:《档案学专业课程体系设计与实践教学改革——以湘潭大学档案学专业为例》,《档案学通讯》2006 年第 5 期,第 69 - 72 页。

③ 倪丽娟:《培育管理学底蕴 夯实专业基础——完善档案学专业教育的对策思考》,《档案学通讯》2009 年第 1 期,第 56 - 59 页。

设想,其中只有模块三的"档案鉴定与保护研究"属于管理内容维度,"档案信息整合与服务研究"模块、"档案资源与文化艺术产业管理"模块与"企业档案信息服务研究"模块属于管理资源维度,而"现行文件管理与文秘理论研究"模块和"政府信息平台建设与电子文件管理"模块则属于典型的管理方式维度①。

由于管理研究的应用性和档案专业的实践性,张国民和谷文波等就专门提到了如何增强教育的实践环节,前者提出实验教学和建立校外实习基地等②,后者还补充了采用模拟、案例教学的课堂模式。③

当然学科研究和管理活动所需的人才应该是多元化和多层次的,如要利用多媒体技术来记录和跟踪管理过程,就对摄影、摄像技能和艺术专业人才有一定的需求,因此在基本素能培育的同时,要注意维护人才的个性和差异性,在培养方法上不妨来点后现代主义,这是盛玉的《后现代主义对档案学课程改革的启示》的核心观点。④

上述研究对于管理维度空间中档案学研究主体的素质培育是非常有借鉴价值的,此类成果的诞生正说明了这些研究人员本身就具有相当的"大管理"的理念和素质,这也是本研究的动力和希望所在。

6.4　本章小结

由于前面章节论证了在管理各个维度中现有档案学研究都是有所作为的,那么寻求与描绘基于管理立体维度的档案学研究架构"蓝图"就成为出

① 卞昭玲、刘亚娟、李肖军、王素娟、周建军、赵春庄、王志伟:《我国档案学硕士研究生课程体系建设研究》,《档案学通讯》2010年第4期,第67-71页。
② 张国民:《档案学专业课程体系构建与人才培养研究》,《黑龙江档案》2008年第6期,第12-13页。
③ 谷文波:《关于档案学课程教学改革的若干思考》,《黑龙江档案》2009年第4期,第16页。
④ 盛玉:《后现代主义对档案学课程改革的启示》,《云南档案》2009年第1期,第10-12页。

口和期待了，虽然笔者无力胜任如此重任，但还是试图尽一己绵薄之力，对管理维度空间里档案学研究的前景予以探讨和展望，让人们能看到基于管理维度之档案学研究的可能性和可行性，以期抛砖引玉，使本研究得到完善和深化。

首先，本章对建构管理维度空间里档案学研究的前提与要求进行分析，认为档案学研究对象在管理活动中具有支撑性作用、档案学研究主体具备管理基础知识与基本技能、档案学研究方法成果对管理学具衍生辐射效应这三个方面是研究建构的根本要求。

其次，探讨了建构管理维度空间里档案学研究的基本原则，提出在学科研究构建时，必须要处理好与已有研究以及与关联科学研究之间的关系，因此要遵循稳中求变、本末兼顾、深度互渗等基本原则。

最后，从研究的内容构成、方法梳理和主体塑造三个方面试图构建管理维度中的档案学研究框架，其中内容构成包括传播导向的理论层面研究和问题导向的应用层面研究两个大的方面，而研究的具体方法从管理维度来分，包括基于管理内容档案文献组织方法和档案保护相关方法、面向管理资源的文件信息分析方法和档案信息服务方法、归于管理方式的文件计量分析方法与文件生成流转方法，主体塑造则包括理念养成和素质培育两个方面。

结　语

　　档案学的定位和学科地位也是档案学研究的重要内容,即其重要的元问题之一,本书即属于这个层面的探索:首先通过对管理维度空间的解构,明确和深化管理活动三维度的含义及其对于档案学研究的影响和假设;其次在明晰内容管理和管理内容的区别与联系的基础上,对管理内容维度的档案学研究起源、特征和功能等进行探讨,提出此类研究核心范围为管理对象、管理程序和管理职能等;再次辨析资源管理与管理资源关系,对面向管理资源的档案学研究依据、本质和作用等进行梳理,明确此类研究的主要内容为档案信息资源管理和管理资源信息保障这两个主要方面;接着探讨了归于管理方式的档案学研究阶段、内容、特色和意义,并对管理活动中文件方式的功能作用、构成要素、比较优势与不足之处进行分析揭示;最后明确了基于管理维度分析的档案学研究构建前提、基础及原则与要求,并从研究内容、研究方法和研究主体等方面展望档案学研究前景。

　　本研究的创新之处主要在于:

　　(1) 深化了管理维度的认知和理解,特别是对管理资源、管理方式的细化分类和内涵阐释,一方面厘清管理资源的国别差异对管理实践与管理学科的影响,另一方面也有助于发掘和优化文件这种通用的、基础的管理方式,提升档案学研究在管理学中的地位和影响;

　　(2) 提出基于管理内容的研究是档案学的前提和基础,认为这类研究的主要特点是任务导向、体制依赖、安全优先,并将其分为对象研究、程序研究、职能研究三类;

　　(3) 指出面向管理资源的研究是档案学的价值增长点,这类研究的主要特点是服务导向、技术依赖、利用优先，提出档案信息资源可分为一次管理和二次管理，而对管理资源信息的保障则分为显性、半显性和隐性三类不同情况；

（4）论证归于管理方式的档案学研究具有核心竞争力，指出这类研究的主要特点是目标导向、系统依赖、效能优先，并拟对文件方式的优劣势、功能、要素和不足进行全面分析和对比研究；

（5）分维度对档案学研究方法进行梳理，提出并力图探讨文件计量分析方法，以增强、拓展档案学定量研究和方法体系。

当然，囿于篇幅和现有能力，本书尚有诸多不足和研究空白，但换个角度来看，也正好说明本研究极具拓展的空间和可能，主要有如下几方面：

（1）管理三个维度的认识和理解可以继续深化，特别是管理资源和管理方式维度的构成有待争鸣和优化；

（2）档案学在信息资源的一次管理和二次管理研究中的功能亟待开发和发展，如档案信息资源的构建和营销有较广阔的研究前景；

（3）管理活动中文件方式的规范和优化，也是值得研究者们进一步努力并予以大力推广和提升的；

（4）本书对档案学研究方法的构架和梳理仍失之肤浅，有待继续深入和加强，特别是需要更多的实证和数据支持。

基于管理维度的视角考察和重构中国档案学研究，旨在引发对档案学研究和档案管理活动的重新认识和把握，凸显档案学在社会和机构管理中的作用与功能，从本源上促进实现包括档案信息在内的社会和机构管理资源的最优配置，为解决当前诸多社会管理问题提供新的思路和方法，虽然本书未能直接担当如此重任，但在拓展和丰富档案学乃至整个管理学科体系，以及展现其本土特色与原创性等方面进行了有益的尝试和探索。

参考文献

图书：

[1] 安海忠,方伟.资源信息管理[M].北京：地质出版社,2009：22 - 25.

[2] 21 世纪办公室主任实用全书编委会.21 世纪办公室主任实用全书[M].北京：国家行政学院出版社,2005：379.

[3] 卞昭玲.网络环境下档案信息管理服务研究[M].北京：中国档案出版社,2007：1 - 249.

[4] 财政部办公厅.财政公文处理手册[M].北京：经济科学出版社,2001：30.

[5] 曹润芳.文件学概要[M].北京：中国劳动出版社,1990：8 - 11.

[6] 曹元坤.管理方式变革论[M].北京：经济管理出版社,1999：1 - 55.

[7] 常桦.网：中国式人脉　成功＝70％人脉＋30％知识[M].武汉：武汉大学出版社,2006：4 - 18.

[8] 车济炎,林德宏.新知识词典[M].南京：南京大学出版社,1987：409.

[9] 车文博.心理咨询大百科全书[M].杭州：浙江科学技术出版社,2001：226.

[10] 陈潭.单位身份的松动——中国人事档案制度研究[M].南京：南京大学出版社,2007：1 - 230.

[11] 陈伟.里耶秦简中公文传递记录的初步分析；陕西师范大学中国历史地理研究所,西北历史环境与经济社会发展研究中心编.历史地理学研究的新探索与新动向：庆贺朱士光教授七十华秩暨荣休论文集 004[M].西安：三秦出版社,2008：1 - 5.

[12] 陈国琛.文书之简化与管理[M].北京：中国人民大学历史档案系,1958：9.

[13] 陈佳贵.企业管理学大辞典[M].北京：经济科学出版社,2000：199 - 512.

[14] 陈培爱.广告策划原理与实务[M].北京：中央广播电视大学出版社,2000：

155－160.

[15] 陈文义. 军队人事档案管理[M]. 北京：军事科学出版社,2002：1－138.

[16] 陈永生,田炳珍. 档案信息资源开发利用及其效益研究[M]. 广州：广东人民出版社,1999：1－189.

[17] 陈兆祦,曹喜琛,李鸿健,等. 档案工作全书[M]. 北京：中国人民大学出版社,1992：525－527.

[18] 陈兆祦,和宝荣,王英玮. 档案管理学基础[M]. 北京：中国人民大学出版社,2005：64－320.

[19] 陈兆祦,和宝荣. 档案管理学基础[M]. 北京：中国人民大学出版社,2005：219－220.

[20] 陈智为,杨东红. 会计档案管理原理与实务[M]. 北京：法律出版社,1995：1－179.

[21] 陈智为. 档案行政管理概论[M]. 北京：中国人民大学出版社,1991：1－8.

[22] 陈智为等. 档案行政概论[M]. 北京：中国人民大学出版社,1996：6－10.

[23] 程志民,江怡. 当代西方哲学新词典[M]. 长春：吉林人民出版社,2004：112.

[24] 迟福林,张占斌. 邓小平著作学习大辞典[M]. 太原：山西经济出版社,1992：1199－1200.

[25] 储节旺,郭春侠. 信息组织原理、方法和技术[M]. 合肥：安徽大学出版社,2002：6.

[26] 戴维新,戴芳. 公共权力制约与监督机制研究[M]. 银川市：宁夏人民出版社,2007：22－25.

[27] 邓明,向洪,张来培. 管理学辞典[M]. 成都：西南交通大学出版社,1992：289－291.

[28] 邓绍兴. 人事档案教程[M]. 北京：中国传媒大学出版社,2008：1－464.

[29] 邓绍兴. 人事档案学[M]. 北京：中国青年出版社,1990：1－506.

[30] 邓伟志. 创新社会管理体制[M]. 上海：上海社会科学院出版社,2008：95－97.

[31] 窦晓光. 文件管理[M]. 北京：档案出版社,1991：34.

[32] 方贤华. 实用政务大辞典[M]. 武汉：湖北辞书出版社,1993：502.

[33] 冯惠玲,张辑哲. 档案学概论[M]. 北京：中国人民大学出版社,2001：48－54.

[34] 冯惠玲,张辑哲. 档案学概论(第二版)[M]. 北京：中国人民大学出版社,2006：

272 - 282.

[35] 冯惠玲. 浅议档案学基础理论[M]//王淑全选编. 档案学论集. 北京：中国人民大学出版社,1989：17 - 31.

[36] 傅振伦. 公文档案管理法[M]. 北京：档案出版社,1988：5.

[37] 高鹏云. 科技文件学[M]. 北京：中国人民大学出版社,1998：22 - 394.

[38] 高清海. 文史哲百科辞典[M]. 长春：吉林大学出版社,1988：218.

[39] 贡华章. 企业集团财务管理：中国石油财务管理与改革实践[M]. 北京：经济科学出版社,2009：173 - 181.

[40] 关月. 英汉双向管理词典[M]. 上海：上海交通大学出版社,2006：776 - 987.

[41] 管楚度,王光庆. 管理学原理新构[M]. 长沙：湖南人民出版社,2007：8.

[42] 国家档案局技术部. 档案信息资源开发利用试点经验汇编[M]. 北京：中国档案出版社,2008：1 - 167.

[43] 国家税务总局办公厅. 税务公文处理实用手册[M]. 北京：中国税务出版社,2005：58.

[44] 韩英. 文书学[M]. 济南：山东大学出版社,2001：1 - 12.

[45] 韩玉梅,张恩庆,黄坤坊. 外国档案管理教学大纲[M]. 北京：档案出版社,1987：7.

[46] 郝迟,盛广智,李勉东. 汉语倒排词典[M]. 哈尔滨：黑龙江人民出版社,1987：538.

[47] 郝雨风. 卓越绩效的客户经营[M]. 北京：中国经济出版社,2009：71.

[48] 何新. 中外文化知识辞典[M]. 哈尔滨：黑龙江人民出版社,1989：1 - 2.

[49] 何恩春. 高阶英汉双解词典[M]. 北京：商务印书馆国际有限公司,2007：146.

[50] 何鲁成. 档案管理与整理[M]. 北京：档案出版社,1987：46.

[51] 何盛明. 财经大辞典·下卷[M]. 北京：中国财政经济出版社,1990：1543.

[52] 胡鸿杰. 中国档案学的理念与模式[M]. 北京：中国人民大学出版社,2005：12 - 55.

[53] 胡瑞仲. 管理潜规则[M]. 北京：经济管理出版社,2007：6 - 77.

[54] 胡祖光,朱明伟. 东方管理学导论：一套全新而可供实践的理论[M]. 上海：上海三联书店,1998：1 - 50.

[55] 胡祖光,朱明伟. 东方管理学十三篇[M]. 北京：中国经济出版社,2002：1 - 45.

[56] 胡祖光. 管理金论——东方管理学[M]. 北京：电子工业出版社,1994：1 - 22.

[57]　黄安永,叶天泉. 物业管理辞典[M]. 南京：东南大学出版社,2004：87.

[58]　黄汉江. 投资大辞典[M]. 上海：上海社会科学院出版社,1990：1025.

[59]　黄坤坊. 欧美档案学概要[M]. 北京：档案出版社,1986：4 - 34.

[60]　黄如金. 和合管理[M]. 北京：经济管理出版社,2006.

[61]　黄世喆,陈勇,麻新纯等. 边疆地区档案学高等教育教学改革理论与实践[M]. 南宁：广西人民出版社,2009：55 - 64.

[62]　黄霄羽. 外国档案管理学[M]. 北京：中国人民大学出版社,2008：164 - 165.

[63]　黄子林. 档案信息资源开发[M]. 长沙：湖南科学技术出版社,1995：1 - 271.

[64]　姜振寰,吴明泰,王海山等. 技术学辞典[M]. 沈阳：辽宁科学技术出版社,1990：62 - 63.

[65]　蒋大椿,陈启能. 史学理论大辞典[M]. 合肥：安徽教育出版社,2000：1156 - 1157.

[66]　金炳华. 马克思主义哲学大辞典[M]. 上海：上海辞书出版社,2003：373.

[67]　金润圭. 管理学[M]. 上海：华东师范大学出版社,2008：64.

[68]　赖茂生. 信息资源管理教程[M]. 北京：清华大学出版社,2006：1 - 4.

[69]　李东. 管理学——理论·方法·工具[M]. 北京：科学出版社,2008：41 - 57.

[70]　李伯约,赛丹. 自然语言理解的心理学原理[M]. 上海：学林出版社,2007：182 - 186.

[71]　李财富. 中国档案学史论[M]. 合肥：安徽大学出版社,2005：29.

[72]　李怀祖. 管理研究方法论[M]. 西安：西安交通大学出版社,2000：15 - 18.

[73]　李淮春. 马克思主义哲学全书[M]. 北京：中国人民大学出版社,1996：188 - 189.

[74]　李会平,吕维宁. 文书档案通论[M]. 兰州：兰州大学出版社,1997：303 - 304.

[75]　李杰群,金树祥等. 非言语交际概论[M]. 北京：北京大学出版社,2002：2 - 10.

[76]　李晓光. 管理学基础[M]. 北京：中国财政经济出版社,2007：19 - 22.

[77]　李宇明等. 言语与言语学研究[M]. 武汉：崇文书局,2005：2 - 25.

[78]　栗劲,李放. 中华实用法学大辞典[M]. 长春：吉林大学出版社,1988：970.

[79]　梁毓阶. 文书学[M]. 北京：档案出版社,1985：32.

[80]　林崇德,傅安球. 学龄前儿童心理发展与早期教育[M]. 北京：北京出版社,1982：39.

[81]　林崇德,姜璐,王德胜. 中国成人教育百科全书　经济·管理[M]. 海口：南海出版公司,1994：391 - 392.

［82］ 林崇德等. 中国成人教育百科全书　经济·管理[M]. 海口：南海出版公司，1994：401-402.

［83］ 林化君等. 追问与发现——语文学习心理论[M]. 青岛：青岛海洋大学出版社，1998：217.

［84］ 刘军. 管理研究方法：原理与应用[M]. 北京：中国人民大学出版社，2008：63-68.

［85］ 刘淼. 作文心理学[M]. 北京：高等教育出版社，2001：116-132.

［86］ 刘水. 档案学概论[M]. 郑州市：河南人民出版社，2006：27-41.

［87］ 刘炳瑛. 马克思主义原理辞典[M]. 杭州：浙江人民出版社，1988：337-338.

［88］ 刘耿生. 档案开发与利用教程[M]. 北京：中国人民大学出版社，2010：9-39.

［89］ 刘海藩，侯树栋，唐铁汉等总主编；刘维林，朱海江，胡正明主编. 领导全书·第十二册　提升与完善卷[M]. 北京：九州出版社，2001：356-359.

［90］ 刘海藩，侯树栋，唐铁汉等总主编；王杰，焦冰，李宏伟主编. 领导全书·第十三册　训练与考评卷[M]. 北京：九州出版社，2001：506-512.

［91］ 刘海藩. 现代领导百科全书：经济与管理卷[M]. 北京：中共中央党校出版社，2008：383-387.

［92］ 刘建明. 宣传舆论学大辞典[M]. 北京：经济日报出版社，1993：325-547.

［93］ 刘金树，林国军. 辽宁省档案系列中初级专业技术资格考试指南[M]. 沈阳：辽宁大学出版社，2006：337.

［94］ 刘庆山等. 建筑安装工程项目管理实施手册[M]. 北京：中国电力出版社，2007：2-128.

［95］ 刘文英. 哲学百科小辞典[M]. 兰州：甘肃人民出版社，1987：438.

［96］ 刘亚刚等. 工业经济学基础[M]. 长春：吉林大学出版社，1998：168.

［97］ 刘演林. 中国秘书史[M]. 长沙：中南工业大学出版社，1998：330.

［98］ 刘永中，金才兵. 英汉人力资源管理核心词汇手册[M]. 广州：广东经济出版社，2005：258.

［99］ 刘昭东等. 信息工作理论与实践[M]. 北京：科学技术文献出版社，1995：43.

［100］ 龙兆佛. 档案管理法[M]. 北京：中国人民大学历史档案系，1940：6.

［101］ 陆德山. 认识权力[M]. 北京：中国经济出版社，2000：3-16.

［102］ 罗杰. 档案学基础[M]. 成都：成都科技大学出版社，1996：129-151.

[103] 罗婉容,罗海成. 当代市场营销[M]. 北京：航空工业出版社,1999：360.

[104] 马涛. 传统的创新——东方管理学引论[M]. 石家庄：河北人民出版社,2001.

[105] 马费成. 信息资源管理[M]. 武汉：武汉大学出版社,2001：1 - 28.

[106] 马国泉,张品兴,高聚成. 新时期新名词大辞典[M]. 北京：中国广播电视出版社,1992：1141.

[107] 孟广均. 信息资源管理导论[M]. 北京：科学出版社,2003：6 - 31.

[108] 潘连根. 文件与档案研究[M]. 合肥：安徽大学出版社,2007：30 - 37.

[109] 庞元正,丁冬红. 当代西方社会发展理论新词典[M]. 长春：吉林人民出版社,2001：36 - 470.

[110] 裴成发. 信息资源管理[M]. 北京：科学出版社,2008：4 - 80.

[111] 濮德祥. 档案管理学[M]. 北京：档案出版社,1987：149 - 155.

[112] 秦铁辉. 企业信息资源管理[M]. 北京：北京大学出版社,2006：275.

[113] 秦志华,李可心,陈先奎. 中国农村工作大辞典[M]. 北京：警官教育出版社,1993：1036 - 1037.

[114] 汝宜红. 资源管理学[M]. 北京：中国铁道出版社,2001：157.

[115] 沈士光. 机关公务文书写作[M]. 上海：上海人民出版社,2004：64 - 65.

[116] 沈颖玲. 网络财务报告研究[M]. 上海：立信会计出版社,2005：54.

[117] 石渤. 英汉-汉英文献信息词典[M]. 武汉：武汉大学出版社,1996：541.

[118] 史玉峤,王云庆,苗壮. 现代档案管理学[M]. 青岛：青岛出版社,2002：10 - 156.

[119] 司有和. 信息传播学[M]. 重庆：重庆大学出版社,2007：1 - 7.

[120] 宋书文. 管理心理学词典[M]. 兰州：甘肃人民出版社,1989：236.

[121] 苏勇. 东方管理评论 第 1 辑[M]. 上海：复旦大学出版社,2007：1 - 50.

[122] 苏东水. 东方管理学[M]. 上海：复旦大学出版社,2005：1 - 25.

[123] 苏义林,陈庆,刘畅. 管理学[M]. 北京：中国轻工业出版社,2009：20 - 23.

[124] 苏宗伟. 东方管理学教程[M]. 上海：上海财经大学出版社,2009.

[125] 孙鼎国. 西方文化百科[M]. 长春：吉林人民出版社,1991：115.

[126] 孙宏艳. 中学生良好习惯培养策略[M]. 北京：科学出版社,2008：142.

[127] 孙钱章. 实用领导科学大辞典[M]. 济南：山东人民出版社,1990：307.

[128] 孙耀君. 东方管理名著提要[M]. 南昌市：江西人民出版社,1995.

[129] 覃家瑜. 现代企业物资管理[M]. 北京：冶金工业出版社,1992：2 - 7.

[130] 谭琨智.组织文化管理[M].北京:北京大学出版社,2008:50-54.

[131] 谭争培.当代中国档案学研究热点问题评析[M].成都:电子科技大学出版社,2003:327-328.

[132] 唐华明.文书与档案管理基础[M].上海:立信会计出版社,2007:142-144.

[133] 陶晓春,曹千里.实用文书与档案管理学[M].上海:上海交通大学出版社,2003:268-275.

[134] 屠跃明.电子文件的生命周期与质量控制[M].中国档案学会.档案事业科学发展:新环境 新理念 新技术——2008年档案工作者年会论文集(上).北京:中国档案出版社,2008:173.

[135] 汪桂海.汉代官文书制度[M].南宁:广西教育出版社,1999:1-198.

[136] 王彬.中国成人教育百科全书 经济·管理[M].海口:南海出版公司,1994:393-394.

[137] 王辉.跨国公司技术联盟管理[M].上海:立信会计出版社,2006:69.

[138] 王健.文书学[M].北京:中国人民大学出版社,1999:12-20.

[139] 王德清.中外管理思想史[M].重庆:重庆大学出版社,2005:426.

[140] 王法雄.人事档案管理概论[M].武汉:湖北人民出版社,1984:1-25.

[141] 王太理.权力秘经 关于权力的哲学的思考[M].北京:当代中国出版社,2002:22-50.

[142] 王向明.档案管理学原理[M].上海:上海大学出版社,2009:36-165.

[143] 王英玮.档案文化论[M].北京:中国人民大学出版社,1998:210-233.

[144] 王英玮.会计档案管理的原理与应用[M].北京:中国档案出版社,2003:1-318.

[145] 王英玮.信息时代的人事档案管理——理论、实际、方法、技术[M].北京:中共党史出版社,2004:1-338.

[146] 王英玮等.信息管理导论[M].北京:中国人民大学出版社,2010:169-196.

[147] 王照东.政治文明视野中的权力问题研究[M].北京:中国社会科学出版社,2006:3-45.

[148] 王志红,陈有富.信息管理概论[M].西安:西安地图出版社,2007:171-175.

[149] 王治河.后现代主义辞典[M].北京:中央编译出版社,2005:394-397.

[150] 王自峰.档案信息传播的障碍;刘胜杰.探索与创新[M].北京:中国档案出版

社,2004：217-218.

[151] 卫立浩. 管理学原理[M]. 西安：陕西师范大学出版社,2009：243-247.

[152] 魏文斌. 第三种管理维度——组织文化管理通论[M]. 长春：吉林人民出版社,2006：3-40.

[153] 吴宝康,冯子直. 档案学词典[M]. 上海：上海辞书出版社,1994：540-598.

[154] 吴宝康. 档案学概论[M]. 北京：中国人民大学出版社,1988：62-232.

[155] 吴建华. 科技档案信息资源开发策略研究[M]. 北京：中国档案出版社,1997：1-25.

[156] 武广华,臧益秀,刘运祥等. 中国卫生管理辞典[M]. 北京：中国科学技术出版社,2001：311.

[157] 萧浩辉. 决策科学辞典[M]. 北京：人民出版社,1995：221.

[158] 肖秋惠. 档案管理概论[M]. 武汉大学出版社,2009：45-54.

[159] 谢勇,邹江. 管理学[M]. 武汉市：华中科技大学出版社,2008：37-38.

[160] 徐少锦,温克勤. 伦理百科辞典[M]. 北京：中国广播电视出版社,1999：1091.

[161] 许丽红,王宝达. 化工企业管理[M]. 北京：化学工业出版社,2009：5.

[162] 颜海. 档案信息资源开发利用[M]. 武汉：武汉大学出版社,2004：2-112.

[163] 颜世富. 东方管理学[M]. 北京：中国国际广播出版社,2000：1-20.

[164] 颜祥林. 档案信息网络传播——法律问题与策略[M]. 北京：中国档案出版社,2006：12-36.

[165] 颜祥林. 科技档案信息传播引论[M]. 北京：科学技术文献出版社,2002：2-13.

[166] 杨纪琬. 社会主义会计理论建设[M]. 北京：中国财政经济出版社,1988：56.

[167] 姚裕群. 人力资源管理[M]. 北京：中国人民大学出版社,2007：2-10.

[168] 叶萍. 管理学基础[M]. 北京：电子工业出版社,2007：36-46.

[169] 殷钟麒. 中国档案管理新论[M]. 北京：中国人民大学历史档案系,1958：4-8.

[170] 于根元. 现代汉语新词语词典[M]. 北京：中国青年出版社,1994：446-447.

[171] 曾湘宜. 文书与档案管理基础[M]. 成都：西南财经大学出版社,2007：148-149.

[172] 曾友中,成志刚. 管理学原理[M]. 湘潭：湘潭大学出版社,2009：113-115.

[173] 张福墀,杜江波. 管理资源开发导论[M]. 北京：企业管理出版社,1993：8-80.

[174] 张锦鹏. 南宋交通史[M]. 上海：上海古籍出版社,2008：232 - 233.

[175] 张林华. 现代文件学[M]. 上海：上海大学出版社,2007：85 - 89.

[176] 张双喜,白景坤. 管理学[M]. 北京：北京理工大学出版社,2009：3 - 7.

[177] 张天祥. 管理哲学论[M]. 昆明：云南大学出版社,2003：30 - 31.

[178] 张文昌,于维英. 西方管理思想发展史[M]. 济南：山东人民出版社,2007：171 - 226.

[179] 张扬扬. 黄金人脉80招[M]. 北京：中国纺织出版社,2009：2 - 7.

[180] 张仲礼,林甫生,朱根. 探索·创新 当代经济新学科新方法新流派[M]. 第3卷. 上海：上海社会科学院出版社,2008：116 - 117.

[181] 赵铭忠. 档案整理方法[M]. 北京：档案出版社,1983：5 - 7.

[182] 赵应文. 人力资源管理概论[M]. 北京：清华大学出版社,2009：13 - 14.

[183] 郑秦. 二十六史大辞典 典章制度卷[M]. 长春：吉林人民出版社：406 - 407.

[184] 郑崇田. 文书管理学[M]. 长春：东北师范大学出版社,1987：69 - 72.

[185] 郑瀛川. 有效的选才与面谈技巧[M]. 厦门：厦门大学出版社,2007：74.

[186] 支贵生,王燕. 中国历代档案管理[M]. 西安：西安地图出版社,2007：128 - 139.

[187] 中国百科大辞典编委会;袁世全,冯涛. 中国百科大辞典[M]. 北京：华夏出版社,1990：411 - 437.

[188] 中国大百科全书·图书馆学、情报学、档案学[M]. 北京：中国大百科全书出版社,1993：70 - 460.

[189] 中国机械工业教育协会组. 档案管理学[M]. 北京：机械工业出版社,2003：14 - 23.

[190] 中国人民大学档案学院. 档案专业主要专业课程教学大纲[M]. 北京：中国科学技术出版社,1991：37 - 40.

[191] 周书祥. 会计档案学[M]. 南京：南京大学出版社,1988：1 - 181.

[192] 周晓英. 基于信息理解的信息构建[M]. 北京：中国人民大学出版社,2005：1 - 248.

[193] 周晓英. 信息组织与信息构建[M]. 北京：中国人民大学出版社,2011：1 - 26.

[194] 周耀林,张煜明,任汉中. 文书学教程[M]. 武汉：武汉大学出版社,2009：58 - 70.

[195] 周振华. 文件学[M]. 扬州：广陵书社,2007：256 - 262.

[196] 周振华. 文件学论纲[M]. 北京：中国社会出版社,1993：216-217.

[197] 朱传忠,叶明. 秘书理论与实务[M]. 杭州：浙江大学出版社,2005：206-208.

[198] 朱启才. 权力、制度与经济增长[M]. 北京：经济科学出版社,2004：5-20.

[199] 朱庆华. 信息分析基础、方法及应用[M]. 北京：科学出版社, 2004：4-6.

[200] 朱玉媛. 现代人事档案管理[M]. 北京：中国档案出版社,2002：1-243.

[201] 戈特瓦尔德. 中国农业与食品企业的可持续性管理[M]. 张新华,译. 上海：上海人民出版社,2008：25.

[202] H. 法约尔. 工业管理与一般管理[M]. 周安华等,译. 北京：中国社会科学出版社,1998：1-7.

[203] 约翰·奥瑞克等. 企业基因重组：释放公司的价值潜力[M]. 高远洋等,译. 北京：电子工业出版社,2003：176.

[204] Alexander Clemm. 网络管理技术构架[M]. 詹文军,刘玉鹏,译. 北京：人民邮电出版社,2008：84.

[205] 布沙,哈特. 图书馆学研究方法[M]. 吴彭鹏,译. 北京：书目文献出版社,1987：45-241.

[206] 马克·S·道弗曼. 风险管理与保险原理[M]. 齐瑞宗等,译. 北京：清华大学出版社,2009：47-48.

[207] 马兰德罗,巴克. 非言语交流[M]. 孟小平等,译. 北京：北京语言学院出版社,1991：12-185.

[208] Buchanan J M, Brennan H G. 1985, The Reason of Rules, Cambridge: Cambridge University Press.

[209] Lewis P S, Goodman S H, Fandt P M, Carnahan G R. Management: Challenges in the 21st Century. Oklahoma：Southwestern Pub Co., 1998.

[210] Plunkett W R, Attner R F. Management：meeting and exceeding customer expectations. Cincinnati：South-Western College Pub., 1997.

期刊：

[1] 毕嘉瑞.《档案检索的原理与方法》评介[J]. 档案学通讯,1991(1)：63-64.

[2] 卞昭玲,刘亚娟,李肖军,王素娟,周建军,赵春庄,王志伟. 我国档案学硕士研究生课程体系建设研究[J]. 档案学通讯,2010(4)：67-71.

［3］　卞昭玲. 档案信息服务论[J]. 档案学通讯,2005(4)：37－40.

［4］　卞昭玲. 试论档案信息服务组织的绩效评估[J]. 档案学通讯,2005(2)：12－14.

［5］　蔡海飞,马从敏. 论我国私有档案的保管机构[J]. 兰台世界,2007(3)：10.

［6］　曹喜琛,王英玮. 曾三的档案编研思想[J]. 中国档案,1997(1)：33－35.

［7］　陈辉. 档案行政管理研究亟待加强[J]. 航空档案,2002(2－3)：28－30.

［8］　陈柏林. 试论档案工作中的统计[J]. 档案学通讯,1983(5)：40－42.

［9］　陈芙蓉,武永娜. 档案信息化建设中数据描述标准研究[J]. 档案学研究,2005(3)：
　　　24－28.

［10］　陈嘉祥. 新时期档案工作的新作为[J]. 浙江档案,2008(5)：12－13.

［11］　陈小先. 西方管理学理论的流变、现状与发展趋势[J]. 发展研究,2010(5)：
　　　104－106.

［12］　陈艳红. 30 年来档案信息资源开发利用研究述评——基于《档案学研究》、《档案
　　　学通讯》的论文分析[J]. 档案学研究,2010(2)：45－48.

［13］　陈永生,薛四新. 基于分级存储的数字化档案利用模式研究[J]. 档案学研究,
　　　2006(5)：33－37.

［14］　陈永生. 档案合理利用研究——从档案部门的角度[J]. 档案学通讯,2007(1)：
　　　52－55.

［15］　陈永生. 档案学方法研究的方法问题[J]. 档案学研究,1999(4)：6,11－13.

［16］　陈永生. 档案学研究中的"非实践理论"——理论脱离实践现象分析[J]. 湖北档
　　　案,1994(3)：17－19.

［17］　陈兆祦. 国务院《关于加强国家档案工作的决定》中提出的几个档案学理论问
　　　题——中国人民大学档案学院副院长陈兆祦副教授在山西省直和太原市直机
　　　关、企事业单位档案干部大会上的学术报告[J]. 山西档案,1986(3)：3－13.

［18］　陈兆祦. 谈谈"文件论"[J]. 档案管理,2004(3)：8－11.

［19］　陈兆祦. 文件能包含档案吗？——兼评《档案定义应以文件为属概念》[J]. 浙江档
　　　案,2007(1)：6－9.

［20］　陈兆祦. 再论档案的定义——兼论文件的定义和运动周期问题[J]. 档案学通讯,
　　　1987(2)：21－25.

［21］　陈智为. 关于档案本质属性的探讨[J]. 档案时空,1984(3)：22－23.

［22］　陈智为. 关于统筹规划职能——略述档案行政管理部门职能之一[J]. 山西档案,

1990(2)：24 - 26.

[23] 陈忠海.档案馆职能和功能定位与建设研究述评[J].档案管理,2010(1)：59 - 62.

[24] 陈忠海.档案鉴定理论应实现两个转变[J].档案管理,2001(4)：17 - 19.

[25] 陈忠海.关于档案编研学若干问题的思考[J].档案学研究,1995(3)：12 - 15.

[26] 陈作明.完善文书工作的监督机能[J].秘书工作,1996(10)：23.

[27] 陈作明.文书工作的历史借鉴[J].杭州大学学报(哲学社会科学版),1991(2)：129 - 134.

[28] 陈作明.文书学若干问题的推敲[J].档案学通讯,1996(1)：50 - 52.

[29] 程栋梁.电子政务环境下档案信息传播伦理保障机制研究[J].兰台世界,2009(22)：20 - 21.

[30] 程桂芬.关于档案学问题[J].中国档案,1957(1)：26 - 29.

[31] 储节旺,方千平.国内外知识共享理论和实践述评[J].情报理论与实践,2007(5)：705 - 709.

[32] 创业资源整合一：人脉资源[J].科技创业,2005(2)：26 - 27.

[33] 戴光喜.档案鉴定理论与实践中的问题和对策[J].档案学研究,1998(4)：7 - 9.

[34] 邓宝艳.谈我国档案保管模式的多元化[J].兰台世界,2006(23)：33.

[35] 邓绍兴.档案鉴定理论初探[J].档案与建设,1999(3)：10 - 12.

[36] 丁梅.美国档案利用工作研究综述[J].兰台世界,2009(8)：43 - 44.

[37] 丁光勋.电子政务环境下档案信息资源服务的内容及其作用[J].档案学通讯,2005(6)：34 - 37.

[38] 丁海斌.档案学三题小议——档案定义、起源与档案学科属性[J].档案学通讯,2008(2)：20 - 23.

[39] 丁海斌,李娟.从信息划分与定义规则出发再谈档案定义[J].档案,2011(6)：6 - 9.

[40] 丁立新,祝鑫一.信息构建对档案网站检索系统建设的启示[J].兰台世界,2011(24)：47.

[41] 动态.Asls&T 第六届信息构建峰会[J].现代图书情报技术,2007 (1)：96 - 97.

[42] 窦怡丹.试论档案检索工具[J].开封教育学院学报,1998(3)：71 - 73.

[43] 杜志敏,谢丹,任宝生.现代油藏经营管理[J].西南石油学院学报,2002(1)：1 - 4,7.

[44] 樊黄毛.试论档案馆的社会教育职能[J].湖北档案,1993(3)：18 - 20.

[45] 樊如霞,徐舒柯.网络媒介对档案信息传播的影响与服务策略[J].档案学通讯,
     2011(5)：68-71.

[46] 方鲁.论中国档案学的结构与功能——《档案管理学》评析[J].档案学通讯,
     2002(5)：15-19.

[47] 冯伯群.关于档案统计工作的几个问题[J].档案学通讯,1983(6)：6-13.

[48] 冯惠玲.论档案整理理论的演变与发展[J].档案学通讯,1986(5)：62.

[49] 冯惠玲.走向辉煌(之十)——档案学理论的发展与繁荣[J].中国档案,1999(10)：
     5-7.

[50] 冯惠玲等.电子文件管理国家战略刍议[J].档案学通讯,2006(3)：4-8.

[51] 冯晓莉.数字档案馆建设对档案信息服务的影响及对策[J].档案学研究,
     2010(4)：50-52.

[52] 冯子直.我国档案学研究的现状与发展趋势[J].档案学研究,1991(1)：16-
     23,36.

[53] 傅荣贤.归属与超越：档案学学科属性研究[J].北京档案,2009(2)：17-19.

[54] 傅荣校,周雪.十年来档案学研究成果简要评述 基于(2000—2009年)中国知网
     学术资源总库档案学论文数据分析[J].档案学通讯,2010(2)：4-7.

[55] 傅荣校.档案鉴定理论发展规律论[J].档案学通讯,2003(6)：7-11.

[56] 傅荣校.我国档案学研究方法研究之述评[J].浙江档案,1997(7)：18-19.

[57] 傅荣校.重建档案整理理论体系的设想[J].中国档案,1992(10)：38-40.

[58] 傅荣校.三十年代国民政府行政效率运动与行政效率研究会[J].浙江档案,
     2005(1)：26-28.

[59] 傅振伦.中国历代档案保管制度述略[J].历史档案,1990(3)：126-130,133.

[60] 甘乃光.文书档案连锁办法之试验[J].中央周刊,1934(总第339期)：9.

[61] 高海燕,张书祥.城建档案信息采集与管理系统的设计与应用[J].城建档案,
     2006(3)：27-29.

[62] 高文武,丁耀.试论西方管理学理论的演变[J].湖北社会科学,2002(10)：
     103-104.

[63] 高宗池,赵彦龙.论西夏法典中的文书制度[J].青海民族研究,2009(1)：74-80.

[64] 耿春来.档案保管工作的基本任务[J].北京档案,2002(2)：55.

[65] 宫明利.数字档案信息资源存储技术研究[J].兰台世界,2007(18)：17-18.

[66] 共筑职场精英人脉圈 引领人力资源新趋势——Aceona HR 精英汇 精英人才高效解决方案"猎寻系列产品"瞩目登场[J].人力资源管理,2010(10)：7.

[67] 苟维锋.档案统计在档案工作中的作用[J].陕西档案,2006(2)：26.

[68] 谷文波.关于档案学课程教学改革的若干思考[J].黑龙江档案,2009(4)：16.

[69] 管先海,刘伟,白桦.档案馆的核心职能是什么? ——兼与宗培岭、潘玉民先生商榷[J].档案管理,2008(2)：41-43.

[70] 管先海,刘伟,白桦.档案人员隐性知识的挖掘与共享[J].湖北档案,2007(12)：25-27.

[71] 管先海.对知识管理时代档案学理论基础的思考[J].档案时空,2007(8)：13-15.

[72] 郭晓云.中外档案网站信息资源组织方式比较研究[J].档案学通讯,2010(4)：59-63.

[73] 国家档案局.机关文件材料归档范围和文书档案保管期限规定[J].司法业务文选,2007(12)：38-40.

[74] 韩宝华.档案信息传播类型初探[J].档案与建设,2009(1)：21-23.

[75] 韩宝华.论档案定义与档案的本质属性[J].山西档案,1995(5)：10-13.

[76] 韩宝华.再论档案定义与档案的本质属性——兼与王荣声等同志商榷[J].档案与建设,1996(8)：18-21.

[77] 韩树全,梁建川.县级机关联合档案室的优越性、可行性及其职能[J].档案学通讯,1994(6)：28-29,10,75.

[78] 韩素君.馆藏档案数字化信息的采集方法[J].北京档案,2007(9)：48-50.

[79] 韩振英.基于信息公平的档案信息服务体系的构建[J].档案学研究,2009(4)：24-27.

[80] 郝晓峰.档案价值的探讨[J].档案学通讯,1986(5)：35-40.

[81] 何军.档案信息的集成管理与集成服务模式研究[J].档案学通讯,2006(2)：56-59.

[82] 何振.档案信息传播效果的形成[J].陕西档案,1999(2)：17-19.

[83] 何振.论档案信息传播的媒介与受众构成[J].湘潭大学社会科学学报,1998(1)：100-102.

[84] 何忠,东东蕾子.人脉：职场"贵人"[J].国际人才交流,2006(7)：58-59.

［85］ 何宝梅.从《唐律疏议》到《大清律例》看我国古代文书制度的法制化[J].档案与建设,2007(10):16-18.

［86］ 何嘉荪.档案信息的组织[J].中国档案,1986(9):30-31.

［87］ 何丽云.档案编研工作的发展与思想变迁——1978—2007年档案编研工作述评[J].档案与建设,2008(5):4-6.

［88］ 贺凯,锅艳玲.论新中国档案行政管理机构的设置与改革[J].档案与建设,2009(4):6,7-11.

［89］ 贺颖,祝庆轩.基于科学知识图谱的档案学基础理论进展研究(1999—2008年)[J].图书情报工作,2010(2):144-148.

［90］ 洪漪,陈永莉,向纯彪.档案信息的组织方式与档案信息管理系统[J].图书情报知识,1998(4):49-51.

［91］ 侯卫真.对档案描述编码格式(EAD)的探讨[J].北京档案,2003(12):19-21.

［92］ 胡燕.档案利用机制研究——从利用主体的角度[J].档案学通讯,2008(5):29-32.

［93］ 胡燕.继续强化档案馆信息服务职能[J].档案学研究,1997(2):25-27.

［94］ 胡燕.政府信息能公开吗?[J].文明与宣传,1997(8):25-26.

［95］ 胡凤振.论档案信息的有偿服务[J].档案学研究,1995(3):45-47.

［96］ 胡红霞.数字档案馆档案信息采集研究[J].兰台世界,2007(24):22-23.

［97］ 胡鸿杰.论中国档案学的结构与功能——档案学概论评析[J].档案学通讯,2002(6):11-15.

［98］ 胡鸿杰.论中国档案学的评价机制[J].档案学通讯,2004(2):8-12.

［99］ 胡鸿杰.论中国档案学的学术尊严[J].档案学通讯,2005(5):7-10.

［100］ 胡鸿杰.论中国档案学的学术尊严(续)[J].档案学通讯,2005(6):8-11.

［101］ 胡鸿杰.管理资源分析[J].档案学通讯,2009(1):19-22.

［102］ 胡继英.试谈档案的价值、功能、作用的区别与联系[J].山西档案,1995(1):16-17.

［103］ 胡立耘.声音档案的数字化信息组织[J].档案学通讯,2005(3):64-67.

［104］ 胡玉琴.中美档案鉴定工作理论与实践比较研究[J].城建档案,2006(7):26-28.

［105］ 黄红.关于拓展档案功能的几点思考[J].档案与建设,2005(8):55-56.

[106] 黄静.政府信息公开与档案利用服务工作整合的可行性研究[J].档案学通讯，2007(6)：39-42.

[107] 黄才庚.清朝的文书制度(一)[J].兰台世界，1987(6)：30,29.

[108] 黄才庚.清朝的文书制度(二)[J].兰台世界，1988(2)：28,24.

[109] 黄才庚.清朝的文书制度(三)[J].兰台世界，1988(3)：26-27.

[110] 黄霄羽.关于档案的本质属性和档案定义的再思考[J].山东档案，1994(1)：22-24.

[111] 黄永利.扶沟县电子文件生成情况调查[J].档案管理，2009(4)：47.

[112] 霍振礼,李碧清.档案利用评价指标研究[J].档案学通讯，2002(2)：31-33.

[113] 吉忠华.效能＝目标×效率——企业领导者不应忽视的公式[J].工厂管理，1994(12)：41.

[114] 纪秋,黄丽香.人事档案的信息采集与现代化管理[J].兰台世界，2000(3)：14.

[115] 江丽.新形势下档案行政管理部门职能转变的理性思考[J].黑龙江档案，2010(4)：16.

[116] 江涛.档案信息存储新领域——全息存储及其材料[J].浙江档案，2006(11)：34-36.

[117] 接励,王虹.高校人事管理信息中的关联规则挖掘[J].天津师范大学学报(自然科学版)，2004(2)：64-66.

[118] 金波.论档案保护技术学的结构与功能[J].档案学通讯，2003(2)：33-37.

[119] 金更达.数字图书馆模式探讨[J].图书馆建设，2002(2)：5-7.

[120] 靳力,张弘.我国古代文书制度漫议[J].山东交通学院学报，1999(4)：47-49.

[121] 靳秀华,吴玲.档案信息资源开发利用的新走势和设想[J].档案学研究，1994(2)：27-30.

[122] 康蠡,周铭.1998—2007年档案检索研究论文的文献计量学分析[J].档案，2009(3)：13-15.

[123] 康蠡,周铭.基于生态位理论的档案检索学科发展研究[J].档案，2010(5)：20-23.

[124] 康青.管理沟通中非言语信息的解析[J].华东理工大学学报(社会科学版)，2003(3)：46-50.

[125] 柯雨.行政学·行政信息管理·档案学[J].档案学通讯，1985(5)：2-5.

[126]　孔祥云. 新时期档案功能探析及开发应用管理体会[J]. 科技档案,2004(3):
　　　　30-31.

[127]　郎斌. 档案数字化建设中信息资源存储系统的选择[J]. 兰台内外,2007(1):
　　　　60-62.

[128]　劳汉生,许康. 从管理资源的角度对西方管理科学化的重新认识[J]. 湖南大学学
　　　　报(社会科学版),1999(4):53-58.

[129]　冷地金. 档案利用学研究的思考[J]. 兰台世界,1996(10):13-14.

[130]　李江. 从服务型政府建设看政府管理之变化[J]. 广西广播电视大学学报,
　　　　2007(4):55-58.

[131]　李晋. 清朝中央高度集权制的形成与"廷寄"文书制度的建立[J]. 档案学通讯,
　　　　1991(4):46-48.

[132]　李晶. 我国古代文书避讳制度研究[J]. 兰台世界,2009(13):72-72.

[133]　李萍. 中西方档案利用理论发展比较研究[J]. 兰台世界,2009(10):56-57.

[134]　李强. 我国信息构建(IA)的发展现状研究[J]. 中国校外教育,2010(16):
　　　　164,163.

[135]　李欣. 当代档案信息资源开发研究[J]. 档案学通讯,2003(5):51-54.

[136]　李珍,张玉影. 内容管理及其在档案学领域的应用研究[J]. 浙江档案,2007(5):
　　　　22-25.

[137]　李财富,杨晓晴. 我国档案服务社会化研究的文献计量学分析[J]. 档案学通讯,
　　　　2008(3):22-24.

[138]　李财富. 再论档案文献编纂学体系结构[J]. 档案学研究,1994(1):23-25.

[139]　李翠绵. 档案检索利用技术研究[J]. 中国档案,2007(8):56-57.

[140]　李福君,张庆一,李可意. 档案本质属性的研究[J]. 档案学研究,1999(1):
　　　　15-17.

[141]　李建国. 基层档案行政管理部门的服务职能[J]. 四川档案,2002(2):15-16.

[142]　李灵风. 档案信息分众传播初探[J]. 浙江档案,2010(11):18-20.

[143]　李明贤. 档案管理、保管、保护析[J]. 上海档案,1988(5):11.

[144]　李文彬. 辽宁省档案学会召开"进一步开发档案信息资源"学术讨论会[J]. 档案
　　　　学通讯,1986(3):64.

[145]　李晓鹏. 信息构建与信息组织的比较分析[J]. 内蒙古科技与经济,2010(1):

56 - 58.

[146] 李扬新. 数字化档案信息开放利用的服务机制探索——来自于"开放存取"运动的启示[J]. 档案学通讯,2008(1)：37 - 40.

[147] 李扬新. 我国档案公共服务政策研究[J]. 档案学通讯,2009(2)：52 - 55.

[148] 李振廷. 档案行政管理部门的"主管"职能[J]. 中国档案,1998(9)：6 - 7.

[149] 李祚明. 袁世凯时期北洋政府文书工作制度[J]. 历史档案,1983(2)：133 - 136.

[150] 梁娜,徐晓炜. 试论档案整理理论的"破与立"[J]. 浙江档案,2000(4)：17 - 18.

[151] 梁孟华. 面向用户的档案信息集成服务模式研究[J]. 档案学研究,2009(2)：47 - 50.

[152] 梁孟华. 面向用户的档案信息资源的市场服务模式[J]. 档案学通讯,2006(4)：76 - 79.

[153] 梁沙. 论网络环境下档案信息传播的整合——以档案馆网站、网络社区、博客、微博四种网络传播方式为例[J]. 档案管理,2012(1)：11 - 13.

[154] 廖建英. 我国档案行政管理体制的改革与发展研究[J]. 民营科技,2010(7)：109.

[155] 林真. 档案信息开发政策评析[J]. 档案学通讯,1998(3)：3 - 6.

[156] 林清澄,尹晋英. 档案学理论的三种功能[J]. 北京档案,1997(2)：25.

[157] 刘萌. 网络环境下的档案信息社会服务[J]. 档案学通讯,2002(4)：46 - 49.

[158] 刘伟,郝俊勤. 信息组织与信息构建[J]. 情报资料工作,2009(1)：27 - 29.

[159] 刘东斌. 也谈"文件论"——与陈兆祦先生商榷[J]. 档案管理,2004(5)：9 - 11.

[160] 刘国能. 对地方机关档案室性质和职能的再认识——机关档案工作改革点滴议[J]. 档案学通讯,1989(1)：11 - 13.

[161] 刘竑波. "东方管理学"研究之回顾与综述[J]. 网络财富,2008(5)：39 - 43.

[162] 刘昆雄,李慧玲,彭备芳. 图书馆信息营销与信息资源开发研究[J]. 中国图书馆学报,2007(2)：47 - 51.

[163] 刘昆雄. 基于信息营销的图书馆业务流程重组研究[J]. 中国图书馆学报,2004(5)：35 - 38.

[164] 刘世明,刘新安. 档案真实属性的研究[J]. 档案学研究,2002(4)：3 - 5,10.

[165] 陆冲,李明. 信息构建视阈下的档案利用[J]. 档案天地,2008(3)：57 - 59.

[166] 吕福新. 东方管理学的建树、创新和发展——对东方管理学研究的追溯、综述和

管见[J]. 商业经济与管理,2003(12)：33 - 36.

[167] 吕福新. 东方管理学的建树、创新和发展——对东方管理学研究的追溯、综述和管见[J]. 商业经济与管理,2003(12)：33 - 36.

[168] 吕元智. 论现阶段我国档案信息资源复合动态服务模式构建[J]. 档案学通讯,2007(2)：39 - 43.

[169] 罗力. 档案文献编纂学学科称谓及研究内容综述[J]. 档案天地,1994(2)：9.

[170] 罗力. 档案学研究方法研究述评[J]. 档案与建设,1994,(12)：7 - 9.

[171] 罗铮. 论信息构建与档案网站建设[J]. 机电兵船档案,2006(5)：11 - 12.

[172] 罗伯特·F·威廉斯,许士平. 电子文件管理——即将来临的文件管理革命[J]. 档案学通讯,1988(1)：23,100 - 103.

[173] 罗永平. 九十年代档案学研究的十大热点透视[J]. 兰台世界,1998(10)：4 - 5.

[174] 马海群. 档案信息资源开发利用的顶层设计[J]. 档案学研究,2008(3)：35 - 40.

[175] 马海群. 英国国家档案馆信息公开项目对我国档案信息公开与服务的启示[J]. 档案学研究,2010(2)：84 - 88.

[176] 茅蔚晔,梁晓云. 试论企业内容管理[J]. 上海综合经济,2004(Z1)：121 - 123.

[177] 倪丽娟. 管理理性化视阈下促进档案信息资源开发路径探寻[J]. 档案学研究,2008(4)：42 - 43.

[178] 倪丽娟. 培育管理学底蕴　夯实专业基础——完善档案学专业教育的对策思考[J]. 档案学通讯,2009(1)：56 - 59.

[179] 倪丽娟. 完善档案信息资源开发模式的思考[J]. 档案学通讯,2006(6)：37 - 40.

[180] 倪丽娟. 信息化背景下的档案信息资源开发[J]. 档案学通讯,2003(4)：79 - 82.

[181] 倪丽娟. 责任社会与责任档案信息资源开发[J]. 档案学通讯,2007(4)：79 - 81.

[182] 欧阳华锋,石建斌. 档案学也是一门信息管理学科[J]. 兰台世界,2008(12)：12 - 13.

[183] 潘连根. 从《大清律例》看清代文书工作制度[J]. 档案学研究,1998(2)：9 - 11.

[184] 潘连根. 关于档案学方法论体系的思考[J]. 浙江档案,2007(11)：10 - 12.

[185] 潘连根. 关于档案学方法论体系的思考[J]. 浙江档案,2007(11)：10 - 12.

[186] 潘玉民. 利用——档案馆的核心职能[J]. 上海档案,2007(2)：6 - 8.

[187] 潘玉民. 学术批评语境下档案学理论研究的批评[J]. 档案管理,2008(6)：24 - 26.

[188] 潘玉民.贞观年间的文书工作制度[J].中国档案,1984(3)：56－57.

[189] 彭贺,刘韡.东方管理学的现状与展望——东方管理学学科建设研讨会综述[J].管理学报,2006(5)：629－630.

[190] 彭贺,苏东水.论东方管理的研究边界[J].学术月刊,2007(2)：75－79.

[191] 彭贺,苏宗伟.东方管理学的创建与发展：渊源、精髓与框架[J].管理学报,2006(1)：12－18.

[192] 彭丽玲.中西档案学形成背景比较及其引发的思考[J].浙江档案,2006(5)：8－9.

[193] 彭志斌.构建现代档案学理论体系献疑[J].扬州大学学报(人文社会科学版),2010(5)：99－105.

[194] 戚颖.档案学专业课程设置现状述评[J].湖北档案,2010(Z1)：17－19.

[195] 钱毅.中国电子文件管理标准体系现状与实施战略[J].档案学通讯,2009(6)：10－12.

[196] 钱程程.城建档案信息传播影响因素及策略分析[J].兰台内外,2010(2)：12－13.

[197] 秦慧.2000—2009年我国档案学研究中案例研究法应用统计分析[J].档案学通讯,2010(5)：32－35.

[198] 仇壮丽.中国档案保护史论[J].档案学通讯,2005(3)：42－45.

[199] 曲晓晶.档案人员隐性知识的挖掘与共享[J].兰台内外,2009(2)：49.

[200] 饶圆.档案服务社会化研究[J].档案学通讯,2009(6)：51－53.

[201] 饶圆.中国与欧美档案学生成背景的比较研究[J].档案学研究,2007(5)：50－53.

[202] 任越,倪丽娟.对档案学专业本科教育课程体系改革的设想——以黑龙江大学档案学专业本科课程体系改革为例[J].档案学研究,2006(2)：38－41.

[203] 任越.论当代档案学跨学科研究的条件及其悖论[J].档案与建设,2010(9)：6－7,10.

[204] 任宝兴.档案价值规律研究[J].档案学研究,2003(6)：11－15.

[205] 任东方.运用先进存储技术存储档案信息[J].陕西档案,1997(6)：41.

[206] 荣毅虹,梁战平.论信息构建的三个基本问题[J].中国图书馆学报,2004(6)：5－8,12.

[207]　尚世东. 西夏文书工作制度[J]. 宁夏大学学报(社会科学版),1999(3)：43-47.

[208]　沈丽华. 档案鉴定与收集——莫斯在华讲学部分内容综述之六[J]. 档案学通讯,1995(5)：39,66-68.

[209]　盛玉. 后现代主义对档案学课程改革的启示[J]. 云南档案,2009(1)：10-12.

[210]　石文. 最有价值的人脉资源[J]. 中外文摘,2010(11)：42.

[211]　石玉,周建军,谢海洋. 浅谈档案工作者在档案信息传播中的信息素养[J]. 云南档案,2010(7)：23-24.

[212]　史法根. 档案工作者应学点行政管理学知识[J]. 山西档案,1990(2)：19-20.

[213]　宋李娜. 面向公众的档案利用工作——论档案馆信息服务的"营销"战略[J]. 档案学通讯,2002(5)：24-26.

[214]　苏东水. 21世纪东西方管理融合与发展的趋势——当代中国东方管理科学的创新与实践[J]. 上海管理科学,2008(5)：4-10.

[215]　苏君华. 中国档案学核心期刊影响力分析——以2000—2009年所载论文为研究对象[J]. 档案学通讯,2010(5)：15-20.

[216]　苏卫国. 中国古代文书接力传递问题试探[J]. 鞍山师范学院学报,2010(1)：44-49.

[217]　孙爱萍. 实施档案信息资源开发合作战略[J]. 档案学通讯,2002(6)：66-68.

[218]　孙英华. 浅谈新时期机关综合档案室的职能发挥[J]. 山东水利,2004(6)：6,57.

[219]　所桂萍. 试论宋代档案保管技术与方法的创新[J]. 郑州大学学报(哲学社会科学版),2005(3)：149-152.

[220]　谭莉莉. 中国档案学会第五次档案保护技术研讨会综述[J]. 档案学通讯,2005(5)：87.

[221]　汤道銮,包海峰. 论互联网上档案信息实时采集与服务[J]. 档案学通讯,1998(5)：47-50,55.

[222]　唐艳芳. 数字档案馆档案信息服务平台的构建[J]. 档案学研究,2006(5)：44-48.

[223]　唐跃进,万丽娟. 数字档案信息存储与灾难恢复研究[J]. 档案学通讯,2011(2)：16-19.

[224]　陶醒. 论档案信息传播效果的优化[J]. 安徽科技,2007(11)：46-47.

[225]　陶志梅,王彦越. 公共资源管理的资源范畴拓展分析[J]. 山西高等学校社会科学

学报,2006(10)：17－19.

[226]　陶志梅,王彦越.公共资源管理的资源范畴拓展分析[J].山西高等学校社会科学学报,2006(10)：17－19.

[227]　田野.档案信息传播的形态：利用、编研、宣传、公布[J].档案学通讯,2002(2)：43－46.

[228]　屠跃民,李婉月.关于数字档案信息采集的思考[J].档案与建设,2006(9)：17－20.

[229]　王放.档案信息存储基地建设的思考[J].兰台内外,2001(5)：30－31.

[230]　王辉.档案学是管理性质的科学[J].河北水利,2006(4)：42.

[231]　王进.我国第一个《政府信息公开条例》正在起草[J].中国档案,2002(12)：39－40.

[232]　王萍.论档案的价值与功能[J].天津商学院学报,1998(1)：78－79.

[233]　王爽.《信息网络传播权保护条例》对档案信息传播的影响[J].中国档案,2006(12)：28－29.

[234]　王广宇,蔡娜.我国档案学与档案专业教育发展研究述评[J].山西档案,2010(4)：14－18.

[235]　王广宇.数字档案馆小众化信息服务研究：理念与比较[J].档案学通讯,2008(4)：23－28.

[236]　王广宇.中国档案学尊严的解读与实现[J].档案学通讯,2010(1)：11－14.

[237]　王桂荣.档案统计指标和指标体系[J].档案学通讯,1991(4)：14－16.

[238]　王化雨."唐宋时期的文书传递与信息沟通"国际学术工作坊综述[J].中国史研究动态,2007(12)：25－26.

[239]　王欢喜.档案信息传播的障碍与对策分析[J].图书情报知识,2003(1)：44－45.

[240]　王建国.六维管理理论 PK 西方管理学——王氏六维管理简析[J].建设机械技术与管理,2006(11)：63－64.

[241]　王景高.档案研究 30 年(之二)——关于档案定义的研究[J].中国档案,2009(3)：53－56.

[242]　王景高.档案研究 30 年(之三)——关于档案本质属性的研究[J].中国档案,2009(4)：52－55.

[243]　王景高.论档案信息资源开发[J].档案学通讯,2000(5)：19－22.

[244] 王娟娟,刘昆雄,王广宇.基于信息产业链的书目信息营销策略研究[J].图书与情报,2008(1):63-66.

[245] 王兰成.论知识集成环境下的档案信息组织与检索发展[J].档案学研究,2008(5):45-50.

[246] 王李苏,周毅.回顾与展望——对我国档案学发展的历史考察[J].上海档案,1988(6):5-13.

[247] 王立维.对档案统计地位的再认识[J].兰台内外,1998(2):36-37.

[248] 王茂跃.档案本质属性研究简评[J].北京档案,1998(12):18-19.

[249] 王敏敏.试论两种管理资源的区分及其意义[J].探求,2001(3):36-37.

[250] 王世金.略论市场经济条件下强化档案行政管理职能的基本依据[J].山东档案,1997(4):14-16.

[251] 王卫兵.县级档案介入信息市场的营销策略[J].陕西档案,2000(2):12-13.

[252] 王先发,庞涛,甘荣萍.中国电子文件研究综述[J].云南档案,2007(8):31-33.

[253] 王协舟,何振,肖文建.档案学专业课程体系设计与实践教学改革——以湘潭大学档案学专业为例[J].档案学通讯,2006(5):69-72.

[254] 王协舟.吴宝康先生档案学研究的方法论特色[J].档案学通讯,2008(4):10-12.

[255] 王心裁,吕元智.超媒体数据库技术与档案信息组织[J].中国图书馆学报,2003(1):68-71.

[256] 王兴霞.强化档案行政管理部门职能[J].中国档案,2001(5):8-9.

[257] 王逸峰,清末总理衙门文书档案保密制度述论[J].中国档案,2006(3):26-27.

[258] 王英玮.必须重新界定档案学中的"档案价值"——兼与有关同志商榷[J].档案学研究,1993(1):23-27,52.

[259] 王英玮.关于档案定义及档案本质问题研究的思考[J].档案管理,1996(4):13-15.

[260] 王兆学,施书稳.档案信息传播过程中的要素分析[J].黑龙江档案,2010(2):30.

[261] 卫奕,王传宇.档案信息传播效果研究[J].档案学通讯,2005(5):44-46.

[262] 卫奕.论档案信息的整合传播[J].档案管理,2008(6):27-28.

[263] 卫奕.论网络档案信息的传播效果[J].图书情报知识,2006(2):72-76.

[264] 魏文斌.西方管理学范式的三种维度[J].国外社会科学,2007(1):3-7.

[265] 温泉.档案统计工作初探[J].山西档案,1986(4)：24-27.

[266] 邬蕾.潜规则与显规则之间的关系分析[J].前沿,2008(8)：113-115.

[267] 吴玲,郑金月.档案中介机构的定位和发展问题[J].中国档案,2004(10)：21-22.

[268] 吴宝康.明确认识档案学是一门管理性质的科学[J].中国档案,1990(4)：20-21.

[269] 吴宝康.文书学仍应是档案学的一门分支学科[J].档案管理,1987(3)：23,28-30.

[270] 吴宝康.评《回顾与展望——对我国档案学发展的历史考察》[J].档案学通讯,1990(1)：2-12.

[271] 吴桂莲.浅论档案的功能和价值[J].黄石高等专科学校学报,1995(1)：47-49.

[272] 吴建华.档案统计与档案统计学[J].档案与建设,1991(5)：9-12.

[273] 吴建华.关于档案信息资源开发的思考[J].档案学研究,1996(4)：35-37.

[274] 吴友富.吴友富：现代西方管理学的危机[J].招商周刊,2006(25)：13-15.

[275] 吴志虹.浅谈档案馆文献信息的传递职能[J].云南档案,1988(2)：22-23.

[276] 伍玉伟.1999—2008我国档案学研究特点及未来的展望——基于国家社科基金立项的统计分析[J].档案学通讯,2009(3)：7-10.

[277] 伍振华,赵晓辉.关于档案本质属性几个论点的浅析[J].图书情报知识,2005(5)：49-52.

[278] 伍振华.档案的本质属性是什么[J].四川档案,1992(6)：13-14.

[279] 闲云."善"积"人脉"[J].中共太原市委党校学报,2009(1)：78-79.

[280] 谢玉国.浅谈企业"人脉"管理的理念与运作[J].经济师,2006(3)：150-151.

[281] 谢海洋,高丽华,卞昭玲.我国档案垂直网站的发展现状及其在档案信息传播中的作用分析[J].档案学通讯,2012(1)：77-80.

[282] 邢国春.基于 Web 的信息资源挖掘价值与便利访问机制[J].情报科学,2005(8)：1221-1224.

[283] 徐凌.公共管理职能变化下政府体制创新的若干思考[J].才智,2008(5)：243-244.

[284] 徐欣.档案整理实践与理论的演变[J].中国档案,2007(12)：26-28.

[285] 徐向玲.档案属性及其发展的思考[J].兰台世界,2005(11)：10-11.

[286]　徐兴林.档案统计工作存在的问题及其对策[J].四川档案,1996(6)：15-16.

[287]　许春霞.试述档案保管工作[J].云南档案,2008(7)：8-9.

[288]　薛非.电子文件形成的生成途径[J].档案与建设,2006(5)：23-25..

[289]　薛春刚.档案信息传播的障碍及消除[J].上海档案,1997(4)：15-17.

[290]　薛匡勇.档案收集工作理念探索[J].北京档案,2009(12)：10-12.

[291]　薛匡勇.论档案馆的职能拓展及其实现[J].档案学研究,2010(1)：59-62.

[292]　严永官.档案编研理论的继承与发展[J].中国档案,2001(3)：45-47.

[293]　晏志才.试论档案的价值形态及价值规律[J].档案学通讯,1995(3)：17-18.

[294]　杨波.唐代用法律保证文书传递[J].档案,1985(1)：29-37.

[295]　杨峰,张晓林.档案描述编码格式的发展和实施[J].情报理论与实践,2001(4)：
　　　 284-286.

[296]　杨戎.文书处理程序的整体特性及其实践意义[J].秘书之友,2000(3)：34-35.

[297]　杨继波.强化档案行政管理部门的监督职能[J].北京档案,1989(1)：41-42.

[298]　杨玉昆.档案收集难原因新探[J].档案学研究,2003(5)：29-31.

[299]　杨志刚.当今社会人脉异化的成因及矫治——基于儒家理想道德人格视角[J].
　　　 学术交流,2010(4)：44-48.

[300]　姚璇,罗国峰.刍议知识博客在知识管理中的应用[J].情报探索,2009(1)：
　　　 102-104.

[301]　叶建英.论网络时代的文书工作[J].浙江档案,2000(2)：5-6.

[302]　尹雪梅.从管理学的视野读《中国档案学的理念与模式》[J].档案管理,2009(5)：
　　　 67-68.

[303]　于力.中外档案鉴定理论与实践的历史比较[J].档案学通讯,1997(4)：73-76.

[304]　于琳.论《政府信息公开条例》对充分发挥档案机构信息服务功能的作用[J].档
　　　 案学研究,2008(3)：25-27.

[305]　于福臣,王洪昌.文书网络传递的开发与设计思路[J].重庆工学院学报,
　　　 1999(3)：71-73.

[306]　于淑丽.信息构建对我国档案网站的启示[J].浙江档案,2010(5)：31-33.

[307]　予同仁.档案行政管理部门公关的职能和原则[J].档案管理,2000(1)：13-15.

[308]　余源.档案学的基本功能分析[J].湖南医科大学学报(社会科学版),2009(1)：
　　　 187-188.

[309] 曾娜. IA 信息构建理论对我国档案网站发展的启示[J]. 档案管理,2006(1)：
29 - 31.

[310] 曾娜. 网络档案信息资源组织研究[J]. 档案学通讯,2010(1)：45 - 48.

[311] 张斌. 档案价值论[J]. 档案学通讯,2003(3)：43 - 46.

[312] 张斌. 我国古代文书处理主要制度简介[J]. 办公室业务,1995(5)：34,32.

[313] 张立. 递步哨与递传簿——民国时期晋军的短途文书传递[J]. 上海集邮,
2005(4)：41.

[314] 张晓,张长海. 从新视角审视公共档案馆的职能[J]. 档案管理,2009(6)：
23 - 25.

[315] 张晓. 对档案学发展的思考[J]. 档案学通讯,2003(1)：9 - 12.

[316] 张燕. 档案中介机构在私人档案管理中的应用[J]. 山西档案,2003(2)：14 - 16.

[317] 张爱春,董益群. 档案编研涵义新探[J]. 档案学研究,1994(2)：21 - 22.

[318] 张德元. 从汶川地震看档案的异地备份保管[J]. 北京档案,2008(6)：32 - 33.

[319] 张东华,王景芳. 档案信息服务的增值审视：民生档案[J]. 档案学通讯,
2008(5)：68 - 71.

[320] 张甫学,朱成禄. 档案信息采集方式与接口模式探索[J]. 广东档案,2007(5)：
32 - 33.

[321] 张关雄. 外国档案学学科理论述评[J]. 山西档案,1994(2)：44 - 45.

[322] 张贵华. 档案价值定义述论[J]. 档案学研究,2003(1)：10 - 13.

[323] 张贵华. 论档案价值形态[J]. 档案学研究,2003(3).

[324] 张国民. 档案学专业课程体系构建与人才培养研究[J]. 黑龙江档案,2008(6)：
12 - 13.

[325] 张怀笔. 转变档案行政管理职能,积极为社会主义市场经济服务[J]. 档案学研
究,1995(4)：24 - 25.

[326] 张会超,王星光. 中国近代档案学成就之荟萃——档案学十三本旧著述论[J]. 档
案管理,2008(6)：68 - 70.

[327] 张辑哲. 档案定义匡谬与透视[J]. 中国档案,1993(1)：33 - 34.

[328] 张靖华,苏建功. 档案研究方法与论题[J]. 山西档案,2006,(S1)：3 - 4.

[329] 张君炎. 关于档案文献编研的几个理论问题的质疑[J]. 上海大学学报(社会科学
版),1995(6)：6 - 10.

[330] 张丽娜,陆文军.档案信息资源开发利用合法性与合理性初探[J].档案学通讯,2008(5):32-35.

[331] 张明兴.西方管理学人性假设的哲学思考[J].贵州财经学院学报,2006(3):100-102.

[332] 张仕君.档案本质属性研究之研究[J].四川档案,2002(2):1-5.

[333] 张卫东,王萍.档案用户需求驱动的个性化服务模式研究[J].档案学通讯,2007(2):82-86.

[334] 张有良.太平天国的公文封套及文书传递[J].中国档案,1985(3):45-46.

[335] 张玉强.汉简文书传递制度述论[J].人文杂志,1994(5):86-89,27.

[336] 张煜明,王茜.档案定义应以文件为属概念[J].档案学通讯,2005(2):25-27.

[337] 张煜明.档案定义辨析[J].图书情报知识,2002(2):33-34.

[338] 章安华.对档案保管利用职能的再认识[J].广东档案,2004(4):30-33.

[339] 赵纳,姜增国.一种新的激励形式——人脉激励[J].商场现代化,2009(2):297-298.

[340] 赵屹,陈晓晖,朱久兰.美国的档案工作与信息服务社会化——兼谈对我国档案信息服务社会化的启示[J].档案学通讯,2001(2):67-73.

[341] 赵屹.网络档案信息检索研究[J].科技档案,2009(3):15-21.

[342] 赵少荃等.档案编研与史学研究六人谈[J].上海档案,1995(2):9-13.

[343] 赵淑梅.困惑与出路——对档案保护技术学理论与实践体系的重新认识[J].档案学通讯,2004(4):79-82.

[344] 赵彦龙.浅析西夏文书的保密制度[J].秘书,1998(12):42-43.

[345] 赵彦龙.西夏文书传递制度初探[J].秘书,1997(3):44-45.

[346] 赵彦龙.夏、宋文书档案保密制度探析[J].档案,2002(6):39-41.

[347] 赵英红.基于Infopath的信息采集系统在企业档案管理中的应用[J].中国酿造,2008(18):108-110.

[348] 赵志飞.档案馆的职能[J].上海档案,1991(4):61.

[349] 郑文,关素芳."本原"视觉下的档案学[J].档案学通讯,2006(5):21-23.

[350] 郑奕.潜规则的内涵、特征和价值评析[J].江淮论坛,2009(1):106-110.

[351] 钟其炎.反思档案学研究对象[J].浙江档案,2008(6):6-8.

[352] 周枫,周慧.1999—2009年国内档案信息传播研究综述[J].兰台世界,2010(24):21-22.

[353]　周蕾.论档案学学科"移植"现象[J].兰台世界,2010(12)：2-3.

[354]　周铭,康蠡,赵德美.网络时代档案检索学科创新问题撅探[J].档案学通讯,2010(5)：55-59.

[355]　周毅.试论档案学研究路向的转型[J].档案学通讯,2009(5)：28-31.

[356]　周毅.试论公共档案馆的职能拓展[J].档案学通讯,2006(5)：4-6.

[357]　周毅.政务信息公开与档案馆现行文件阅览中心的建立[J].档案学研究,2002(3)：36-38.

[358]　周翠莲,张明和.档案管理信息化环境下移动存储介质的安全使用对策[J].计算机安全,2010(12)：75-76.

[359]　周俊清.强化档案行政管理部门的指导监督职能[J].黑龙江档案,1998(4)：20-21.

[360]　周美兰.城建档案数据信息的提取和组织[J].城建档案,2007(1)：36-38.

[361]　周耀林.我国档案保护理论研究的探讨[J].档案学通讯,2007(3)：75-78.

[362]　朱庆华,颜祥林.信息公开制度探析[J].情报理论与实践,2001(5)：324-327.

[363]　朱薇薇.我国网络档案编研工作的研究成果综述[J].云南档案,2010(9)：30-31.

[364]　朱学芳.数字档案信息开发及应用管理中的图像水印保护技术[J].档案学通讯,2010(5)：72-75.

[365]　朱玉媛.我看档案的本质属性——兼与李福君、伍振华、王玉声等商榷[J].档案学研究,2001(4)：57-60.

[366]　褚松燕.论制度的有效性——人们何以遵守规则[J].天津社会科学,2010(4)：65-69.

[367]　宗培岭.存史——档案馆的核心职能[J].上海档案,2007(2)：3-5.

[368]　宗培岭.档案学理论与理论研究批评[J].新上海档案,2006(2)：3-8.

[369]　宗培岭.档案中介机构的社会定位[J].浙江档案,2005(7)：10-12.

[370]　宗培岭.新时期应当强化档案馆的研究职能——兼谈档案馆的职能与功能[J].档案学研究,2003(4)：20-23,44.

[371]　邹吉辉.百年"档案"定义论略[J].复印报刊资料 档案学,2001(6)：22-25.

[372]　左宏嬿.我国档案中介机构的生存状况及发展对策[J].兰台世界,2010(16)：8-9.

[373] 南希·E·皮斯,李华,薛匡勇.五十年来档案鉴定工作的理论与实践[J].北京档案,1988(2):22-25.

[374] Bourne L, Walker D H T. Advancing project management in learning organizations [J]. The Learning Organization. 2004 Vol 11 No 3: 226-243.

[375] Butcher D, Clarke M. Organizational politics — the missing discipline of management? [J]. Industrial and Commercial Training. 1999 Vol. 31 No. 1: 9-13.

[376] Terry C. Schwartz J M. Archives, Records, and Power: From (Postmodern) Theory to (Archival) Performance. Archival Science 2, no. 3-4 (2002): 171-185.

[377] Cox R J. Archives, Records, and Knowledge Management in the Twenty-First Century What Is the Future of the Records Professional? Records & Information Management Report 20, no. 4 (2004): 1-13.

[378] Cox R J. Empty Temples: Challenges for Modern Government Archives and Records Management . Records & Information Management Report 20, no. 8 (2006): 1-13.

[379] Demographic Data Banks: A New Management Resource. By: Vaughn R. L. Business Horizons, Nov/Dec84, Vol. 27 Issue 6, p. 38, 5p.

[380] Hofmann H F, Geiger J. Quality management in action: a Swiss case study [J]. Information Technology & People. 1995 Vol 8 No 1: 35-53.

[381] Ribeiro F . Archival Science and Changes in the Paradigm. Archival science. 2001. Vol. 1, Iss. 3; pp. 303-304.

[382] Schwartz J M. and Cook T. Archives, Records, and Power: The Making of Modern Memory. Archival Science 2, no. 1-2 (2002): 1-19.

[383] Westport, Conn. . Closing an era: historical perspectives on modern archives and records management. Archival New directions in information management,; no. 35; Greenwood Press, 2000: 1-252.

电子文献:

[1] 爱词霸汉语词典.维度[EB/OL].[2012-04-25].http://hanyu.iciba.com/

wiki/385730. shtml.

[2]　百度百科. 规则［EB/OL］. ［2012 - 08 - 02］. http：//baike. baidu. com/view/
603255. htm.

[3]　百度百科. 技术方法［EB/OL］. ［2012 - 05 - 18］. http：//baike. baidu. com/view/
1655430. htm.

[4]　百度百科. 职能［EB/OL］. ［2012 - 10 - 28］. http：//baike. baidu. com/view/
1252462. htm.

[5]　百度百科. 人脉［EB/OL］. ［2012 - 10 - 26］. http：//baike. baidu. com/view/
117. htm.

[6]　档案知网.《档案学经典理论书目》(史·论·方法)草案［EB/OL］. ［2012 - 12 -
12］. http：//www. dazw. cn/archiver/? tid-16163. html.

[7]　汉典. 财力［EB/OL］. ［2012 - 10 - 31］. http：//www. zdic. net/cd/ci/7/
ZdicE8ZdicB4ZdicA241060. htm.

[8]　汉典. 程序［EB/OL］. ［2012 - 10 - 28］. http：//www. zdic. net/cd/ci/12/
ZdicE7ZdicA8Zdic8B310125. htm.

[9]　汉典. 对象［EB/OL］. ［2012 - 10 - 26］. http：//www. zdic. net/cd/ci/5/
ZdicE5ZdicAFZdicB962095. htm.

[10]　汉典. 方式［EB/OL］. ［2012 - 10 - 18］. http：//www. zdic. net/cd/ci/4/
ZdicE6Zdic96ZdicB9315067. htm.

[11]　汉典. 规则［EB/OL］. ［2012 - 08 - 02］. http：//www. zdic. net/cd/ci/8/
ZdicE8ZdicA7Zdic84339117. htm.

[12]　汉典. 媒介［EB/OL］. ［2012 - 11 - 26］. http：//www. zdic. net/cd/ci/5/
ZdicE5ZdicAFZdicB962095. htm.

[13]　汉典. 职能［EB/OL］. ［2012 - 10 - 28］. http：//www. zdic. net/cd/ci/11/
ZdicE8Zdic81Zdic8C230495. htm.

[14]　汉典. 内容［EB/OL］. ［2012 - 10 - 18］. http：//www. zdic. net/cd/ci/4/
ZdicE5Zdic86Zdic8517735. htm.

[15]　汉典. 效能［OL］. ［2012 - 11 - 28］. http：//www. zdic. net/cd/ci/10/
ZdicE6Zdic95Zdic88320248. htm.

[16]　汉典. 资源［EB/OL］. ［2012 - 10 - 18］. http：//www. zdic. net/cd/ci/10/

ZdicE8ZdicB5Zdic84336959. htm.

[17] 胡鸿杰的个人空间. 管理的维度[EB/OL]. [2011 - 01 - 20]. http：//www. daxtx. cn/？ uid-5-action-viewspace-itemid-2853.

[18] 辽宁档案信息网.《辽宁档案资政》屡获省领导批示[OL]. [2012 - 11 - 06]. http：//www. lndangan. gov. cn / lnsdaj / xwzx / gzyw / content / ff8080812b31fbb3012b47fc5bd300a9. html.

[19] 维基百科. 维度[EB/OL]. [2012 - 04 - 25]. http：//zh. wikipedia. org/zh-cn/％ E4％B8％89％E7％BB％B4％E7％A9％BA％E9％97％B4.

[20] 新华网. 中共中央关于构建社会主义和谐社会若干重大问题的决定[EB/OL]. [2006 - 10 - 18]. http：//news. xinhuanet. com/politics/2006 - 10/18/content_ 5218639. htm.

[21] 新华网. 中共中央关于加强党的执政能力建设的决定[EB/OL]. [2004 - 09 - 26]. http：//news. xinhuanet. com/newscenter/2004 - 09/26/content_2024240. htm.

[22] 杨心恒. 中国大百科(社会学卷)文化[EB/OL]. [2010 - 11 - 16]. http：//ecph. cnki. net/Allword. aspx？ objid=52371&ename=ecph&infoclass=item.

[23] 张兵. 重庆钢铁集团档案馆在中日经济文化交流中扮演重要角色[EB/OL]. [2011 - 01 - 28]. http：//www. cqarchives. com. cn/templet/default/ShowArticle. jsp？ id=8683.

[24] 中国大百科全书(哲学卷). 理念[EB/OL]. [2011 - 02 - 16]. http：//ecph. cnki. net/Allword. aspx？ objid=156762&ename=ecph&infoclass=item.

[25] 中国大百科全书(政治学卷). 信息机构[EB/OL]. [2011 - 01 - 26]. http：//ecph. cnki. net/Allword. aspx？ objid=35170&ename=ecph&infoclass=item.

[26] 中国大百科全书(自动控制与系统工程卷). 信息[EB/OL]. [2010 - 10 - 26]. http：// ecph. cnki. net/Allword. aspx？ objid = 82807&ename = ecph&infoclass = item.

[27] 中国人民大学信息资源管理学院. 温家宝总理对"电子文件管理机制研究"课题成果做出重要批示[EB/OL]. [2011 - 01 - 18]. http：//www. irm. cn/news/ 200812/13 - 414. html.

[28] 中华人民共和国国家标准《电子文件归档与管理规范》[EB/OL]. [2011 - 01 - 26]. http：//www. nhu. edu. cn/dag/coup/coup14. htm.

[29] 中国台州.中共中央办公厅 国务院办公厅关于印发《党政机关公文处理工作条例》的通知[EB/OL].[2012 - 12 - 12].http：//www.zjtz.gov.cn/zwgk/xxgk/018/05/0514/201208/t20120801_178964.shtml.

报纸：

[1] 蓝志勇.公共管理学科应是中国改革的先锋[N].中国人民大学校报,2010 - 03 - 29(2).

论文：

[1] 卞昭玲.档案信息服务论[D].北京：中国人民大学,2004.

[2] 仇壮丽.中国档案保护史论[D].北京：中国人民大学,2004.

[3] 冯湘君.档案管理视角下个人信用信息有效性保障研究[D].北京：中国人民大学,2008.

[4] 付华.国家档案资源建设研究[D].北京：中国人民大学,2005.

[5] 李扬新.我国档案公共服务政策研究[D].北京：中国人民大学,2008.

[6] 罗军.我国档案管理体制改革研究[D].北京：中国人民大学,2008.

[7] 饶圆.档案服务社会化研究[D].北京：中国人民大学,2009.

[8] 任越.基于主体认识视角的当代中国档案学术研究[D].北京：中国人民大学,2010.

[9] 王改娇.公民利用档案的权利研究[D].北京：中国人民大学,2006.

[10] 王广宇.数字档案馆小众化信息服务研究——理念与保障[D].湘潭：湘潭大学,2008.

[11] 卫奕.档案信息传播效果研究[D].北京：中国人民大学,2005.

[12] 魏斌.我国档案信息增值开发模式研究[D].北京：中国人民大学,2010.

[13] 吴红.档案职业论[D].北京：中国人民大学,2004.

[14] 张会超.民国时期明清档案整理研究[D].北京：中国人民大学,2008.

附录一 调研问卷(社会版)及有效数据统计结果

尊敬的先生/女士：

您好！本问卷能帮助我们了解当前档案工作和服务的影响,采用**不记名**的方式填写。问卷中所获取的相关**信息**,仅作本研究之用,**绝不外泄**。请在百忙之中如实填写,将您认为**合适的**①、②、③等选项序号填入前面括号内,有的题目**可选多个答案**还可进行**补充**。感谢您的参与和支持,欢迎提出宝贵意见和建议。

一些基本情况　　(如果觉得本栏的某个问题涉及您的隐私,可以跳过该问题)

（　　）1. **您的年龄：** ① 30 岁以下　② 30—45 岁　③ 46—60 岁 ④60 以上

（　　）2. **您的文化程度：** ① 初中及以下　② 高中(含中专等) ③ 大学(本、专科)　④.研究生以上

（　　）3. **您的身份或职业：** ① 农村居民　② 城镇居民　③ 机关干部　④ 企业员工　⑤ 其他＿＿＿＿＿＿

（　　）4. **您了解档案吗?** ① 熟悉　② 知道些　③ 不太清楚 ④ 完全不知道

（　　）**您认为下面哪些应该是档案?** ① 身份证、户口簿　② 奖状、家庭活动拍摄的照片　③ 发票、家用电器说明书　④ 小说、杂志 ⑤ 毕业证、结婚证　⑥ 其他＿＿＿＿＿＿

（　　）您认为谁会产生档案？　①政府部门　②企业（机关、公司）③名人　④任何单位（人）

（　　）什么情况会产生档案？　①重大事件（活动）　②工作当中③日常生活　④其他_____

（　　）您认为档案有什么用？　①能用作证明　②能增加历史知识　③能帮助政府开展工作　④能做宣传教育　⑤能帮助单位进行管理　⑥帮助个人回忆过去　⑦其他_____

（　　）除了各种档案馆和档案室外，您还知道哪些地方保管有档案：①私人收藏室　②图书馆　③博物馆　④档案寄存中心　⑤档案咨询服务公司　⑥人才中心　⑦其他_____

（　　）您认为区（县）档案馆应该保管有：①本级政府文件　②当地名人的资料物品　③本地区重大事件的资料、照片、录像等　④每个居民的重要材料　⑤下属单位文件　⑥领导个人资料　⑦其他_____

（　　）5. 您用过档案吗？（如果您选的是"④从没用过"这一选项，请直接做第 6 大题）
①经常　②有时　③用过一两次　④从没用过

（　　）您在哪些地方用过档案？　①本单位档案室　②社区（或村）档案室　③镇档案室　④各级档案馆（含国家、本省市、本县区的）⑤档案网站　⑥其他_____

（　　）您用档案干什么？　①某个单位（或人）要求提供证据②自己想查清某件事真相　③想多学点知识或教育晚辈　④想了解某个单位（或地区）的情况　⑤其他_____

（　　）您是怎么用的档案？　①请人代查　②自己去查　③档案人员提供上门服务　④其他_____

（　　）6. 您觉得自己的工作和学习经历、政治面貌等证明材料可能保存在哪？①县区档案馆　②单位档案室　③社区（或村）档案室　④单位人事部门　⑤自己家里　⑥人才交流中心　⑦其他_____

（　　）如果收费便宜，您个人的重要资料或物品会选择放在档案馆保管吗？为什么？

① 不选择　② 档案馆保管条件好　③ 档案馆值得信赖　④ 档案人员有经验　⑤ 其他原因_____

（　　）您认为到档案馆(或档案室)查不涉密的东西需要：
① 政府(单位领导)批准　② 凭自己的身份证明　③ 档案人员同意　④ 不让个人用

（　　）您认为用档案时的收费属于：① 乱收费　② 人员服务费　③ 档案保管费　④ 复印工本费

（　　）7. 您和做档案工作的人打过交道吗？① 经常　② 有时　③ 接触过一两次　④ 从没有过

（　　）您认为档案人员必须要知道：① 如何保护好档案　② 熟悉政府和单位的情况　③ 帮助用户寻找需要的档案　④ 所负责档案的内容　⑤ 百姓关心的问题　⑥ 政府(或本单位)工作重点　⑦ 其他_____

（　　）您认为档案人员最好能做到：① 帮忙讲解档案中的内容　② 能提供跟档案相关的信息　③ 必要时为单位或个人提供上门服务　④ 告诉别人如何保管档案　⑤ 其他_____

（　　）您羡慕做档案工作的人吗？为什么羡慕？　① 不羡慕　② 工作还轻松　③ 待遇稳定　④ 能了解更多不为人知的事情　⑤ 和领导走得比较近,能得到重视　⑥ 其他

（　　）8. 您认为档案工作包括？① 收集或购买社会上的重要档案　② 保管好档案　③ 为单位或个人查找档案　④ 教育别人保护档案　⑤ 处罚破坏档案者　⑥ 利用档案编资料或展览　⑦ 其他_____

（　　）您认为档案工作的主要特点是？① 保密性　② 服务性　③ 保管性　④ 教育性　⑤ 其他_____

（　　）通过网络可以进行哪些档案服务？① 查些东西　② 给出证明　③ 回答问题　④ 其他_____

（　　）您认为应该由谁出钱来保管档案？① 政府拨款　② 产生档案的单位和人　③ 用档案的单位和人　④ 社会捐款　⑤ 其他_____

（　　）9. 您目前最关心的是？① 住房问题　② 看病问题　③ 生活费问题　④ 晚辈读书问题　⑤ 其他_____

（　　　）您认为解决这些问题可能用到档案吗？需要的话是在什么时候？

　　① 不需要　② 解决问题的时候　③ 解决问题之前　④ 解决问题之后　⑤ 其他_____

（　　　）您认为解决这些问题的过程中会产生凭据之类的档案吗？会在什么时候产生？

　　① 不会产生　② 解决问题之前　③ 解决问题当中　④ 解决问题之后　⑤ 解决问题的前前后后

您对档案工作、档案局(馆)的意见或建议

_____

_____　非常感谢您的支持

社会版调研问卷之有效数据统计结果
（数据更新至 2011 年 1 月 4 日）

	1	2	3	4	5	6	7
1.0	14	25	7	2			
2.0	5	6	36	1			
3.0	4	13	16	5	9		
4.0	16	24	8		1		
4.1	34	10	16	4	20		
4.2	34	19	10	16			
4.3	37	25	14				
4.4	43	16	19	6	18	12	
4.5	4	7	5	20	6	26	1
4.6	33	9	22	17	6	5	1

(续表)

	1	2	3	4	5	6	7
5.0	99	20	9	8			
5.1	29	5	1	10	2	3	
5.2	34	6	3	9	5		
5.3	4	38	4	1			
6.0	10	14	3	29	2	8	
6.1	21	12	16	8	1		
6.2	18	30	4	3	1		
6.3	16	7	21	12			
7.0	11	19	5	10			
7.1	40	13	22	13	8	9	1
7.2	27	15	8	9	1		
7.3	15	15	19	5	1	3	
8.0	20	35	19	5	4	11	1
8.1	30	21	20	6	1		
8.2	33	22	10	1			
8.3	39	5	1	1	2		
9.0	33	20	16	12	1		
9.1	8	22	20	4	1		
9.2	10	4	22	11	5		

附录二 调研问卷(专业版)及有效数据统计结果

尊敬的档案工作同仁:

您好!本问卷能帮助我们了解当前档案工作和服务的影响,采用**不记名**的方式填写。问卷中所获取的相关**信息**,仅作本研究之用,**绝不外泄**。请在百忙之中如实填写,将您认为**合适的**①、②、③等**选项序号**填入前面**括号**内,有的题目**可多选或补充答案**。感谢您的参与和支持,欢迎提出宝贵意见和建议。

您所在的单位: 局(镇、办事处) 科(村、社区或单位名称)

(　　)1. **您的年龄:** ① 30 岁以下　② 30—45 岁　③　46—60 岁　④ 60 以上

(　　)2. **您的文化程度:** ① 初中及以下　② 高中(含中专等)　③ 大学(本、专科)　④ 研究生以上

(　　)**您所学的专业**(如果没有,可以不填):① 档案学或图书情报学　② 计算机科学　③ 秘书学、汉语言文学、历史学等相近学科　④ 哲学　⑤ 其他学科＿＿＿＿＿

(　　)3. **您从事档案工作的年限:** ① 5 年及以下　②　5—10 年　③ 11—20 年　④ 20 年以上

(　　)4. **贵单位档案有哪些类型**(指您负责范围之内的)? ① 文书档案　② 会计档案　③ 基建档案　④ 实物档案　⑤ 人事档案　⑥ 病历档案　⑦ 其他＿＿＿＿＿、＿＿＿＿＿、＿＿＿＿＿

（　　　）贵单位档案利用方式？① 查阅　② 借阅　③ 送阅　④ 电话　⑤ 汇编后公开或送呈　⑥ 其他＿＿＿＿＿

（　　　）主要哪些部门利用档案（次数多者排前）？① 办公室　② 宣传　③ 人事　④ 科研　⑤ 其他＿＿＿＿＿

（　　　）您认为档案的主要作用？① 保障单位（个人）权益　② 记录本地区（单位）历史　③ 保证业务开展　④ 用于宣传教育　⑤ 用于科研开发　⑥ 提供决策信息　⑦ 其他＿＿＿＿＿

（　　　）5. 目前您从事档案工作是属于：① 服从安排　② 自愿选择　③ 暂时过渡　④ 其他＿＿＿＿＿

（　　　）您愿意继续从事档案工作吗？如愿意，为什么？　① 不愿意　② 工作还轻松　③ 熟悉并习惯了　④ 待遇稳定　⑤ 地位还可以，能得到重视　⑥ 其他＿＿＿＿＿

（　　　）除档案工作外，您目前还负责什么工作？① 无　② 机要　③ 秘书　④ 计生　⑤ 人事　⑥ 其他＿＿＿＿＿

（　　　）您对目前的工作压力感受如何？① 压力大　② 一般，能适应　③ 没什么压力　④ 很无聊

（　　　）除档案管理技能外，您认为档案人员**必须**知道：① 社会热点问题　② 档案形成机构基本情况　③ 如何与用户进行沟通　④ 所负责档案的内容信息　⑤ 当前政府（或本单位）工作重点　⑥ 其他＿＿＿＿＿

（　　　）您认为档案人员**最好**能做到：① 能帮助讲解档案的内容　② 能提供与所查档案相关的信息　③ 必要时为单位或个人提供上门服务　④ 告诉别人如何保管档案　⑤ 其他＿＿＿＿＿

（　　　）为了更好开展工作，档案人员应该：① 多向领导汇报　② 多和业务部门沟通　③ 争取上级档案部门指导和支持　④ 大力普及和培育档案意识　⑤ 其他＿＿＿＿＿

（　　　）6. 您认为区（县）档案馆应该保管有：① 本级政府文件　② 当地名人的资料物品　③ 本地区重大事件的资料、照片、录像等　④ 辖区单位重要文件　⑤ 主要领导的个人资料　⑥ 其他＿＿＿＿＿

（　　　）除了各级各类档案馆(室)之外,您还知道哪儿保存社会档案：
① 私人收藏室　② 图书馆　③ 博物馆　④ 档案寄存中心　⑤ 档案咨询服务公司　⑥ 人才中心　⑦ 其他＿＿＿＿＿＿＿

（　　　）您认为使用档案时的收费包括：① 复印工本费　② 人员服务费　③ 档案保管费　④ 其他＿＿＿＿＿＿

（　　　）通过网络可以提供哪些档案服务? ① 档案查阅　② 出具证明　③ 信息咨询　④ 其他＿＿＿＿＿＿

（　　　）7. 您认为档案工作具体包括：① 档案征集　② 档案保管与保护　③ 工作指导和教育、培训　④ 档案服务　⑤ 执法监督　⑥ 档案编研或展览　⑦ 其他＿＿＿＿＿＿

（　　　）贵单位对档案工作投入的资金是：① 临时申请经费　② 包含于办公经费之中　③ 按预算划拨　④ 按有关规定和标准拨款　⑤ 其他＿＿＿＿＿＿

（　　　）您认为档案工作的主要特点是? ① 保密性　② 服务性　③ 保管性　④ 教育性　⑤ 其他＿＿＿＿＿＿

（　　　）您认为做好并加强档案工作会产生哪些效益? ① 维护政府或机构公信力　② 提升文化品位　③ 赢得话语权　④ 带来一定的经济收益　⑤ 其他＿＿＿＿＿＿

（　　　）8. 贵单位当前的工作中心和难点是：① 如何加强内部管理　② 怎样及时完成上级交付的任务　③ 如何优化业务管理和实现自己的职责　④ 怎么应对社会矛盾和热点问题　⑤ 其他＿＿＿＿＿＿

（　　　）您认为档案工作介入单位各项活动的时间应该是在：① 活动之前　② 活动之中　③ 活动之后

（　　　）您认为单位活动所产生档案的保管时间长短由谁确定更合适? ① 档案主管部门(即档案局)　② 生成文件的科室　③ 本单位档案人员　④ 上级业务主管部门　⑤ 其他＿＿＿＿＿＿

（　　　）9. 您认为当前社会主要变化有哪些? ① 社会问题表达渠道多样化　② 公民维权意识和能力增强　③ 政府工作方式规范化　④ 社会管理的主体多元化(非政府管理机构增多)　⑤ 其他＿＿＿＿＿＿

（　　　）您认为这些变化对档案工作的正面影响是：① 档案工作得到重视　② 档案工作内容更丰富　③ 档案工作者地位有所提高　④ 档案利用率有了提高　⑤ 其他＿＿＿＿＿＿＿＿

（　　　）解决社会问题所产生的系列材料中，哪类档案更符合今后社会的需要？① 处理结果的材料　② 处理过程的记录　③ 上级领导的批示　④ 处理的依据和凭证　⑤ 处理权力的来源　⑥ 其他＿＿＿＿＿＿

（　　　）您认为档案工作在当前政府中心工作和公共事务热点活动中担当什么角色？① 直接参与者　② 间接参与者　③ 忠实记录者　④ 必要辅助者　⑤ 其他＿＿＿＿＿＿

（　　　）您认为当前档案工作亟待解决的主要问题是（最多选 5 项）：① 体制和管理机制问题　② 资源建设问题　③ 社会档案意识　④ 政府支持力度　⑤ 专业人员问题　⑥ 工作条件　⑦ 法律问题　⑧ 服务态度和方式问题　⑨ 公关宣传问题　⑩ 其他＿＿＿＿＿＿＿

您对档案工作、档案局(馆)的意见或建议

＿＿ 非常感谢您的支持

专业版调研问卷之有效数据统计结果
（数据更新至 2011 年 1 月 4 日）

	1	2	3	4	5	6	7
1.0	11	21	6				
2.0		4	32	3			
2.1	9	4	1		20		
3.0	18	8	8	5			
4.0	37	28	20	30	11	3	
4.1	38	29	9	19	17	8	

(续表)

	1	2	3	4	5	6	7
4.2	38	27	24	17			
4.3	29	35	31	27	24	31	
5.0	29	7		3			
5.1	7	3	19	3	7	2	
5.2	16	6	7	3	4	21	
5.3	11	26	1	1			
5.4	28	33	19	26	32		
5.5	28	31	28	30	1		
5.6	29	31	32	31			

	1	2	3	4	5	6	7	8	9	10
6.0	38	34	38	32	24					
6.1	14	20	30	28	19	25				
6.2	35	18	37	11						
6.3	21	19	20	17						
7.0	24	27	18	21	12	15				
7.1	27	35	31	20						
7.2	36	34	27	22						
7.3	25	33	24	23						
8.0	23	12	29	18						
8.1	32	11	15							
8.2	16	17	4	5						

	1	2	3	4	5	6	7	8	9	10
9.0	30	36	25	21						
9.1	35	32	22	34						
9.2	31	29	24	31	19					
9.3	17	18	27	24						
9.4	21	20	27	30	21	18	12	3	10	3